ସହରରେ ଥିଲା ଗୋଟେ ଘର ଓ ଅନ୍ୟାନ୍ୟ ନାଟକ

ସହରରେ ଥିଲା ଗୋଟେ ଘର
ଓ ଅନ୍ୟାନ୍ୟ ନାଟକ

କୈଳାସ ପାଣିଗ୍ରାହୀ

ବ୍ଲାକ୍ ଈଗଲ୍ ବୁକ୍ସ
ଭୁବନେଶ୍ୱର, ଓଡ଼ିଶା

BLACK EAGLE BOOKS
Dublin, USA

ସହରରେ ଥିଲା ଗୋଟେ ଘର ଓ ଅନ୍ୟାନ୍ୟ ନାଟକ /
କୈଳାସ ପାଣିଗ୍ରାହୀ
ବ୍ଲାକ୍ ଇଗଲ୍ ବୁକ୍ସ : ଭୁବନେଶ୍ୱର, ଓଡ଼ିଶା ● ଡବ୍ଲିନ୍, ଯୁକ୍ତରାଷ୍ଟ୍ର ଆମେରିକା

BLACK EAGLE BOOKS

USA address:
7464 Wisdom Lane
Dublin, OH 43016

India address:
E/312, Trident Galaxy, Kalinga Nagar,
Bhubaneswar-751003, Odisha, India

E-mail: info@blackeaglebooks.org
Website: www.blackeaglebooks.org

First International Edition Published by
BLACK EAGLE BOOKS, 2024

SAHARARE THILA GOTE GHARA O ANYANYA NATAK
by **Kailash Panigrahi**

Copyright © **Kailash Panigrahi**

All rights reserved. No part of this publication may be reproduced, stored in a retrieval system, or transmitted, in any form or by any means, electronic, mechanical, photocopying, recording or otherwise without the prior permission of the publisher.

Cover & Interior Design: Ezy's Publication

ISBN- 978-1-64560-592-8 (Paperback)

Printed in the United States of America

ସୂଚିପତ୍ର

୧. ସହରରେ ଥିଲା ଗୋଟେ ଘର ୦୭
୨. ନର ବାନର ୪୭
୩. ଏବଂ ଆସନ୍ନ ୭୭
୪. ମାଂସର ବିଳାପ ୧୧୭

ସହରରେ ଥିଲା ଗୋଟେ ଘର

ଉତ୍ସର୍ଗ

ମୋ ସୁଖ ଦୁଃଖର ସାଥୀ ଏବଂ
ନାଟକ କରିବାକୁ ସର୍ବଦା
ଅହରହ ପ୍ରେରଣା
ଦେଉଥିବା
ମୋ ସହଧର୍ମିଣୀ ବୀଣାଙ୍କୁ .....

ମୁଖବନ୍ଧ

ସାମ୍ପ୍ରତିକ ଓଡ଼ିଆ ନାଟ୍ୟ ଯୁଗରେ କୈଳାସ ପାଣିଗ୍ରାହୀ ଏକ ପରିଚିତ ନାମ। ବିଗତ ଅର୍ଦ୍ଧ ଶତାବ୍ଦୀ ଭିତରେ ସେ ଜଣେ ମଂଚ, ଚଳଚ୍ଚିତ୍ର ଓ ଧାରାବାହିକ ମାନଙ୍କର ଅଭିନେତା ରୂପେ ନିଜକୁ ପ୍ରତିଷ୍ଠା କରିଛନ୍ତି। ଆହ୍ଲାବାଦ, ଚଣ୍ଡିଗଡ଼, ଦିଲ୍ଲୀ, ଭୋପାଲ୍, ଆସାମ୍, ବିଶାଖାପାଟଣା, ମୁମ୍ବାଇ ଓ କାଣ୍ଡଲା ପ୍ରଭୃତି ସହର ମାନଙ୍କରେ ସେ ଓଡ଼ିଆ ନାଟକ ମଂଚସ୍ଥ କରି ସୁନାମ ଅର୍ଜନ କରିଛନ୍ତି। ଜଣେ ନିର୍ଦ୍ଦେଶକ ରୂପେ ସେ ସାରା ଭାରତରେ ପରିଚିତ। କୈଳାସ ପାଣିଗ୍ରାହୀ ହେଉଛନ୍ତି ଓଡ଼ିଶାର ଏକମାତ୍ର ନାଟ୍ୟ ନିର୍ଦ୍ଦେଶକ ଯାହାଙ୍କ ନିର୍ଦ୍ଦେଶିତ ଭଗବତୀ ଚରଣ ପାଣିଗ୍ରାହୀଙ୍କ ଶିକାର ଗଳ୍ପ ଉପରେ ଆଧାରିତ ନାଟକ 'ଘିନୁଆ' ନ୍ୟାସ୍‌ନାଲ୍ ସ୍କୁଲ ଅଫ୍ ଡ୍ରାମା (ଦିଲ୍ଲୀ) ଦ୍ୱାରା ନିର୍ବାଚିତ ହୋଇ ଭାରତର ୧୮ଟି ସହରରେ ପରିବେଷିତ ହୋଇଛି।

କିନ୍ତୁ ସେ ଯେ ୧୫/୨୦ଟି ନାଟକ ଲେଖି ମଂଚସ୍ଥ କରାଇଛନ୍ତି ଏକଥା ଖୁବ୍ କମ୍ ଲୋକ ଜାଣନ୍ତି। ଏହି ସଂକଳନରେ ତାଙ୍କ ଲିଖିତ ଚାରୋଟି ନାଟକ ସଂଗ୍ରଥିତ ହୋଇଛି। କୈଳାସ ପାଣିଗ୍ରାହୀ (୧୯୫୯) ଓଡ଼ିଶାର ପ୍ରଖ୍ୟାତ କଥାକାର ଭୀମ ପୃଷ୍ଟି, ଅଜୟ ସ୍ୱାଇଁ, ପ୍ରକାଶ ପରିଡ଼ା ଓ କବି ସେନାପତି ପ୍ରଦ୍ୟୁମ୍ନ କେଶରୀ, ଗୌତମ ଜେନା, ଅକ୍ଷୟ ବେହେରା ଓ ଚିରଶ୍ରୀ ଇନ୍ଦ୍ର ସିଂଙ୍କର ସମକାଳୀନ ନାଟ୍ୟକାର। ତେଣୁ ତାଙ୍କ ନାଟକର କଥାକଳ୍ପ, ସଂରଚନା ଶୈଳୀ ଓ ପରିବେଷଣାତ୍ମକ ସଂଳାପ ରଚନା ଓଡ଼ିଆ ନାଟ୍ୟଦିଗନ୍ତକୁ ନୂତନତା ଓ ବର୍ଣ୍ଣାଢ୍ୟ ଚେତନାରେ ସମୃଦ୍ଧ କରିଛି।

ଏ ସଂକଳନର 'ଏବଂ ଆସନ୍ନ' କ୍ଷୁଦ୍ର ନାଟକଟିରେ ସଭ୍ୟତାର ଉଦ୍‌ବର୍ତ୍ତନ ସମ୍ପର୍କରେ କୁହାଯାଇଛି। ଉଦ୍‌ବର୍ତ୍ତନର ପ୍ରକ୍ରିୟା ଭିତରେ ମଣିଷର ସ୍ଥିତି କିପରି ସଂକଟାପନ୍ନ – ନାଟକଟି ତାର ଏକ ମହାକାବ୍ୟିକ ନାଟ୍ୟରୂପ, ପରିବେଷଣ ଶୈଳୀରେ ବ୍ରେଖ୍‌ତୀୟ ଛାପ ସ୍ପଷ୍ଟ। ୧୯୮୨ରେ ମଂଚସ୍ଥ ଏହି ନାଟକଟି ମଧ୍ୟବିତ୍ତ ସମାଜର

ପାରିବାରିକ, ଆର୍ଥନୀତିକ ଓ ସାମାଜିକ ସଂକଟ ଗୁଡ଼ିକୁ ଦୃଶ୍ୟାୟିତ କରୁକରୁ ପରିବେଷଣରୁ ନିର୍ଗତ ହେଉଛି କିଛି ଶ୍ଳେଷାତ୍ମକ ନାଟ୍ୟ ସମ୍ବାଦ।

ଏବଂ ଆସନ୍ନ (୧୯୮୨) ର ଅନ୍ୟ ଏକ ଉତ୍ତର ଆଧୁନିକ ପ୍ରବୃତ୍ତି ହେଲା - ଏହାର ରୂପାନ୍ତର ଶୈଳୀ, ମାର୍କିନ ନାଟ୍ୟ ନିର୍ଦ୍ଦେଶକ ଜୋସେଫ୍ ଚାଇକିନ୍ (୧୯୩୫-୨୦୦୩) ଲିଭିଙ୍ଗ ଥିଏଟର ଭାଙ୍ଗି ଓପନ୍ ଥିଏଟରରେ ରୂପାନ୍ତର ଶୈଳୀ ନାମକ ଏକ ଅଭିନୟ ପଦ୍ଧତି ଆବିଷ୍କାର କରେ ୧୯୬୩ ମସିହାରେ। ସେଇବର୍ଷ ବାଦଲ ସରକାର ତାଙ୍କର "ଏବଂ ଇନ୍ଦ୍ରଜିତ୍" ନାଟକର ସେଇ ଶୈଳୀଟିକୁ ପରୀକ୍ଷା କରିଥିଲେ, ଓଡ଼ିଶାରେ ରୂପାନ୍ତର ଶୈଳୀର ପ୍ରଥମ ପ୍ରୟୋଗ କରାଗଲା 'ଶେଷ ପାହାଚ' (୧୯୭୯) ନାଟକରେ। 'ଏବଂ ଆସନ୍ନ' (୧୯୮୨) ଏଇ ଶୈଳୀର ଦ୍ୱିତୀୟ ପରୀକ୍ଷା।

ମୂଲ୍ୟବୋଧର ଘୋର ଅବକ୍ଷୟର ଚିତ୍ର ମଂଚର ଆଲୋକରେ ଓ ଅନ୍ଧାରରେ ମଧ୍ୟ ସ୍ପଷ୍ଟ ହୋଇ ଉଠୁଛି। ଲାଗୁଛି, ସ୍ୱାଧୀନତା ସଂଗ୍ରାମ ବେଳେ ଆମ ନେତାମାନେ ଯେଉଁ ରାଜନୈତିକ ଆଦର୍ଶର ସ୍ୱପ୍ନ ଦେଖିଥିଲେ ତାହା ନିଷ୍ପ୍ରଭ, ମଳିନ ଓ ବିକୃତ ହୋଇଯାଇଛି। କେତେବେଳେ ରାଜନୈତିକ ଅପରାଧରେ ତ କେତେବେଳେ ଛଦ୍ମ ଆଧ୍ୟାତ୍ମିକ ଗୁରୁ ମାନଙ୍କ ବିତଣ୍ଡା ଭିତରେ।

'ଏବଂ ଆସନ୍ନ' ନାଟକର ଦୃଶ୍ୟ ସଂଯୋଜନା ଓ ଦୃଶ୍ୟ ଭିତ୍ତିକ ଅଂଗହାର (Blocking) ହିଁ ସଂଳାପକୁ ମାପିଚୁପି ସଂକ୍ଷିପ୍ତ କରିଛି। ଏଥିରୁ ପ୍ରମାଣିତ ହେଉଛି ନାଟ୍ୟକାର କୈଳାସ ପାଣିଗ୍ରାହୀ କେତେ ପରିବେଷଣଧର୍ମୀ ଓ ବାସ୍ତବବାଦୀ।

ଏ ସଂକଳନର ଦ୍ୱିତୀୟ ନାଟକ 'ସହରରେ ଥିଲା ଗୋଟେ ଘର' ଏକ ଶ୍ଳେଷଧର୍ମୀ ନାଟକ। ଅର୍ଦ୍ଧ ହାସ୍ୟରସାତ୍ମକ ସଂଳାପ ମାଧ୍ୟମରେ ଜଣେ ଗାଉଁଲୀ ସ୍ୱାମୀ ମଦନ ମୋହନ ସାମନ୍ତରାୟଙ୍କ ଘରର ବିଚିତ୍ର ବିଧାନ ସମ୍ପର୍କରେ ଏହାର କାହାଣୀ ଗୁମ୍ଫିତ।

ପତ୍ନୀ ଲିଜା ଆଧୁନିକା, କିନ୍ତୁ ତାଙ୍କର କଡ଼ା ମିଜାଜ୍ ଓ କଠୋର ଶୃଙ୍ଖଳା ଦ୍ୱାରା ଘରର ପାରିବାରିକ ସନ୍ତୁଳନ ନଷ୍ଟ ହେବା ଘଟଣା ଭିତରେ ନାଟକର କାହାଣୀ ଅଗ୍ରସର ହେଉଛି କ୍ଲାଇମାକ୍ସ ଆଡ଼କୁ। ଲିଜା ମାଡାମ୍ ଯେତିକି ଶୃଙ୍ଖଳା ଓ କଟକଣା ଆରୋପିତ କରନ୍ତି ଘରେ ସେତିକି ପରିମାଣରେ ବିଶୃଙ୍ଖଳା ଦାନା ବାନ୍ଧେ।

ସ୍ୱାମୀ ମଦନ ମୋହନ ଲୁଚାଇ ଲୁଚାଇ ଜର୍ଦ୍ଦା ପାନ ଖାଆନ୍ତି। ପୁଅ ମୁନା ପାଠପଢ଼ା ଛାଡ଼ି କ୍ରିକେଟ୍ ଖେଳୁଛି ଓ ଝିଅ ମୁନୀ କଲେଜ୍ ଯାଇ ଫିଲ୍ମ ଷ୍ଟାଇଲ୍‌ରେ ପ୍ରେମ କରୁଛି।

ଲିଜାଙ୍କ କଠୋର ଶାସନ ଭିତରେ ସମସ୍ତେ ଅଣନିଶ୍ୱାସୀ ହୋଇଯାଆନ୍ତି। ହଠାତ୍ ସବୁ ଶୃଙ୍ଖଳା ଭିତରେ ଦିନେ ମୁନୀ ବିଶାଲ୍ ନାମକ ଗୋଟେ କାଳ୍ପନିକ ପ୍ରେମିକକୁ ଫୋନ୍ କରି ଧରାପଡ଼େ। ମୁନା ପାଠପଢ଼ା ଛାଡ଼ିଦେଇ ଖାଲି କ୍ରିକେଟ୍ ଖେଳେ, ଏପରିକି ଘରର ଚାକର ସୁରୁଜ ମଧ୍ୟ ଏ ଶୃଙ୍ଖଳା ଭିତରେ ଅଣନିଶ୍ୱାସୀ ହେଇ ଗାଁକୁ ଚାଲିଯିବା ପାଇଁ ସ୍ଥିର କରିଛି।

ଜଣା ପଡୁଛି ଲିଜା ମାଡାମ୍ ତାଙ୍କ ମଫସଲି ସ୍ୱାମୀଙ୍କର ପାନ ଅଭ୍ୟାସ ଛଡ଼େଇବାକୁ ଯାଇ ଯେଉଁ ବିଶୃଙ୍ଖଳା ସୃଷ୍ଟି କରିଛନ୍ତି, ତାର ପରିଣାମରେ ଆଉ ଏକ ପାପଚକ୍ର ତିଆରି ହୋଇଯାଇଛି। ତାର ଧକ୍‌କା ସହି ନ ପାରି ଲିଜା ମାଡାମ୍ କାନ୍ଦିଛନ୍ତି। ତାଙ୍କ ଲୁହରେ ଧୋଇ ହେଇଯାଇଛି ବିଶୃଙ୍ଖଳାର ଦାଗଗୁଡ଼ିକ। ଅନୁଶୋଚନା ପରେ ଜଣା ପଡ଼ିଛି ଝିଅ ମୁନୀ ତାର ସାଙ୍ଗ ବିଶାଲ୍‌କୁ କହି ପ୍ରେମ କରିବାର ଅଭିନୟ କରୁଥିଲା।

ସଂକଳନର ତୃତୀୟ ନାଟକ 'ମାଂସର ବିଳାପ' ସ୍ୱର୍ଗତ କାଳିନ୍ଦୀ ଚରଣ ପାଣିଗ୍ରାହୀଙ୍କର ପ୍ରଖ୍ୟାତ ଗଳ୍ପର କାହାଣୀ ଉପରେ ଆଧାରିତ ନାଟକଟିଏ। 'ମାସଂର ବିଳାପ' ଗଳ୍ପଟି ବିଗତ ଶହେ ବର୍ଷ ଧରି ଓଡ଼ିଆ ପାଠକର ହୃଦୟକୁ ଆନ୍ଦୋଳିତ କରି ଆସିଛି। କିନ୍ତୁ ଗଳ୍ପର ମୁଖ୍ୟ ଚରିତ୍ର ଗୋଟିଏ ହରିଣ (ଜଲି) ଓ ଗୋଟିଏ କୁକୁର (ଡୋରା) ହୋଇଥିବା ଯୋଗୁଁ ଏହାର ନାଟ୍ୟରୂପ ଦେବା ପାଇଁ କେହି ସାହସ କରି ନାହାନ୍ତି।

କୈଳାସ ପାଣିଗ୍ରାହୀ ମୁଖ୍ୟତଃ ଜଣେ ଅଭିନେତା ଓ ନିର୍ଦ୍ଦେଶକ ହୋଇଥିବାରୁ ଜଲି ଓ ଡୋରା ଚରିତ୍ର ଚିତ୍ରଣ କରିବା ସମ୍ଭବପର ହେଲା। ଏହି କ୍ଷୁଦ୍ରଗଳ୍ପଟି ଓଡ଼ିଆ ପରିବେଷଣଧର୍ମୀ ନାଟକକୁ ଆଉ ପାଦେ ଆଗେଇ ନେବାରେ ସାହାଯ୍ୟ କରିଛି।

ସଂକଳନର ଚତୁର୍ଥ ନାଟକ 'ନର ବାନର' ଡାରଓ୍ୱିନ୍ (୧୮୦୯-୧୮୮୨) ଙ୍କ ବିଖ୍ୟାତ Theory of Evolution by Natural Selection ଉପରେ ଆଧାରିତ ଏକ ସୁନ୍ଦର ନାଟକ। Charles Darwin ଙ୍କ ଉଦ୍‌ବର୍ତ୍ତନ ତତ୍ତ୍ୱର ପାଂଚୋଟି ଅଂଗକୁ ଏଠାରେ ନାଟ୍ୟାୟନ କରାଯାଇଛି। ସେଗୁଡ଼ିକ ହେଲା -

୧. Theory of Evolution as such

୨. Common descent

୩. Gradualism

୪. Population Specialisation ଓ

୫. Selection

ନାଟକ 'ନର ବାନର'ରେ ମାନବ ସଭ୍ୟତାର ଚକ୍ରାକାର ଗତିର ଆଭାସ ମିଳୁଛି। ଏହାକୁ ନାଟକ ନ କହି ରୂପକ ବୋଲି କୁହାଯାଇ ପାରେ। ରୂପକର ଅର୍ଥ ସର୍ବଦା ସମାନ୍ତରାଳ ରେଖା ପରି ଦୁଇ ଭାଗରେ ବିଭକ୍ତ, ଗୋଟିଏ ଅର୍ଥ ସ୍ପଷ୍ଟ ଭାବରେ ପ୍ରକଟ ହୁଏ। ଅନ୍ୟ ସମାନ୍ତରାଳ ଅର୍ଥଟି ପ୍ରତୀକାତ୍ମକ, ଏହା ନାଟକର ଅନ୍ତଃସ୍ୱର। ଅର୍ଥଟି ଲୁକ୍‌କାୟିତ ଅବସ୍ଥାରେ ଥାଏ। ଏହା ଅନ୍ତର୍ନିହିତ ଅର୍ଥ। ପ୍ରଥମ ଅର୍ଥଟି ନର ଓ ବାନର ମାନଙ୍କ ରୂପାନ୍ତରିତ ହେବାର ଇଛା ସମ୍ପର୍କୀୟ ଓ ଦ୍ୱିତୀୟ ସ୍ତରଟିର ଅର୍ଥ ହେଲା - ମଣିଷ ସଭ୍ୟତାର କୃତ୍ରିମତାରେ ଅତିଷ୍ଠ ହୋଇ ପ୍ରକୃତି କୋଳକୁ ଫେରିଯିବାକୁ ଚାହୁଁଥିଲା ବେଳେ ଆଦିମ ଅଧିବାସୀ ମାନେ ଜୀନ୍‌ସ ପ୍ୟାଂଟ ଓ ଟି-ସାର୍ଟ ପିନ୍ଧି ଜାଜ୍ ମ୍ୟୁଜିକ୍ ଶୁଣିବାକୁ ପସନ୍ଦ କରୁଛନ୍ତି।

ନାଟକର କିଛି ବାନର ଲାଙ୍ଗୁଡ଼ କାଟି ସଭ୍ୟ ମଣିଷ ସମାଜରେ ସାମିଲ ହେବାକୁ ଚାହୁଁଛନ୍ତି। ଆଉ କିଛି ମଣିଷ ଆକାଶଚୁମ୍ବୀ ପ୍ରାସାଦ ଛାଡ଼ି ଜଙ୍ଗଲରେ ରହି ଫଳମୂଳ ଓ କୋଳି ଖାଇବାକୁ ପସନ୍ଦ କରୁଛନ୍ତି।

ବିଶ୍ୱ ସାହିତ୍ୟରେ ପୁରୁଷ ମାନଙ୍କୁ ସଭ୍ୟତାର ପ୍ରତୀକ ଓ ନାରୀମାନଙ୍କୁ ପ୍ରକୃତି ସହ ତୁଳନା କରାଯାଇଥାଏ। ବିଂଶ ଶତାବ୍ଦୀର ଶେଷଭାଗ ଓ ଏକବିଂଶ ଶତାବ୍ଦୀର ପ୍ରାରମ୍ଭରେ "ପ୍ରକୃତି"ର ଏକ ନୂତନ ସଂଜ୍ଞା ନିରୂପିତ ହୋଇଥିଲା। ଏଥିରେ ସଭ୍ୟତା ପ୍ରକୃତିକୁ ନିଶ୍ଚିହ୍ନ କରିବାର ପ୍ରୟାସ କରୁଥିବା ଉଦାହରଣ ମିଳୁଛି। ଉତ୍ତର ଧନତାନ୍ତ୍ରିକ (Post industrial) ସଭ୍ୟତାର ଶିଳ୍ପାୟନ ହୁଏ- ନରମାନେ ବାନର ମାନଙ୍କୁ ନିଶ୍ଚିହ୍ନ କରିବା ପାଇଁ ଚେଷ୍ଟା କରନ୍ତି।

ସଭ୍ୟତାର ଲାଙ୍ଗୁଡ଼ କଟା ମାଙ୍କଡ଼ ମାନଙ୍କୁ ଆମେ ଆଧୁନିକ ବୈଜ୍ଞାନିକ ଓ ବୋମା / ଅସ୍ତ୍ର ନିର୍ମାଣ କରୁଥିବା ଯନ୍ତ୍ରୀ ବୋଲି ଚିହ୍ନଟ କରୁ। ଅର୍ଥାତ୍ ସଭ୍ୟତା ଲାଙ୍ଗୁଡ଼ ଥିବା ମାଙ୍କଡ଼ମାନଙ୍କୁ ଧରିଆଣି ମାଙ୍କଡ଼ ନାଚ କରାଏ। ସଭ୍ୟ ଲୋକଙ୍କର ମନୋରଂଜନ ପାଇଁ ପ୍ରକୃତି ଓ ଆଦିମ ଅଧିବାସୀ ମାନଙ୍କୁ ନିଯୁକ୍ତ କରାଯାଏ।

'ନର ବାନର' ନାଟକ ଓଡ଼ିଆ ଉତ୍ତର ଆଧୁନିକ ନାଟ୍ୟ ସାହିତ୍ୟର ଏକ ଅମୂଲ୍ୟ ରତ୍ନ, ଏହାର ବାର୍ତ୍ତା ବଳିଷ୍ଠ, ନାଟ୍ୟ ଦିଗନ୍ତରେ ଉଲ୍‌କାପାତ ପରି। ମୋଟ ଉପରେ ଏ ସଂକଳନର ଚାରୋଟି ଏକାଙ୍କିକା ଉତ୍ତର ଆଧୁନିକ ଓଡ଼ିଆ ନାଟ୍ୟ ଭଣ୍ଡାରକୁ ସମୃଦ୍ଧ କରୁଛନ୍ତି।

ଡ. ରମେଶ ପ୍ରସାଦ ପାଣିଗ୍ରାହୀ

ଭୁବନେଶ୍ୱର

ପଦିଏ କଥା ....

ନିଜ ବିଷୟରେ କିଛି କହିବାକୁ କି ଲେଖିବାକୁ ମତେ ଭଲ ଲାଗେନା । ଲାଗେ ଯେମିତି ନିଜ ଢୋଲ ନିଜେ ପିଟି ଆତ୍ମପ୍ରଚାର କରୁଛି । ମୋ ପରିବାରର ପ୍ରାୟ ସମସ୍ତେ ନାଟକ ଓ ସଂଗୀତରେ ରୁଚି ରଖନ୍ତି । ବାପା ସ୍ୱର୍ଗତ ରାଧାମୋହନ ପାଣିଗ୍ରାହୀ ଜଣେ କବି, ଗିତିକାର ଓ ନାଟ୍ୟକାର ଥିଲେ । ବଡ଼ଭାଇ ରମେଶ ପାଣିଗ୍ରାହୀ ଏକାଧାରରେ ନାଟ୍ୟକାର, ପ୍ରାବନ୍ଧିକ, କବି, ଗାଳ୍ପିକ ଇତ୍ୟାଦି....

ଏମିତି ଏକ ନାଟ୍ୟ ପରିବେଶରେ ମୁଁ ବଢ଼ିଛି । ପିଲାବେଳୁ ପ୍ରହ୍ଲାଦ ନାଟକ, ଭାରତ ଲୀଳା, କୃଷ୍ଣଲୀଳା ଦେଖି ମୁଁ ବଡ଼ ହେଇଛି । ତୃତୀୟ ଶ୍ରେଣୀରେ ପଢ଼ିଲାବେଳେ ବାଉଁଶବନ୍ଧା ମଂଚରେ ପ୍ରଥମ ନାଟକ 'କଂସାକବାଟ', 'ଖଇ କଉଡ଼ି' ଦେଖିଲି । ନାଟକ ଭଲ ଲାଗିଲା । ସପ୍ତମ ଶ୍ରେଣୀ ପଢ଼ିଲାବେଳେ କ'ଣ କ'ଣ ଲେଖି ସାଙ୍ଗମାନଙ୍କୁ ଏକାଠି କରି ଘର ବାରଣ୍ଡାରେ ଶାଢ଼ୀର ପରଦା ତିଆରି କରି ନାଟକ କରୁଥିଲୁ । ନାଟକ କଣ, କେମିତି ମୋର ଆଦୌ ଧାରଣା ନଥିଲା । ବାସ୍ ଲେଖୁଥିଲି । ଏଇ ବାରଣ୍ଡା ନାଟକ ମତେ ଉତ୍ସାହିତ କରୁଥିଲା । ମାଟ୍ରିକ ପଢ଼ା ସରିବା ପରେ ୧୯୭୬ ମସିହାରେ ସାଙ୍ଗମାନଙ୍କୁ ମେଳି କରି, ନୂଆ ଅନୁଷ୍ଠାନଟିଏ ଗଢ଼ି ବ୍ରହ୍ମପୁର ସହରର ପ୍ରକାଶମ୍ ହଲ୍‌ଠାରେ ଏକ ପୂର୍ଣ୍ଣାଙ୍ଗ ନାଟକଟିଏ ମଂଚସ୍ଥ କଲୁ । ନାଟକର ନାଁ ଥିଲା "ନିଜସ୍ୱ ପୃଥିବୀ" । ନାଟକଟି ଲେଖି, ଅଭିନୟ କରିବା ସହିତ ନିର୍ଦ୍ଦେଶନା ବି ଦେଇଥିଲି । ତା' ପରବର୍ଷ ନାଟକ "ସୁପ୍ତ ଆକାଶର ଜହ୍ନ", "ଶୁଖିଲା ଲୁହର ଚିହ୍ନ" ଇତ୍ୟାଦି ନାଟକ ଲେଖି ମଂଚନ କଲାପରେ ମତେ ଲାଗିଲା ନାଟକ ସମ୍ପର୍କରେ ବିଶେଷ ଧାରଣା ନ ଥାଇ ମୁଁ ଲେଖି ପାରୁଛି ତ ! ଅଭିନୟ ଓ ନିର୍ଦ୍ଦେଶନା ବି ଦେଇ ପାରୁଛି । ଲେଖିବାରେ ଆଗ୍ରହ ବଢ଼ିଲା । ଲୋକେ ଚିହ୍ନିଲେ, ଜାଣିଲେ । ପରେ ପରେ ପ୍ରଚୁର ନାଟକ ପଢ଼ିଲି, ଦେଖିଲି । ସାମାନ୍ୟ କିଛି ଜାଣିଲି ଆଉ ମାତିଗଲି ।

ଜାଣିଲି ଯେ ଜୀବନ ସହିତ ନାଟକର ସମ୍ପର୍କ ଅତି ଗଭୀର। ଦୁଇ ଦେଢ଼ ଘଂଟାର ନାଟକ ଭିତରେ ସମାଜ ଜୀବନ, ଗୁଡ଼ାଏ ସମ୍ଭାବନା ଏବଂ କିଛି ମଣିଷଙ୍କ ଧାରାବାହିକ ଇତିହାସ ମଂଚର ଚୌହଦୀ ଭିତରେ ପ୍ରତିବିମ୍ବିତ ହୋଇ ଦୃଶ୍ୟାୟିତ ହୁଏ। ତେଣୁ ଯାହା ଲେଖିଲି ତାକୁ ନୂଆ ଢଙ୍ଗରେ ପ୍ରସ୍ତୁତ କରିବାକୁ ଚେଷ୍ଟା କଲି। ମୁଁ ବୁଝେ ନାଟକ ଯେତେ ନୂତନଶୈଳୀର ନକ୍‌ସା ତିଆରି କରୁ ତା'ର ମୁଖ୍ୟ ଉଦ୍ଦେଶ୍ୟ ସାମାଜିକ ସମସ୍ୟାର ବିଶ୍ଳେଷଣ ନୁହେଁ - ବରଂ ଉଦ୍ଦେଶ୍ୟ ହେଉଛି ସମାଜକୁ ବଦଳେଇବା ସହିତ ଆଉ ଏକ ନୂତନ ସମାଜ ଭିତରକୁ ଦର୍ଶକମାନଙ୍କୁ ପ୍ରବେଶାଧିକାର ଦେବା। ମୋ ଭିତରେ ନାଟକ ଲେଖିବା, ଅଭିନୟ କରିବା, ଆଉ ନିର୍ଦ୍ଦେଶନା ଦେବା ପ୍ରକ୍ରିୟା ଭିତରେ ୫୦ ବର୍ଷ ହୋଇଗଲା। କିନ୍ତୁ ସବୁ ନାଟ୍ୟ ବିଭାଗ ଗୁଡ଼ିକୁ ମୁଁ ସନ୍ତୁଳନ ରକ୍ଷା କରି ପାରିଲିନି। ଅର୍ଥାତ୍ ମୋର ନାଟ୍ୟ ରଚନା ଧିମେଇଗଲା। ତାର ଅନେକ କାରଣ ରହିଛି। କିନ୍ତୁ ମୁଖ୍ୟ କାରଣଟି ହେଲା - ମୁଁ ନିଜେ ମୋ ନାଟକର ସମାଲୋଚକ ପାଲଟିଗଲି। ଯାହା ଲେଖେ ମତେ ଭଲ ଲାଗେନି। କାଟି ଯୋଡ଼ି ପୁଣି ଥରେ ତାକୁ ପ୍ରସ୍ତୁତ କରେ। କିନ୍ତୁ ପଢ଼ିଲେ ଲାଗେ ଯେମିତି ଯାହା ମୁଁ ନାଟକରେ କହିବାକୁ ଚାହୁଁଛି, ତାକୁ ଆଉ କିଏ କହିସାରିଛି। ଲାଗେ ଯେମିତି ଆହୁରି ଅନେକ କଥା କହିବାର ଥିଲା - ମୁଁ ଛାଡ଼ିଗଲି। ପୁଣି ଲେଖେ। ଏହି ପ୍ରକ୍ରିୟା ଭିତରେ ବୋଧହୁଏ ମତେ ନାଟକଟିକୁ ଅନେକ ଥର ଲେଖିବାକୁ ପଡ଼େ। ଯେହେତୁ ମୁଁ ଜଣେ ଅଭିନେତା ଓ ନିର୍ଦ୍ଦେଶକ, ତେଣୁ ସବୁକିଛି ଟିକ୍‌ନିଖ୍ ଦେଖିବାକୁ ପଡ଼େ। ଏଣୁ ଏଇ ଦୀର୍ଘ ବର୍ଷ ଭିତରେ ମାତ୍ର ୧୮ଟି ନାଟକ ଲେଖିପାରିଛି। ପ୍ରକ୍ରିୟା ଜାରି ରହିଛି। ତା' ଭିତରୁ ଅନେକ ନାଟକର ପାଣ୍ଡୁଲିପି ମୋ ପାଖରେ ନାହିଁ। କିଛି ଦଳ ଫେରେଇ ନାହାନ୍ତି। ଆଜି ଏତେ ବର୍ଷ ପରେ ବାକିତକ ପାଣ୍ଡୁଲିପି ନଷ୍ଟ ହୋଇଯିବା ପୂର୍ବରୁ ଭାବିଲି ଛାପିଦିଏ। ଜାଣେନି ମୋର ନାଟ୍ୟବନ୍ଧୁ ଓ ଦର୍ଶକମାନେ କେମିତି ଗ୍ରହଣ କରିବେ!

ନାଟ୍ୟମେବ ଜୟତେ
କୈଳାସ ପାଣିଗ୍ରାହୀ

- ନାଟକ -

ସହରରେ ଥିଲା ଗୋଟେ ଘର

ଟେଲିଫୋନ୍ ରିକ୍ରେସନ୍ କ୍ଲବ୍ ରାଉରକେଲା ଦ୍ୱାରା ମଂଚସ୍ଥ-୨୦୧୨

ଅଭିନୟରେ :

ଏକ	:	ମଦନ ମୋହନ	:	୰ ବିଜୟ ମହାନ୍ତି
ଦୁଇ	:	ଦିବାକର	:	ନାରାୟଣ ମହାପାତ୍ର
ତିନି	:	ସୁରୁଜ	:	ରବି ଦାସ
ଚାରି	:	ମୁନା	:	ଅକ୍ଷୟ ସାହୁ
ପାଂଚ	:	ନିର୍ଦ୍ଦେଶକ	:	ବସନ୍ତ ଦାସ
ଛଅ	:	ମୁନୀ	:	ପୂଜା ମହାନ୍ତି
ସାତ	:	ଲିଜା ଦେବୀ	:	ବନ୍ଦିତା ମହାନ୍ତି

ସଂଗୀତ ପରିଚାଳନା	: ଶ୍ୟାମ ସୁନ୍ଦର ପଟ୍ଟନାୟକ
ସହଯୋଗୀ	: ଗୁରୁଶ୍ରୀ ବିଭୂତି ପତି
ରୂପସଜ୍ଜା	: ୰ ବଟ ସ୍ୱାଇଁ
ଆଲୋକ	: ୰ ଶାରଦା ସ୍ୱାଇଁ
ଗୀତ	: ୰ ପ୍ରହ୍ଲାଦ ମହାନ୍ତି
କଣ୍ଠ	: ଅର୍ଚ୍ଚନା ଓ ଗୌତମ

ରଚନା, ଅଭିକଳ୍ପ ଓ ନିର୍ଦ୍ଦେଶନା : କୈଳାସ ପାଣିଗ୍ରାହୀ

ଦୃଶ୍ୟ - ୧

(ସାଧାରଣ ମଧ୍ୟବିତ୍ତ ଓଡ଼ିଆ ପରିବାରର ଡ୍ରଇଁ ରୁମଟିଏ। ସେ ଅନୁଯାୟୀ ମଂଚସଜ୍ଜା। ମଂଚର ଠିକ୍ ମଝିରେ ବେତ ସୋଫାଟିଏ ଓ ଟି'ପୟ ରଖାଯାଇଛି। ଗୋଟିଏ ପାଖେ ପଢ଼ା ଟେବୁଲ୍ ଓ ଚଉକିଟିଏ। ପଛରେ ଖଣ୍ଡେ ଆଲମିରା କିମ୍ବା ଆଲଣାଟିଏ ରଖାଯାଇପାରେ। ସାମାନ୍ୟ କଳାତ୍ମକ ସାଜସଜ୍ଜା।)

(ସମ୍ମୁଖ ପରଦା ଖୋଲିନି। ତରବର ହୋଇ ନାଟକର ନିର୍ଦ୍ଦେଶକ ପଶି ଆସିଛନ୍ତି।)

ନିର୍ଦ୍ଦେଶକ : ଆଜ୍ଞା ନମସ୍କାର। ଶୁଭସନ୍ଧ୍ୟା। ଆଜି ଆମେ 'ରଂଗମଂଚ' ଦଳ ଏଇଠି କ୍ଷୁଦ୍ର ନାଟକଟିଏ ଖେଳିବୁ। ନା.. ନା..ବଡ଼ ନାଟକ ଯେ ଆମେ କରି ପାରିବୁନି ସେ କଥା ନୁହେଁ। ହେଲେ କାହାକୁ ଟାଇମ୍ ଅଛି ଆଜ୍ଞା ? ଆପଣମାନେ ବାର ଜଂଜାଳରେ ବ୍ୟସ୍ତ। ଆଉ ଆମେ ଚବିଶ୍ ଜଂଜାଳରେ ବ୍ୟସ୍ତ। ତେଣୁ ସଂକ୍ଷିପ୍ତରେ ମାନେ, ଅତି ସଂକ୍ଷିପ୍ତରେ କାହାଣୀଟା କହୁଛି... ଅବଶ୍ୟ ନାଟକ ଆରମ୍ଭ ପୂର୍ବରୁ ନାଟକର କାହାଣୀ ଜଣେଇବା ଉଚିତ୍ ନୁହଁ, ତଥାପି କହିଦେଉଛି। କାହାଣୀଟି ଏମିତି...

ଏଇ ସମୟେ ଜଣେ ଆସି ନିର୍ଦ୍ଦେଶକଙ୍କ କାନରେ କଣ କହିଛି ।।।

ହଁ.. ହଁ.. ମୁଁ ବେଶି ସମୟ ନେବିନି। ଆଜ୍ଞାମାନେ! ମୁଁ ଏ ନାଟକର ନିର୍ଦ୍ଦେଶକ। ହଁ.. କଥାଟି ଏମିତି... କୋଉ କଥା କହିବି ? କାହା କଥା କହିବି ? ହଁ। ଗୋଟେ ସହର। x y z କିଛି ବି ଗୋଟାଏ ସହର। ଆଉ ସହରରେ ଥିଲା ଗୋଟେ ଘର।

(ସମ୍ମୁଖ ପରଦା ଖୋଲିଗଲା। ଦୃଶ୍ୟ ହେଲା ଗୋଟିଏ ମଧ୍ୟବିତ୍ତ ପରିବାରର ସୁସଜ୍ଜିତ ଡ୍ରଇଁରୁମ୍ ।)

ବର୍ତ୍ତମାନ ପ୍ରଶ୍ନ ଉଠୁଛି ଏ ଘରଟା କାହାର ? ଉତ୍ତର ହେଉଛି ମଦନମୋହନ ବାବୁଙ୍କର। (ଜିଭ କାମୁଡ଼ି) କ୍ଷମା କରିବେ ଆଜ୍ଞା। - ଚା' ପାନଖିଆ ପାଟି ତ...Toungue of Slip ହୋଇ ଗଲା... ଧେତ୍ ତେରୀ Slip of Toungue ହୋଇଗଲା। ଏ ଘରଟା ମଦନମୋହନ ଙ୍କର ନୁହେଁ ଆଜ୍ଞା! ଏଇ ଭଡ଼ାଘରଟି ହେଉଛି.. ମାନେ ବର୍ତ୍ତମାନ ଏଇ ଘରେ, ମାନେ ଏଇ ଘରର ମାଲିକାଣୀ ହେଉଛନ୍ତି ଲିଜା ସାମନ୍ତରାଏ। ଆରେ ବାପ୍‌ରେ... ତାଙ୍କ ନାଁ ଉଚ୍ଚାରଣ କରୁ କରୁ ମୋ ତଂଟି ଶୁଖିଗଲାଣି। ଭାରୀ କଡ଼ା ମିଜାଜ୍‌ର ସ୍ତ୍ରୀଲୋକ ଆଜ୍ଞା। ତାଙ୍କ କବାଟର କଲିଂବେଲ୍ ଯଦି ଆପଣ ବଜେଇବାକୁ ଚାହିଁବେ, ତାଙ୍କୁ ପଚାରି ବଜେଇବାକୁ ପଡ଼ିବ। ତାଙ୍କ ବଗିଚାର ଫୁଲମାନେ ତାଙ୍କୁ ପଚାରି ଫୁଟନ୍ତି। ତାଙ୍କ ଘର ଉପରେ ବହିଯିବା ପାଇଁ ପବନ ବି ତାଙ୍କଠୁ ପରମିଶନ୍ ନିଏ ଆଜ୍ଞା! ଫୁଲ, ପବନ ଯୋଉଠି ଥରହର, ସେଠି ତୁଚ୍ଛ ମଣିଷ କଥା ପଚାରେ କିଏ ? ତା'ମାନେ ଆପଣ ଚିନ୍ତା କରନ୍ତୁ, ଏ ଘରେ ରହୁଥିବା ମଣିଷମାନଙ୍କର ଅବସ୍ଥା କ'ଣ ଥିବ! କିଛି କାକୁସ୍ଥ ମଣିଷ, ଆଉ ଗୋଟେ ବଦ୍‌ମିଜାଜୀ ବାଘୁଣୀ। ଆରେ ବାପ୍‌ରେ...! What a situation !!

(ନିର୍ଦ୍ଦେଶକ ଚାଲିଗଲେ)

(ବର୍ତ୍ତମାନ ହାତରେ ଚା'କପ୍ ଧରି ପ୍ରବେଶ କଲେ ମଦନମୋହନ। ପରିଧାନ କହିଲେ ଲୁଙ୍ଗି ଓ ଗଂଜି ପିନ୍ଧିଛନ୍ତି। ବେକରେ ଗାମୁଛାଟିଏ। ଆସି ବେତ ସୋଫରେ ବସି ଖବର କାଗଜ ଓଲଟେଇଲେ। ମୁହଁରେ ବ୍ୟସ୍ତ ଭାବଟିଏ ଥାଏ। ବାରମ୍ବାର ସେ ବାହାରକୁ ଚାହୁଁଥାନ୍ତି। ଭିତରୁ ୧୬/୧୭ ବର୍ଷର ଝିଅ ମୁନି ହାତରେ ଗୋଟେ Film Magazine ଓ ମୋବାଇଲ୍ ନେଇ ପ୍ରବେଶ କରିଛି। ମୁହଁରେ ଗୁଣୁଗୁଣୁ ହେଇ ଗାଉଥାଏ।)

ମୁନୀ : ବାପା.. ବାପା....

ମଦନ : ସୁ.... ଘରେ ଏତେ ବଡ଼ ପାଟିକରି କଥା କହିବାଟା ମନା ବୋଲି ତୋର ମନେ ଅଛିଟି ?

ମୁନୀ : ମମ୍ମି ତ' ଘରେ ନାହିଁ - ଡର ନାହିଁ। ଡର କାହାକୁ ଭୟ କାହାକୁ....

ମଦନ : ଠାକୁର ଅଛନ୍ତି ଚଉବାହାକୁ। ହଁ... କ'ଣ କହୁଥିଲୁ ..?

ମୁନୀ : ତମେ ମମ୍ମିକୁ କହିଲ କି ନାହିଁ?

ମଦନ : କୋଉକଥା? (ଚା' ପିଉଥିଲେ)

ମୁନୀ : ଏଇ ପରା, ମୁଁ ଜାଣିଛି.... ଭୁଲି ଯାଇଛ ନା?

ମଦନ : (ଦୃଢ଼ଭାବେ) ନାଁ। କିଛି ଭୁଲିନି ମୁଁ। ପୂଜାରେ ତୋ ପାଇଁ ତୋ ମନ ମୁତାବକ ଡ୍ରେସ୍ କିଣାଯିବ। ଓକେ...

ମୁନୀ : (ଚିଡ଼ି ଯାଇ) ମୋର ଡ୍ରେସ୍ ଦରକାର ନାହିଁ।

ମଦନ : ତା'ହେଲେ?

ମୁନୀ : ତା'ହେଲେ ତମେ ମମ୍ମିକୁ କହିନା..?

ମଦନ : ଓହୋ ସେ ଯାହାହେଉ... ଏଥିରେ ମମ୍ମିର ପରମିଶନ୍ କ'ଣ ଦରକାର? ଡ୍ରେସ୍ ମୁଁ କିଣିବି ନା ମମ୍ମି କିଣିବ?

ମୁନୀ : ମୁଁ ଡ୍ରେସ୍ କଥା କହୁନି ବାପା।

ମଦନ : ଆଉ?

ମୁନୀ : ଆମ କଲେଜ୍‌ର ଏକ୍ସକରସନ୍‌ରେ ସବୁ ପିଲା ରାଉରକେଲା ଯାଉଛନ୍ତି। ମୁଁ ଯିବି ବୋଲି କହିଥିଲି ନାଁ....

ମଦନ : ହଉ ଯିବୁ।

ମୁନୀ : ମମ୍ମିର ବିନା ପରମିଶନ୍‌ରେ?

ମଦନ : ହଁ।

ମୁନୀ : (ଆଶ୍ଚର୍ଯ୍ୟରେ) ବାପା...?

ମଦନ : ଆଚ୍ଛା ତମେମାନେ ମମ୍ମିଟାକୁ ଏତେ ଭୟ କରୁଛ କାହିଁକି? ସିଏ ବାଘ ନା ଭାଲୁ ହେଇଛି ଯେ ତମକୁ ସବୁ ଖାଇଯାଉଛି।

ମୁନୀ : ହଁ.... ତମେ ତ ନିଜେ ମମ୍ମିକୁ ଦେଖିଲେ ସୁନାପିଲା ଭଳି ଚୁପ୍ ହେଇ ଯାଉଛ... କହିଲେ କ'ଣ ନା...

ମଦନ : ହଉ, ଫାଜିଲାମି ବନ୍ଦ କରି ବହିଧରି ବସିବୁ ଯା।

ମୁନୀ : ମମ୍ମି ଆସିଲେ କହିବ ତ?

ମଦନ : ହଁ... ହଁ... କହିବି - (ମୁନୀ ଯାଉଥିଲା)। ମୁନୀ.. ସୁରୁଜ କୁଆଡ଼େ ଗଲା?

ମୁନୀ : ତାକୁ ପରା ପାନ ଆଣିବାକୁ ପଠେଇଛ?

ମଦନ : ଓହୋ... ତା'ବୋଲି ଏତେ ସମୟ ଲାଗୁଛି ତାକୁ ପାନ ଦି'ଖଣ୍ଡ

ଆଣିବାକୁ। ମମ୍ମି ଆସିବା ଆଗରୁ ପାନଟା ଚୋବେଇ ଫୋପାଡ଼ି ଦେବି ବୋଲି ଭାବିଲା ବେଳକୁ..।

ମୁନୀ : ଆଚ୍ଛା ବାପା - ମମ୍ମି ତ ବାରମ୍ବାର ତମକୁ ପାନ ଖାଇବାକୁ ମନା କରୁଛନ୍ତି ! ତମେ ଛାଡ଼ି ଦେଉନ କାହିଁକି ?

ମଦନ : ଆଲୋ ଏତେ ବର୍ଷର ପୁରୁଣା ଅଭ୍ୟାସଟା କ'ଣ ଏତେ ଶୀଘ୍ର ଛାଡ଼ିହବ ? ଟିକିଏ ଟାଇମ୍ ଲାଗିବ ନା... ହଉ, ତୁ ବସି ପଢ଼ (ମୁନୀ ଯାଇ ପଢ଼ା ଟେବୁଲ ପାଖେ ବସିଲା)। କ'ଣ କହିବ ଏ ସୁରୁଜକୁ ! ଆଜିକାଲି ଏ ଚାକର ବାକର ଗୁଡ଼ାକ ବି ମୁଣ୍ଡରେ ଚଢ଼ିଲେଣି।

(ହାତରେ ପାନ ଧରି ଦୌଡ଼ି ଦୌଡ଼ି ଆସିଛି ସୁରୁଜ।)

ସୁରୁଜ... ପାନ ଦି'ଖଣ୍ଡ ଆଣିବାକୁ ତତେ କେତେ ସମୟ ଲାଗୁଛି କିରେ ?

ସୁରୁଜ : (ଧଇଁ ସଇଁ ହେଇ) ବହୁତ ଭିଡ଼।

ମଦନ : ଭିଡ଼ ? ?

ସୁରୁଜ : ହଁ... ବହୁତ ଲୋକ।

ମଦନ : କୋଉଠି ?

ସୁରୁଜ : ପାନ ଦୋକାନରେ। ଆଜି କ'ଣ ହେଇଛି କେଜାଣି... ଦୋକାନୀଟା ଏକା ସାଙ୍ଗରେ ଶହେ ଖଣ୍ଡେ ପାନ ଭାଙ୍ଗୁଛି। ମୁଁ ଯେତେ କହୁଛି, ମୋର ଦି'ଖଣ୍ଡ ପାନ ଜଲ୍‌ଦି ଭାଙ୍ଗିଦିଅ.. ମୋ କଥା କାହିଁ ଶୁଣନ୍ତା ! ଖାଲି ତ ସଟାସଟ୍ ଚୁନ ବୋଳି ଚାଲିଛି।

ମଦନ : କୋଉଠି ଚୁନ ବୋଳିଲା ? ତୋ ମୁହଁରେ ?

ସୁରୁଜ : ମୋ ମୁହଁରେ କାଇଁ ବୋଳିବ ବା... ପାନରେ। ମତେ ଆଖି ପୂରେଇ ଟିକେ ଅନେଇଲା ବି ନାହିଁ।

ମଦନ : ସେଇଠୁ ପାନ ଆଣିଲୁନି ?

ସୁରୁଜ : ଆଣିଛି ନାଁ - ସେଇଥିରୁ ଦି'ଟା ନେଇ ଆସିଲି।

ମଦନ : ତୁ ଭଲ କରି ଜାଣିଛୁ, ମା' ଆସିବା ଆଗରୁ ମତେ ଏଇ ପାନ ଦି'ଖଣ୍ଡ ସାରିବାକୁ ହେବ ବୋଲି !

ସୁରୁଜ : କେମିତି ନ ଜାଣିବି ବାବୁ ! ଏତେ ବରଷ ହେଲା ଘରେ ରହିଲିଣିଟି ? ସେଇଥିପାଇଁ ତ ଅଣନିଶ୍ୱାସୀ ହେଇ ଧାଇଁ ଆସିଲି।

ମଦନ : ହଉ, ଏବେ ଟିକିଏ ବସିପଡ଼। ହାଲିଆ ଲାଗୁଥିବ।

ସୁରୁଜ : ଏବେ ବସିଗଲେ ମା' ମତେ ସବୁଦିନ ପାଇଁ ବସେଇଦେବେ ବାବୁ। କୋଉ ମୁହୂର୍ତ୍ତରେ ମା' ଆସି ପହଂଚିଯିବେ। ଆସି ଯଦି ଦେଖନ୍ତି ମୁଁ ଗୋଡ଼ ଲମ୍ବେଇ ବସିଛି... ମୋ ଚାକିରୀ ପଳେଇବ ବାବୁ।
ଘର ସଫା କରିଛି।

ମଦନ : ସୁରୁଜ...

ସୁରୁଜ : ବାବୁ

ମଦନ : (ତରତର ହେଇ ପାନ ଚୋବଉଥାନ୍ତି) ତୋର ଆଉ କିଛି କାମ ନାହିଁ କିରେ? ସକାଳୁ ପରା ଥରେ ଡ୍ରଇଁ ରୁମ୍ ଝାଡ଼ି ସାରିଲୁଣି... ଆଉ ଥରେ କାହିଁ ପୋଛାପୋଛି କରୁଛୁ?

ସୁରୁଜ : ନ ଝାଡ଼ିଲେ ମା' ମତେ ଝଡ଼େଇଦେବେ। ଟିକେ କୋଉଠି ଧୂଳି ଦେଖିଲେ ମତେ ଧୂଳି କରି ଉଡ଼େଇଦେବେ ବାବୁ....।
(ସମସ୍ତେ ନିଜ ନିଜ କାମରେ ବ୍ୟସ୍ତ। ଅର୍ଥାତ୍ ମଦନ ବାବୁ ପେପର ପଢ଼ାରେ ବ୍ୟସ୍ତ, ମୁନୀର Film Magazine ପଢ଼ା, ସୁରୁଜର ଘରପୋଛା କାମ।)

ମୁନୀ : ବାପା।

ମଦନ : କ'ଣ ହେଲା?

ମୁନୀ : ମନେ ଅଛି ତ..?

ମଦନ : କୋଉ କଥା?

ମୁନୀ : ଫେର୍ ଭୁଲିଗଲ?

ମଦନ : ହଁ...ହଁ... ମନେ ଅଛି।
(ଏଇ ସମୟେ ଭିତରେ ଖେଳୁଥିବା ମୁନାର ବଲ୍‌ଟି ଆସି ମୁନୀ ଗୋଡ଼ରେ ବାଜିଛି।)

ମୁନୀ : ଓଃ... ମୁନା! ପିଠି କୁଣ୍ଡେଇ ହଉଛି କିରେ? କାଇଁ ମାହାଳିଆଟାରେ ସେ ବେଟ୍ ଧରି ଠକ୍‌ଠକ୍ କରୁଛୁ? ସତେ ଯେମିତି ବିରାଟ କୋହଲୀ ହୋଇଯିବ। ମମି ଦେଖିଲେ ମଜା ବାହାରିଯିବ ଯେ..।

ମୁନା	:	(ଆସି) ହଁ.. ତତେ ଖାଲି ଗେଲ କରିବ ! ଦେଖିବୁ ? ମମି ଆସିଲେ କହିବି ?
ମୁନୀ	:	କ'ଣ କହିବୁ ମମିକୁ ?
ମୁନା	:	ଏଇ ସିନେମା ମାଗାଜିନ୍ ପଢୁଛୁ ଆଉ ମୋବାଇଲ୍‌ରେ ଗେମ୍ ଖେଳୁଛୁ । ଜାଣିଲେ, ମମି ତତେ ଡାଇରେକ୍ଟ ଘରୁ ଗେଟ୍ ଆଉଟ୍ କରିଦେବ ଯେ...
ମୁନୀ	:	ହେଲା ବାବା ହେଲା । ମୋର କିଛି କହିବା ଦର୍କାର ନାହିଁ କି ତୋର ବି କମ୍ପ୍ଲେନ୍ କରିବା ଦର୍କାର ନାହିଁ ।
ସୁରୁଜ	:	ମୁନା ବାବୁ, ମମି ଆସିବା ଆଗରୁ ବହି ଧରି ବସିପଡ଼ । ନହେଲେ ବହୁତ ଗାଳି ମିଳିବ ।
ମୁନା	:	ଯା.. ଯା... ବେଶୀ ଆଉ ସାର୍ ହେଇଯାଆନା । ଆସିଗଲା ମତେ ପାଠ ପଢ଼େଇବ । ତୁ ତୋର କାମ କର, ନ ହେଲେ ମମି ଆସିଲେ କହିଦେବି, ତୁ ସକାଳୁ କିଛି କାମ କରିନୁ...ଆଉ ବାପାଙ୍କ ପାଇଁ ପାନ ଆଣିବାକୁ ବଜାରକୁ ଯାଇଥିଲୁ । ହାଁ... ମଜା ବାହାରିଯିବ ଯେ...
ସୁରୁଜ	:	ଦେଖିଲ... ଦେଖିଲ ତ ବାବୁ । ମୁଁ ମନା କରୁଛି ପାନ ଆଣିବାକୁ ମତେ ପଠାଅନି । ଏବେ ମା' ଯଦି ଜାଣିବେ, ମୋ ଚାକିରୀ ରହିବ ଟି ?
ମଦନ	:	ଆହା, କାହିଁ ଏମିତି ଛାନିଆ ହଉଛୁ ? ମୁଁ ଥାଉ ଥାଉ, କିଏ ତୋ ଚାକିରିଟା ଏମିତି ଖାଇଯାଉଛି !
ସୁରୁଜ	:	ମା'...
ମଦନ	:	ମା' କ'ଣ ଗୋଟେ ବାଘୁଣୀ ?
ମୁନୀ	:	ବାପା....
ମଦନ	:	କ'ଣ ?
ମୁନୀ	:	ମମିକୁ କଣ କହିଲ ?
ମୁନା	:	ବା...ଘୁ...ଣୀ ।
ମଦନ	:	ଚୋପ୍ । ମୁଁ କହିଲି ବୋଲି ତୁ କହିବୁ ? ମମି ତୋର ବାଘୁଣୀ ?
ମୁନା	:	ବାପା, ବାଘୁଣୀ କୁଆଡ଼େ ଯାଇଛନ୍ତି ? ମାନେ ମମି କୁଆଡ଼େ ଯାଇଛନ୍ତି ?

ମଦନ : ପାଟି ଉପରେ କଂଟ୍ରୋଲ ରଖ ମୁନା । ଯୁଆଡ଼େ ବି ଯାଇଛି...
ତୋର କ'ଣ ଗଲା ? ଯା... ପଢ଼ି ବସିବୁ ।
(ମୁନା କ'ଣ ମନେମନେ ଗୁରୁଗୁରୁ ହେଉଛି ।)
କ'ଣ ହେଲା ? କ'ଣ ମନକୁମନ କହି ଚାଲିଛୁ ?

ମୁନା : ନାଇଁ... କିଛି ନାହିଁ ।

ମଦନ : ଆଚ୍ଛା ତମେମାନେ ସବୁ ଏଇ ଡ୍ରଇଁ ରୁମ୍‌ଟାରେ ଆସି ଆଡ୍ଡା ଜମେଇ ଦେଲ ନା ? ମତେ କ'ଣ ଟିକେ ଖବର କାଗଜ ପଢ଼ିବାକୁ ଦେବନି ?

ମୁନା : ବାପା, ଦେଖିଲ ମ୍ୟାଚ୍ ବିଷୟରେ କ'ଣ ବାହାରିଛି ?

ମଦନ : କୋଉ ମ୍ୟାଚ୍ ?

ମୁନା : ଗୋଟିଏ ତ ମ୍ୟାଚ୍, କ୍ରିକେଟ୍ ମ୍ୟାଚ୍ ।

ମଦନ : (ବିରକ୍ତ ହୋଇ) କିଛି ବାହାରିନି ।

ମୁନା : (ଅଳି କଲାଭଳି) ଦେଖନା ବାପା...

ମଦନ : ଓହୋଃ..

ମୁନୀ : ମୁନା... ଚୁପ୍‌ଚାପ୍ ବସ । ବାପାଙ୍କୁ ଡିସ୍‌ଟର୍ବ କାହିଁକି କରୁଛୁ ?

ମୁନା : ତୁ ଚୁପ୍‌ଚାପ୍ ବସନା । ବାପାଙ୍କର ଡିସ୍‌ଟର୍ବ ହଉଛି, ତା ତୋର ହଉଛି ମ... ?

ମୁନୀ : ବାପା ଦେଖିଲ ମୁନା କ'ଣ କରୁଛି... ।

ମଦନ : ମୁନୀ –
(ମୁନୀ ମୁନାକୁ ଖତେଇ ହେଉଛି – ମୁନା ବି ।)
ମୁନା ... (ତାଗିଦ୍ କଲାଭଳି)

ମୁନା : ବାପା – କ'ଣ ବାହାରିଛି ? ମ୍ୟାଚ୍‌ଟା କୋଉ ଚେନେଲ୍‌ରେ ଦେବ ?

ମଦନ : ହଁ ..... Star Plus ରେ ଦେବ ।

ମୁନା : (ଦୁଃଖ କରି) ଆମର ତ Star Plus ନାହିଁ ।

ମୁନୀ : ଠିକ୍ ହେଇଚି । ଭଲ ହେଇଚି ।

ମୁନା : ହୁଁ.... କାଳୀ.... ପୋକଡ଼ି ଦାନ୍ତି... ଦେବି ଯେ ଦି'ଟା ....

ମଦନ : ମୁନା, କଣ ହଉଛି ଇଏ । ସିଏ ପରା ତୋର ବଡ଼ ଭଉଣୀ ।

ମୁନା : ବଡ଼ ଭଉଣୀ ନା ଆଉ କିଛି । (ଟିକେପରେ) ସୁରୁଜ... ସୁରୁଜ...

ସୁରୁଜ : (ଭିତରୁ ଆସି) କ'ଣ ହେଲା ମୁନାବାବା ?

ମୁନା : ଚାଲ କ୍ରିକେଟ୍ ଖେଳିବା ।

ସୁରୁଜ : ହଁ.. ଚାଲ - (ମା' କଥା ମନେ ପଡ଼ିଗଲା) ନାଇଁ ନାଇଁ ବାବୁ.. ମୋର ତେଣେ କେତେ କାମ ଅଧା ପଡ଼ିଛି । ମମ୍ମି ପରା ଏଇ ସାଙ୍ଗେ ସାଙ୍ଗେ ଆସିଯିବେ... ।

ମୁନା : ଦେଖିଲ ବାପା, ମୋ ସାଙ୍ଗରେ କେହି ହେଲେ ଖେଳୁ ନାହାନ୍ତି ! ମୁଁ କ'ଣ କରିବି ଯେ ?
(ବିରକ୍ତିରେ ବେଟ୍‌ବଲ ଧରି ବସିଯାଇଛି ।)
ମୁନୀ ଅପା, ଚାଲ ନା ଖେଳିବା ।

ମୁନୀ : ନାଇଁ... ମମ୍ମି ଦେଖିଲେ ରାଗିବ... ।

ମୁନା : Please ! ଅପା ଚାଲନା...

ମୁନୀ : ଦେଖୁଛୁ ପରା, ମୁଁ ପଢୁଛି ।

ମୁନା : ପରେ ପଢ଼ିବୁ, ଚାଲନା....

ମୁନୀ : ବାପା, ମୁନାକୁ ଦେଖିଲ...

ମଦନ : (ବିରକ୍ତି) ଓହୋଃ... କାହିଁକି ମାହାଳିଆ ଟାରେ ହାଲ୍ଲା କରୁଛୁ କିରେ ?

ମୁନୀ : ବାପା ! ମମ୍ମି ଏବେ ଆସିଯିବେ ନା ?

ମଦନ : Don't fear... ଆରେ ତମ ମମ୍ମି ଏବେ ସାଙ୍ଗେ ସାଙ୍ଗେ ଆସୁନି ମ.. ଗପ ସରିଲେ ସିନା ! ଲେଟ୍ ହେବ । ଡରିବାର କିଛି ନାହିଁ: । Enjoy yourself.
(ଚରିତ୍ରମାନେ Enjoy yourself ଥିଲାବେଳେ ହଠାତ୍ ଝଡ଼ଭଳି ପ୍ରବେଶ କଲେ ଲିଜା ଦେବୀ ।)

ଲିଜା : (ମଦନ ପ୍ରତି) କ'ଣ ହେଲା... ବାଘୁଣୀ ଘରେ ମିରିଗ ନାଟ ? ହଇଓ, ନିଜେ ତ ନଷ୍ଟ ହେଲ, ହେଲ, ମୋ ଛୁଆ ଦି'ଟାକୁ ବି ନଷ୍ଟ କରିବ ନା କ'ଣ ? ଦୁଆର ପାଖେ ଠିଆ ହୋଇ ମୁଁ ସବୁ ଶୁଣିଛି । କ'ଣ କହୁଥିଲ ? ମମ୍ମିର ଆସିବା ଲେଟ୍ ହେବ ? ଡରିବାର ନାହିଁ । Enjoy yourself ? ଭାରୀ ତ ସାହାସ ଦେଖୁଛି ।

ମଦନ : (ଖବର କାଗଜ ପଛପଟେ ମୁହଁ ଲୁଚେଇ ଜଲ୍‌ଦି ଜଲ୍‌ଦି ପାନ ଚେବେଇଲେ)

ଲିଜା : (କିଛି ଗୋଟେ ବାସ୍ନା ବାରି) କ'ଣ ଗୋଟାଏ ଭୁରୁକୁଟିଆ - ଭୁରକୁଟିଆ ଗନ୍ଧଉଛି। ସୁରୁଜ.. ଗାଧେଇଛୁ ?

ସୁରୁଜ : ହଁ ମା....। ଲକ୍ସ ସାବୁନ ଦେଇ ଗାଧେଇଛି।

ଲିଜା : ତା'ହେଲେ କ'ଣ ଗନ୍ଧଉଛି ? କ'ଣ ତ....ହାଁ... ଜର୍ଦ୍ଦା ଗନ୍ଧ ହଉଛି। କିଏ ଖାଇଛି, ସେ ନିଆଁ ଲଗା ପାନ....ମୁଁ ପଚାରୁଛି କିଏ ଖାଇଚି ପାନ ?

(ମଦନ ମୋହନ ଭୟରେ ଖବର କାଗଜଟାକୁ ମୋଡ଼ା ମୋଡ଼ି କରି ମୁହଁକୁ ଢାଙ୍କି ଦେଇଛନ୍ତି।)

ହଇଓ... କାହିଁ ଦେଖେଇଲ ତମ ପାଟି ?

ମଦନ : ଖବର କାଗଜ ପଢୁଛି ପରା...(ପାଟି ନ ଖୋଲି ଠାରରେ କହିଲେ)

ଲିଜା : ଦେଖାଅ କହୁଛି ପରା- (ମଦନ ହାତରୁ ପେପର୍ ଛଡ଼େଇ) କଣ ହେଲା.. ଫଟା ରସିକ ଭଳିଆ ପାଟି ନାଲିକରି ମହା ଠାଣିରେ ବସିଛ ତ !

ମଦନ : ହେଃ... ହେଃ.... ଦେଖ ଲିଜା, ମୁଁ ନିହାତି ଗୋଟେ ପାନୁଆ ନୁହଁ। କେବେ କେମିତି ଥରେ ଅଧେ ଖାଇଦିଏ। ତା'ଛଡ଼ା ଆଜି ରବିବାରଟା ବୋଲି ଖଣ୍ଡେ କଲରେ ଜାକି ଦେଇଛି ନା...

ଲିଜା : No... ଖଣ୍ଡେ.. No ଅଧେ। Immediately ଯାଅ, ଆଉ ପାଟି ସଫା କରି ଆସ। ଛିଃ... ଦୁର୍ଗନ୍ଧରେ ନାକ ଫାଟି ଯାଉଛି।

(ମଦନ ବାଧ୍ୟ ଛାତ୍ରଟିଏ ପରି ଭିତରକୁ ଚାଲିଗଲେ। ଇତି ମଧ୍ୟରେ ଅନ୍ୟମାନେ ଖୁବ୍ ଭୟଭୀତ ହେଇଗଲେଣି। ମୁନୀ ସୋଫା ତଳେ ମାଗାଜିନ୍ ଆଉ ମୋବାଇଲ୍ ଲୁଚେଇ ନିଜ ବହି ଧରି ବସିଛି। ମୁନା କ୍ରିକେଟ୍ ସରଞ୍ଜାମ ଲୁଚେଇ ବୋକା ଭଳିଆ ଚାହିଁଥାଏ। ସୁରୁଜ ଦରକାରରୁ ଅଧିକ ଚଂଚଳତାର ସହ ଘର ସଫା କରିବାରେ ବ୍ୟସ୍ତ।)

ଲିଜା : ମୁନୀ....

ମୁନୀ : ହଁ ବୋଉ।

ଲିଜା : ବୋଉ ! (ମୁହଁକୁ ବିକୃତ କରି) ତତେ ମୁଁ କେତେଥର କହିଛି, ମତେ ବୋଉ ବୋଲି ଡାକିବୁନି। ମମ୍ମି ଡାକିବାକୁ ତୋର ଜିଭ କ'ଣ ଛିଡ଼ି ପଡୁଛି ?

ମୁନୀ : No Mummy.

ଲିଜା : କଣ କହିଲୁ ?

ମୁନୀ : Yes Mummy.

ଲିଜା : କ'ଣ କରୁଥିଲୁ ?

ମୁନୀ : ଇଏ... ମାନେ... ମୁଁ ରଣବୀର... ମାନେ News Paper ପଢୁଥିଲି।

ଲିଜା : ମମ୍ମିକୁ ତୁ କ'ଣ ମଫସଲୀ ବୋଲି ଭାବିଛୁ ? ଆମ ଘରକୁ ତ ଗୋଟାଏ News Paper ଆସେ, ଆଉ ସେଇଟା ପଢୁଥିଲେ ତୋ ଡାଡି। କହ କ'ଣ ପଢୁଥିଲୁ ?

ମୁନୀ : ମମ୍ମିଁ...ଏଇଟା .... ମାନେ....

ଲିଜା : ତୁ ନ କହିଲେ, ଭାବିଛୁ ମୁଁ ଜାଣିପାରିବିନି – ତୁ କ'ଣ ପଢୁଥିଲୁ ? ବାହାର କର। ସେ ସୋଫା କୁସନ୍ ତଳେ କ'ଣ ଲୁଚେଇଛୁ ଜଲ୍‌ଦି ବାହାର କର।

(ମୁନୀ ଭୟରେ ଠିଆ ହେଇ ପଡ଼ିଛି। ଲିଜା ନିଜେ ଯାଇ ସୋଫା ପାଖରୁ ମାଗାଜିନ୍ କାଢ଼ି ଆଣିଛନ୍ତି।)

ଏଇଆ ଚାଲିଛି ? ମୋ ଘରେ ? ପାଠଶାଠ ସବୁ ଚୁଲୀକୁ ଗଲା... କ'ଣ ନା ଝିଅଙ୍କର ସିନେମା ମାଗାଜିନ୍ ପଢ଼ା ଚାଲିଛି ! ଆଜିଠୁ ମୋବାଇଲ୍, ମାଗାଜିନ୍ ବନ୍ଦ। (ମୋବାଇଲ୍ ଛଡ଼େଇ ନେଇ)

ମୁନୀ : ମମ୍ମି ଆଜି Sunday ଟା ବୋଲି ମାଗାଜିନ୍ ଟିକିଏ ଓଲଟେଇ ଦେଲି। ନ ହେଲେ ମୁଁ କ'ଣ ସବୁବେଳେ ଏଗୁଡ଼ାକ ପଢ଼େ ?

ଲିଜା : ଭାରୀ ତ' ବଢ଼ି ବଢ଼ି କଥା କହୁଛୁ ? ମମ୍ମି ମୁହଁରେ ଜବାବ୍ ଦେଉଛୁ ? ଆଉ ପଦେ କଥା କହିଲେ ଖାଇବା ବନ୍ଦ କରି, ଗୋଟେ ରୁମ୍‌ରେ ତାଲା ପକେଇ ରଖିଦେବି।

(ମୁନୀ ସକସକ ହୋଇ ଚାଲିଗଲା।)

(ମୁନାକୁ) ଆଉ ତୁ ? ସୁନା ପିଲା ଭଳିଆ ବସି ପଡ଼ିଛୁ ? ଯେମିତି କିଛି ଜାଣିନି... ଆହା,...–

(ସୋଫା ତଳୁ ବେଟ୍ ଓ ବଲ୍ ବାହାର କରି।)

ଶେଷରେ ଏ ଘରଟା ବି ବାଦ୍ ପଡ଼ିଲାନି ! ଯାକୁ ବି କ୍ରିକେଟ୍ ଫିଲ୍‌ଡ ବନେଇ ସାରିଲୁଣି ନା ? ଏଇ କ୍ରିକେଟ୍ ନିଶା ତତେ

ଯଦି ଦିନେ ନ ବୁଡ଼େଇଛି... ମତେ କହିବୁ। ପାଠ ଗଲା, ଶାଠ ଗଲା, ଆଚ୍ଛା କ୍ରିକେଟ୍ ବାଇ ହଉଛୁ ତୁ ?

ମୁନା : ସବୁ ପିଲା ଖେଳୁଛନ୍ତି, ମୁଁ ଟିକେ ଖେଳିଦେଲି ତ... କ'ଣ ହେଇଗଲା ?

ଲିଜା : ଭାରୀ ତ ସାହସ ? ମୋ ମୁହଁରେ ଜବାବ ! କଣ କହିଲୁ.. କଣ କହିଲୁ.. ସମସ୍ତେ ଖେଳୁଛନ୍ତି... (ବେଟ୍‌ରେ ମୁନା ଗୋଡ଼କୁ ମାରିଛନ୍ତି)

ମୁନା : ମମ୍ମି.... ମମ୍ମି.. ଆଉ କେବେ କହିବିନି...

ଲିଜା : ପଳା.... ପଳା ମୋ ଆଖି ସାମ୍ନାରୁ। ନ ହେଲେ ମାରି ମାରି ତୋର ଗୋଡ଼ ଛୋଟା କରିଦେବି -

(ମୁନା କାନ୍ଦି କାନ୍ଦି ଚାଲିଗଲା। ଏ ସବୁ କାଣ୍ଡ କାରଖାନା ଦେଖି ଅତି ମାତ୍ରାରେ ଭୟଭିତ ହୋଇ ଯାଇଥିବା ସୁରୁଜ ଏବେ ଅସହାୟ ଦିଶୁଛି। ଚାଲି ଯାଉଥିଲା ସେଇଠୁ।)

ସୁରୁଜ.. କୁଆଡ଼େ ଯାଉଛୁ ?

ସୁରୁଜ : ନାଇଁ... କୁଆଡ଼େ ନାହିଁ। ଘର ପୋଛିବି।

ଲିଜା : ଭିତର କାମ ସରିଲାଣି ?

ସୁରୁଜ : (ମୁଣ୍ଡ ହଲେଇ ମନା କରିଛି)

ଲିଜା : ଘରୁ ଟିକେ ମୁଁ ଏପଟ ସେପଟ ହେଇଗଲେ ପୁରା ସିଷ୍ଟମ୍‌ଟା ବିଗିଡ଼ି ଯାଉଛି। ସେପଟେ ଘରସାରା କାମ ପଡ଼ିଛି, ଏଠି ଲାଟ୍ ସାହେବ ଭଳିଆ ଠିଆ ହେଇ କହୁଛୁ କ'ଣ ନା... ପୋଛିବି।

ସୁରୁଜ : ଏଠି କାମ କଲେ ମଲ.. ନ କଲେ ବି ମଲ। (ମନେ ମନେ)

ଲିଜା : ମନକୁ ମନ କ'ଣ କହୁଛୁ କିରେ ?

ସୁରୁଜ : କିଛି ନାହିଁ..।

ଲିଜା : ଘଂଟାଏ ହେଲା ତୁ ଏଠି କଣଟା ପୋଛୁଥିଲୁ ? ଦେଖିଲୁ ସେ ଟି'ପୟ ଉପରେ କେତେ ଧୂଳି ?

ସୁରୁଜ : ମା' ସେଇଟା ଧୂଳି ନୁହେଁ - ଲାଇଟ୍ ପଡ଼ି ଚକ୍‌ଚକ୍ କରୁଛି।

ଲିଜା : ହେଲା.. ହେଲା..। ବେଶି କଥା କହିଲେ ତୋର ମୁହଁ ଭାଙ୍ଗିଦେବି। ପାଜି କୋଉଠିକାର। ଯା... ପରିବା ଧୋଇ କଟାକଟି କର। ଆଉ ଶୁଣ.. କଡ଼ା କରି ଚା' କପ୍‌ଟେ ଆଗ ମୋ ପାଇଁ ଆଣ୍। ଚା' ପିଇସାରି ମୁଁ ବାଥ୍‌ରୁମ୍ ଯିବି।

(ସୁରୁଜ ମୁହଁ ଆମ୍ପିଳା କରି ଚାଲିଗଲା । ଏବେ ଲିଜା ଦେବୀ ମହା ଆରାମ୍‌ରେ ମୁନୀ ପାଖରୁ ଛଡ଼େଇ ଆଣିଥିବା Film Magazine ପଢ଼ିବାରେ ମନ ଦେଲେ ।)

(ହଠାତ୍ ପ୍ରବେଶ କଲେ ନିର୍ଦ୍ଦେଶକ)

ନିର୍ଦ୍ଦେଶକ : ହାଃ... ହାଃ... ଲିଜାଦେବୀ ଏବେ Film Magazine ପଢ଼ିବାରେ ବ୍ୟସ୍ତ ରହିଲେ । ଇଏ ଗଲା ଗୋଟିଏ ଦିଗ । ଅନ୍ୟ ଦିଗଟି ହେଲା – କିଏ ଟିକିଏ ରିଲାକ୍‌ସ କରିବା ପାଇଁ ପାନ ଟିକିଏ ଖାଇଦେଲା..ତ କଣଟେ ଅପରାଧ ହେଇଗଲା ? ଆରେ ବାବା ଅମଳି କରିବା ଗୋଟେ କଥା – ଖୁସିରେ ଥରେ ଅଧେ ଖାଇବା ଅନ୍ୟ କଥା । ଏଇ ଛୋଟ କଥାଟେ ପାଇଁ ଏତେ ତୁମ୍ଫି ତୁଫାନ କରିବା, – ସେ ପୁଣି ଖୋଦ୍ ପତିପରମେଶ୍ୱର ଉପରେ ! ପିଲାମାନେ ଟିକେ ଫୁର୍ତ୍ତି କରିବେ କି ଟିକେ କ୍ରିକେଟ୍ ଖେଳିବେ... ସେଥିରେ ବି କଟକଣା ? ଆଉ ମୁନୀଟା ଭଲ ପଢ଼େ, ତା' ସାଙ୍ଗଙ୍କୁ କଲେଜ୍ ଡ୍ରାମାରେ ଅଭିନୟ କରି ପ୍ରାଇଜ୍ ବି ପାଏ... ଆରେ ବାବୁ ହୁଏତ ସେଥିରେ ସେ କେରିଅର ବି କରିପାରେ । ଏଥିରେ ଭୁଲ ରହିଲା କୋଉଠି ? ଆଉ ଗୋଟେ ଛୋଟକଥା ଆଜ୍ଞା, ଆପଣ ଚିନ୍ତା କଲେ ଚାକର ବାକର ଆମ ଭଳିଆ ମଣିଷ ନା ନାହିଁ ? ତାଙ୍କୁ ଏମିତି କୁକୁର ମାଙ୍କଡ଼ ଭଳିଆ ବ୍ୟବହାର କଲେ ଚଳିବ ? ବୁଝିଲେ ଆଜ୍ଞା – ଏମିତି ମାଆ କି ଏମିତି ସ୍ତ୍ରୀ ଯଦି ଆପଣଙ୍କ ଘରେ ଥାଆନ୍ତେ, ଆପଣଙ୍କର ଚଉଦ ବାଜି ଯାଉନଥାନ୍ତା ! ମାନୁଛି ଆଜ୍ଞା, ଲିଜାଦେବୀ ଯାହାସବୁ କହୁଛନ୍ତି, କରୁଛନ୍ତି, ନିଶ୍ଚିତ ଭାବେ ତାଙ୍କ ପରିବାରର ଭଲ ପାଇଁ କହୁଛନ୍ତି । କିନ୍ତୁ ଆଜ୍ଞା, ହଜାରେ ଥର ଗୋଟିଏ କଥା ଆପଣ ନିଶ୍ଚୟ ଶୁଣିଥିବେ । ଏବେ ମୁଁ ହଜାରେ ଏକଥର କହୁଛି, 'ଖା, ଭୁଁଜ, ଗିଳ' । ସେଇ କଥାଟାକୁ ବି ଭଲ କରି ବୁଝେଇ କୁହାଯାଇ ପାରନ୍ତା ! କିନ୍ତୁ ନାଁ – ଗାଡ଼ି ମଟରରେ ଯେମିତି ଗଭର୍ଣ୍ଣର ବନ୍ଧା ହୋଇଥାଏ, ଲିଜାଦେବୀଙ୍କର ଟେମ୍ପର ବି ସେମିତି ଗୋଟେ ନିର୍ଦ୍ଦିଷ୍ଟ ରେଞ୍ଜ୍‌ରେ ବନ୍ଧା ହେଇଛି । ସେଠୁ ଟିକେ ବି ଖସିବାକୁ ନାରାଜ୍ । ନିହାତି ଗହଳୀ ପରିବାର ତ ଆଦୌ ନୁହଁ । ସ୍ୱାମୀ-ସ୍ତ୍ରୀ ଦି'ଜଣ – ପୁଅ ଝିଅ ଦି'ଜଣ...

ଆଉ ଗୋଟେ ଚାକର । ବାସ୍ ! ଏଇତ ପରିବାର । ତାରି ଭିତରେ ଏତେ ତୁମ୍ଭିତୁଫାନ ! !

(ବାହାରୁ ଶୁଭିଲା- "ସାମନ୍ତରାଏ ବାବୁ ଘରେ ଅଛନ୍ତି" ।)

ମୁଁ ଯାଏ ଆଜ୍ଞା - ଜଣେ କିଏ ନୂଆ ଚରିତ୍ରଟିଏ ବୋଧେ ଆସିଲାଣି । ଆସୁଛି... । ପରେ କଥା ହେବ ।

(ନିର୍ଦ୍ଦେଶକଙ୍କ ପ୍ରସ୍ଥାନ)

ଦିବାକର : ସାମନ୍ତରାଏ ବାବୁ ଘରେ ଅଛନ୍ତି ?

(ଭିତରକୁ ଆସିଲେ ଦିବାକର ବାବୁ । ଟିକେ ଛୋଟେଇ ଚାଲନ୍ତି ଆଉ ପ୍ରଚୁର ପାନ ଖାଆନ୍ତି ।)

ଲିଜା : ଆରେ ଆସନ୍ତୁ ଦିବାକର ବାବୁ ।

ଦିବାକର : ମାଡାମ୍ ନମସ୍କାର ।

ଲିଜା : ବସନ୍ତୁ ।

ଦିବାକର : ନିଶ୍ଚୟ ବସିବା । ଆଉ ସାମନ୍ତରା ବାବୁ କଣ ରବିବାରିଆ ମାର୍କେଟିଂ ଯାଇଛନ୍ତି କି ?

ଲିଜା : ନାଇଁ... ଘରେ ଅଛନ୍ତି ।

ଦିବାକର : ମୋ ଅନୁମାନ ତା'ହେଲେ ଠିକ୍ ।

ଲିଜା : କ'ଣ କହିଲେ ?

ଦିବାକର : ବୁଝିଲେ ଆଜ୍ଞା ! ରବିବାର ଦିନଟା ଗୋଟେ ଏମିତିଆ ଦିନ, ନ ମିଳିବା ଲୋକକୁ ବି ଘରେ ପାଇହବ ।

ଲିଜା : ହଁ । ସପ୍ତାହକୁ ତ ଗୋଟିଏ ବୋଲି ଛୁଟି । ଘରୁ ବାହାରିବାକୁ ଇଚ୍ଛା ହୁଏନି ।

ଦିବାକର : ହଁ.. ତା ନୁହେଁ ଆଉ କ'ଣ ? ମଣିଷ ଗଧଭଳି ଆଉ କେତେ ଖଟିବ ? ମାଡାମ୍... ଆପଣ ବି କ'ଣ ୟା ଭିତରେ....

ଲିଜା : କ'ଣ ?

ଦିବାକର : ମାନେ.. ଆପଣ ବି କ'ଣ ଚାକିରି.. ଫାକିରି...

ଲିଜା : ନାଇଁ ଦିବାକର ବାବୁ... ସେ ଭାଗ୍ୟ ଆମର କାହିଁ ? ତା'ଛଡ଼ା ସ୍ୱାମୀ-ସ୍ତ୍ରୀ ଉଭୟେ ଚାକିରି କଲେ ଘର କଏ ସମ୍ଭାଳିବ ? ପିଲାମାନଙ୍କ ଭବିଷ୍ୟତକୁ ତ ପୁଣି ଦେଖିବାକୁ ଜଣେ ଦରକାର ।

ଦିବାକର : ବାଃ ! କି ଉନ୍ନତ ଚିନ୍ତାଧାରା । ସତରେ ସାମନ୍ତରାବାବୁ ନିହାତି ଭାଗ୍ୟବାନ ଲୋକ ।

ଲିଜା : ସିଏ ତ କିଛି ବୁଝନ୍ତିନି । ସବୁ ମତେ ହିଁ କରିବାକୁ ପଡ଼େ ।

ଦିବାକର : ଠିକ୍ କଥା । ଜଣକୁ ତ ଦାୟିତ୍ୱ ନେବାକୁ ପଡ଼େ । ଆମ ଘରେ ବି ସେଇ କଥା । ଘରକଥା ମତେ ହିଁ ବୁଝିବାକୁ ପଡ଼େ ।

ଲିଜା : କାହିଁ, ଆପଣଙ୍କ ସ୍ତ୍ରୀ କ'ଣ ଚାକିରି କରନ୍ତି ?

ଦିବାକର : ତାଙ୍କୁ କିଏ ଚାକିରି ଦେବ ? ମାନେ.... ମୋ କହିବା କଥା ହେଲା... ସେ କେବଳ ହାଉସ୍ ୱାଇଫ୍ । କିନ୍ତୁ ଘର କଥା ମତେ ହିଁ ବୁଝିବାକୁ ପଡ଼େ ।

ଲିଜା : ଭଲ ।

ଦିବାକର : ହଁ । ଭଲ ଯେ ...
(ଏଇ ସମୟେ ସୁରୁଜ ଚା' ନେଇ ଆସିଛି ।)
ଅବଶ୍ୟ ସକାଳୁ ଚା' ବନେଇ ମୁଁ ପିଇକି ଆସିଥିଲି ।

ସୁରୁଜ : ନମସ୍କାର ବାବୁ । ଏଇ ଚା' ମା'ଙ୍କ ପାଇଁ ଆଣିଥିଲି । ଆପଣଙ୍କ ପାଇଁ ଏଇ ସାଙ୍ଗେ ସାଙ୍ଗେ ବନେଇ ଦଉଛି ।

ଲିଜା : ସୁରୁଜ... ଠିକ୍ ଅଛି । ମୁଁ ପରେ ପିଇବି । ଏଇ ଚା'ଟା ଦିବାକର ବାବୁଙ୍କୁ ଦେଇଦେ ।

ଦିବାକର : ନାଇଁ ନାଇଁ କି କଥା ! ଆପଣଙ୍କ ଚା' ମୁଁ ପିଇବି ? ଆପଣ ପିଅନ୍ତୁ ।
(ସୁରୁଜ ଦିବାକରକୁ ଚା' ଦେଉଥିଲା ପୁଣି ଫେରି ଆସି ଲିଜା ଦେବୀଙ୍କୁ ବଢ଼ଉଥିଲା ।)

ଲିଜା : କିଛି ଅସୁବିଧା ନାହିଁ । ଆପଣ ପରା ଆମର ଗେଷ୍ଟ୍... ପିଅନ୍ତୁ....

ଦିବାକର : କିନ୍ତୁ.....

ଲିଜା : (ଟିକେ ଚଢ଼ାଗଳାରେ) ପିଅନ୍ତୁ ।
(ତରବର ହେଇ ଚା' ଧରିଛନ୍ତି ଦିବାକର, ସୁରୁଜ ହାତରୁ, ଏକରକମ ଛଡ଼େଇ ନେଇ ଯାଇଛନ୍ତି ।)

ଦିବାକର : (ଚା' ପିଇ) ଓଃ !

ଲିଜା : କ'ଣ ହେଲା ?

ଦିବାକର : ପ୍ରବଳ ଗରମ ।

ଲିଜା : ଫେନ୍ ଚଲେଇବି ?

ଦିବାକର : ନାଁ... ନାଁ... ଏ ଚା'ଟା ... ଗରମ ଅଛି । କିନ୍ତୁ ବଢ଼ିଆ ହେଇଛି ।

ଥ୍ୟାଙ୍କ୍ ୟୁ... ଆଉ ସୁରୁଜ ବାବୁ ସବୁ ଭଲ ତ....

ସୁରୁଜ : ଦୁଃଖେ ସୁଖେ ଚାଲିଛି ଆଜ୍ଞା !

ଲିଜା : କିରେ ତୋର ଗୋଟାଏ ଦୁଃଖ କଅଣ ? ଅସୁର ଭଳିଆ ଚାରିଓଳି ଗେଫୁଛୁ। କାମଧାମର ନାଁ ନାହିଁ। ଆରାମ୍‌ରେ ମଜା ମାରୁଛୁ। ଏଥିରେ ଦୁଃଖ କୋଉଠୁ ଆସିଲା ?

ସୁରୁଜ : ନାଇଁ ମା' - ଏମିତି କହୁ କହୁ କହିଦେଲି ନାଁ -

ଲିଜା : କହୁ କହୁ ଏମିତି କାହିଁକି କହିବୁ ନା ! ଭଦ୍ରଲୋକ କ'ଣ ଭାବିବେ ? ଯେ ଗାଁ ଚାକରଟା ଏଠି ମନ ଦୁଃଖରେ ଅଛି।

ଦିବାକର : ନାଇଁ ମାଡାମ୍, ମୁଁ କାହିଁକି କ'ଣ ଭାବିବି ?

ଲିଜା : ଆପଣ ଭାବିବେନି, ସିଏ ଅଲଗା କଥା। କିନ୍ତୁ ଯେ କେହି ବି ଶୁଣିଲେ ଭାବିବ କି ନାହିଁ ?

ଦିବାକର : କିନ୍ତୁ ମୁଁ ଆଦୌ କିଛି ଭାବିବିନି। ନିଅନ୍ତୁ ଏ ଚା'ଟା ଆପଣ ପିଇ ଦିଅନ୍ତୁ।

ଲିଜା : ନାଁ.. ଏ ଚା' ଆପଣ ହିଁ ପିଇବେ। ସୁରୁଜ... ମୋ ପାଇଁ ଆଉ କପେ ତିଆରି କର।

ସୁରୁଜ : ଆଜ୍ଞା ମା' - (ଯାଉଥିଲା)

ଲିଜା : ବାବୁଙ୍କୁ କହିବୁ ଦିବାକର ବାବୁ ଆସିଛନ୍ତି। (ସୁରୁଜର ପ୍ରସ୍ଥାନ) ଏଇଟାର ଏ ଯାଏଁ ମଫସଲୀ ଢଙ୍ଗ ଗଲାନି।

ଦିବାକର : (ହସିଲେ) (ଚା' ପିଉପିଉ) ଗାଁରେ ଜନ୍ମ ହେଇଥିବା ଲୋକ ଶୀଘ୍ର ଗାଉଁଲୀ ଢଙ୍ଗ ଛାଡ଼ି ପାରନ୍ତିନି।

ଲିଜା : ଏଇ ଦେଖୁ ନାହାନ୍ତି ସାମନ୍ତରା ବାବୁଙ୍କୁ ? ଯେତେ କହିଲେ ବି ଯୋଉ ମଫସଲୀକୁ ସେଇ ମଫସଲୀ।

ଦିବାକର : (ହସିଲେ)

ମଦନ : (ଆସିଲେ) ନମସ୍କାର ଦିବାକର ବାବୁ।

ଦିବାକର : ନମସ୍କାର। ଭିତରେ କ'ଣ କରୁଥିଲେ ? ମୁଁ ବହୁତ ବେଳୁ ଆସିଲିଣି।

ମଦନ : ବହୁତ ବେଳୁ ?

ଦିବାକର : ହଁ। ଗୋଟାଏ କପ୍ ଚା' ପିଇ ସାରିଲିଣି ମାନେ ? (ହସି) ଆଉ ଭିତରେ କ'ଣ କରୁଥିଲେ ?

ମଦନ : ମୁଁ ?.... ମୁଁ ବି ଚା' ପିଉଥିଲି। ଆଉ ବହୁତ ଦିନପରେ....

ଦିବାକର : ବହୁତ ଦିନ କ'ଣ ? ସବୁ ମାସରେ ତ ଆପଣଙ୍କ ଘରେ ସାକ୍ଷାତ ହୁଏ ।

ମଦନ : ଅବଶ୍ୟ । ମୋ ପାଖରେ କ'ଣ କିଛି କାମ ଥିଲା ?

ଲିଜା : ମଲା, କାମ ପୁଣି ପଚାରୁଛ କ'ଣ ? ଘର ଭଡ଼ା ଦେବନି କି ?

ମଦନ : ଓହୋ.. (ଖୁବ୍ ଜୋରରେ ହସିବାକୁ ଚେଷ୍ଟା କରି ଧିରେ ହସିଲେ) କଥା କ'ଣ କି... ଆଜିକାଲି ମୋର ଭୁଲିଯିବା ବେମାରଟା ଟିକେ ବଢ଼ି ଯାଇଛି ।

ଲିଜା : କୋଉଦିନ ତମେ ଆମକୁ ବି ଭୁଲିଯିବ ।

ଦିବାକର : ହାଃ... ହାଃ... ହସେଇଲେ ମାଡାମ୍... (ନିଜେ ପାନଖାଇ ଆଉ ଖଣ୍ଡେ ମଦନ ଆଡ଼କୁ ବଢ଼େଇଲେ) ନିଅନ୍ତୁ ।

ମଦନ : ନାଇଁ ଥାଉ ।

ଦିବାକର : ଆହା.. ଏଥିରେ ସଙ୍କୋଚ କାହିଁକି ? ମୁଁ ଦିଏ କି ଆପଣ ଦିଅନ୍ତୁ, ଏକା କଥା । ନିଅନ୍ତୁ ।

ମଦନ : ନାଇଁ ମାନେ... (ଲିଜାକୁ ଚାହିଁ) ମୁଁ ଆଜିକାଲି ପାନ ଛାଡ଼ି ଦେଇଛି ।

ଦିବାକର : ବାଃ, ଖୁସିର କଥା । କିନ୍ତୁ ଥରେ ଅଧେ ଖାଇବାରେ ଅସୁବିଧା କ'ଣ ? ପାନଟା କ'ଣ ଏଇ ଚରସ୍, ବ୍ରାଉନ୍‌ସୁଗାର ଭଳିଆ ଆଜିର କଥା ? ତାମ୍ବୁଳ ନାମରେ ଏହା ଦେବତାଙ୍କ ଅମଳରୁ ଚଳି ଆସୁଛି । ନା କ'ଣ ମାଡାମ୍ ? ନିଅନ୍ତୁ । (ପୁଣି ପାନ ବଢ଼େଇଲେ)

ମଦନ : ତା' ଅବଶ୍ୟ ଠିକ୍... (ପାନ ଧରି ପୁଣି ଫେରେଇଦେଲେ) ନାଇଁ ଦିବାକର ବାବୁ କଥା କଣକି... ଛାଡ଼ିଦେଇଛି ଯେତେବେଳେ, ପୁଣି ଆରମ୍ଭ କରିବାଟା... ଠିକ୍ ହେବନି । ନାଁ କ'ଣ ମାଡାମ୍, ମାନେ...

ଦିବାକର : (ଖୁବ୍ ଜୋର୍‌ରେ ହସି) ମାଡାମଙ୍କର ଏଇ ପାନ, ଫାନ ପସନ୍ଦ ନୁହେଁ ବୋଧେ ।

ଲିଜା : (ଶକ୍ତଭାବେ) ନାଁ । କିହୋ ଘର ଭଡ଼ାଟା ଦେଉନ କାହିଁକି ?

ମଦନ : ହଁ... (ପକେଟ୍‌ରୁ ଟଙ୍କା ବାହାର କରି) ନିଅନ୍ତୁ । ସୁରୁଜ ଯେମିତି

ଆପଣଙ୍କ କଥା କହିଛି... ମୁଁ ବୁଝିଗଲି। ବୁଝିଗଲି ଯେ ଆପଣ ଘରଭଡ଼ା ନେବାପାଇଁ ଆସିଛନ୍ତି।

ଦିବାକର : ନବା ପାଇଁ ତ ମୋର ଆଦୌ ଇଛା ନାହିଁ। କଥା କଣ କି... ଆପଣମାନଙ୍କ ସାଙ୍ଗରେ ଏମିତି ଗୋଟେ ମାୟା ଲାଗିଗଲାଣି ଯେ... ହେଃ... ହେଃ... ହେଲେ କ'ଣ କରିବା ? ଆମକୁ ତ ପୁଣି ସଂସାର ଚଳେଇବାକୁ ହେବ। ନାଁ କ'ଣ ମାଡାମ୍ ? (ଉଠିଲେ)

ମଦନ : ଏମିତି ମଝିରେ ମଝିରେ ଆସୁଥିବେ।

ଦିବାକର : ନାଇଁ ମାନେ ପ୍ରତି ମାସରେ ତ...

ଲିଜା : ହଉ ଆଜ୍ଞା - ନମସ୍କାର।

ଦିବାକର : ନମସ୍କାର। (ଯାଉ ଯାଉ ପୁଣି ଫେରି) ଆପଣ ତା'ହେଲେ ସତରେ ପାନ ଖାଇବେନି ?

ଲିଜା : ନାଇଁ। ସିଏ ପରା....

ମଦନ : ଛାଡ଼ି ଦେଇଛି।

ଦିବାକର : ହଉ ନମସ୍କାର।
(ଦିବାକର ବାବୁ ଚାଲିଗଲେ।)

ମଦନ : (ସାମାନ୍ୟ ହସି) ଅତ୍ୟନ୍ତ ଭଦ୍ରଲୋକ।

ଲିଜା : ହଇଓ... ଆସି ବୁଢ଼ା ହେଲଣି... ତମର ଏ ମଫସଲିଆ ଢଙ୍ଗ ଆଉ କେବେ ଯିବ ?

ମଦନ : କାଇଁ... କ'ଣ ଏମିତି ଅପରାଧଟେ କରି ପକେଇଲି କି ?

ଲିଜା : ହୁଁ... ଚଷା ଭଳିଆ ଲୁଙ୍ଗି ଖଣ୍ଡେ ପିନ୍ଧି, କାନ୍ଧରେ ନାଲି ଗାମୁଛା ଖଣ୍ଡେ ଧରି... ଇଏ ସବୁ କ'ଣ ଚାଲିଛି ? ତାରି ଉପରେ ପୁଣି ପାନଖିଆ ହେଇଥାନ୍ତା ନା...

ମଦନ : ଭଲ କଥା କହୁଛ। ମୋ ଘରେ ମୁଁ କ'ଣ ସବୁବେଳେ ସୁଟ୍‌ବୁଟ୍ ପିନ୍ଧି ବୁଲନ୍ତି ନା କ'ଣ ?

ଲିଜା : ଛି.. ଛି... ତମେ ଆଉ ହବନି।

ମଦନ : କ'ଣଟେ ଆଉ ହେବି ? ଯାହା ହବା କଥା, କୋଉ ଦିନରୁ ହେଇ ସାରିଛି ନା...

ଲିଜା : କ'ଣ ହେଇଯାଇଛ ଶୁଣେ ?

ମଦନ : ତମ ସ୍ୱାମୀ।

ଲିଜା : ହୁଁ .... (ଚାଲିଗଲେ)

ମଦନ : (ଦର୍ଶକଙ୍କୁ ଚାହିଁ) ମୁଁ କ'ଣ ଭୁଲ କହିଲି କି ?

ମଂଚ ଅନ୍ଧାର

୨ୟ ଦୃଶ୍ୟ

(ସମୟ ସନ୍ଧ୍ୟା। ମୁନା ଚେୟାର ଉପରେ ବସି ପଢୁଛି। ପଢ଼ାରେ କିନ୍ତୁ ତା'ର ମନ ନାହିଁ। ମୋବାଇଲ୍‌ରେ ଗେମ୍ ଦେଖୁଛି। ଏ ସମୟେ ବାହାରୁ ପରିବା ଓ ରାଶନ ନେଇ ଆସିଛି ସୁରୁଜ।)

ମୁନା : ସୁରୁଜ... ମୋ ଜିନିଷ ଆଣିଛୁ ?

ସୁରୁଜ : ସବୁ ଆଣିଛି। ଏଇ ଧର, ଧଳା କାଗଜ, ଇସ୍ପେଲ...

ମୁନା : ଆଉ ମୋର ପେନ୍‌ସିଲ୍ ?

ସୁରୁଜ : ଆଣିଛି କହିଲି ନା ... ! ଆଉ ଏକ ଚକୋଲେଟ୍ ମୋ ତରଫରୁ ଫିରିରେ... ନିଅ।

ମୁନା : ଗୁଡ୍ ବୟ...

ସୁରୁଜ : (ଫିସ୍ ଫିସ୍ ହେଇ) ମା' କ'ଣ କରୁଛନ୍ତି ?

ମୁନା : ମୁଁ ଦେଖିନି।

ସୁରୁଜ : ଆଚ୍ଛା ମୁଁ ଯାଏ - (ତରବର ହୋଇ ଚାଲିଗଲା)

ଲିଜା : (ଭିତରୁ) ମୁନା... ମୁନା....
ହାତରେ ମୁନାର ଡ୍ରେସ୍ ଧରି ଆସିଲେ।
ଇଏ କ'ଣ ? ଏ ଡ୍ରେସ୍ ଏତେ ମଇଳା କେମିତି ହେଲା ?
କୋଉ ଘୁଷୁରୀ ଗାଡ଼ିଆରେ ପଶିଥିଲୁ ?

ମୁନା : (ଭୟ ପାଇ) ଖେଳୁଥିଲି।

ଲିଜା : ଖେଳୁଥିଲୁ ? ତୁ ସ୍କୁଲକୁ ପାଠ ପଢ଼ିବାକୁ ଯାଉଛୁ ନା ଖେଳିବାକୁ ଯାଉଛୁ ? (ସ୍କେଲରେ ମାରି) ଖେଳ ନାଁ ଧରିଲେ ମରିଯାଉଛି । କେତେଥର କହିଛି ଏ ଖେଳଧନ୍ଦା ଛାଡ଼ ବୋଲି ? ବଦମାସ୍ ଏମିତି ଡ୍ରେସ୍ ସବୁ କାଦୁଅ ମାଟି କରି ଘରକୁ ଆଣୁଛୁ ? କହ କୋଉ ନାଳନର୍ଦ୍ଦମାରେ ବୁଡ଼ି ମରିଥିଲୁ ? (ମାରି) ଶୁଣ୍ ଏଇ ଡ୍ରେସ୍‌କୁ ରାତିରେ ତୁ ହିଁ ଧୋଇବୁ, ସକାଳୁ ଆଇରନ୍ କରି ପିନ୍ଧି ସ୍କୁଲ ଯିବୁ । ନଚେତ୍ ତୋର ଖାଇବା ପିଇବା ସବୁ ବନ୍ଦ । ଏମିତି ଖାଇଗଲା ଭଳିଆ ଅନେଇଛୁ, କ'ଣ ମ... ଛତରା...

(ଲିଜା ଚାଲିଗଲେ । ମୁନା ବସି ସକସକ ହେଇ କାନ୍ଦୁଛି ।)

ମୁନା : (କାନ୍ଦି କାନ୍ଦି) ହଁ... ସ୍କୁଲରେ ଖେଳଛୁଟିରେ ମୁଁ ଖେଳୁଥିଲି... ସେଥିରେ ମୋର ଦୋଷ ହେଇଗଲା ...

(ବାହାରୁ କଲେଜ୍‌ରୁ ଫେରିଛି ମୁନୀ ।)

ମୁନୀ : ମୁନା.. କ'ଣ ହେଇଛି ? କାନ୍ଦୁଛୁ କାହିଁକି ?

ମୁନା : କିଛି ନାଇଁ.... ।

ଲିଜା : (ଭିତରୁ) ମୁନୀ....

ମୁନୀ : ହଁ.. ମମ୍ମି....

ଲିଜା : (ଆସିଲେ । ହାତରେ ଗୋଟାଏ ଚିଠି) ତୋର ଆଜିକାଲି କଲେଜ୍‌ରୁ ଫେରିବା ଏତେ ଡେରି କାହିଁକି ହଉଛି ଶୁଣେ ?

ମୁନୀ : ଯୋଉଦିନ ମୋର ପ୍ରାକ୍ଟିକାଲ୍ କ୍ଲାସ୍ ଥାଏ । ଟିକେ ଡେରି ହେଇଯାଏ ମମ୍ମି ।

ଲିଜା : (ଚିଠି ଦେଖେଇ) ଏଇ ତୋର ପ୍ରାକ୍ଟିକାଲ କ୍ଲାସ୍ ଚାଲିଛି ? ତୁ ଏୟା କରିବାକୁ କଲେଜ୍ ଯାଉଛୁ ?

ମୁନୀ : କଣ ସେଇଟା ?

ଲିଜା : ତୁ ଜାଣିନୁ ? କହ, ଏ ଚିଠି ତତେ କିଏ ଦେଇଛି ? ଅଲକ୍ଷଣୀ ! ତୁ ଆମର ନାଁ ଗାଁ ପକେଇବାକୁ ଜନ୍ମ ନେଇଥିଲୁ ? (ମାରିଛି) ହଇଓ... ଶୁଣୁଛ.. ଆସିଲ ଇଆଡ଼େ... ଆଜି ମୁଁ ତୋ କଥା ବୁଝୁଛି...

(ଆସିଲେ ମଦନ ମୋହନ ।)

ମଦନ : କଣ ହେଲା ? ଏତେ ପାଟି କାହିଁକି କରୁଛ ?

ଲିଜା : ମୋ ପାଟିଟା ଖାଲି ସମସ୍ତଙ୍କୁ ଦେଖାଯାଉଛି ନା? ଦେଖୁଛ ତମ ଗୁଣବନ୍ତୀ ଝିଅକୁ? ଜାଣିଛ.. କେତେ ପାରିବାର କାମ କଲାଣି ତମ ଗେଲୀ ଝିଅ।

ମଦନ : କ'ଣ ହେଇଚି କହୁନ?

ଲିଜା : ଚିଠି ! ୟା ପାଖକୁ କିଏ ଗୋଟେ ଚିଠି ଦେଇଛି। ଗଲା... ଗଲା... ଏ ଘର, ଆମ ସମ୍ମାନ ମାଟିରେ ମିଶିଗଲା। ମୁଁ ଯେତେ କହୁଛି.. ଟିକେ strict ହୁଅ - ହେଲାନି। ତମରି ଯୋଗୁଁ ଆଜି ଏ ଘରର ଅବସ୍ଥା ଏମିତି। ତମେ ବାପ-ଝିଅ-ପୁଅ ମିଶି ଏ ଘରଟାକୁ ନର୍କ କରିଦେଲଣି।

(ମୁନୀ ଜୋର୍‌ରେ କାନ୍ଦିବା ଆରମ୍ଭ କରିଛି।)

ଲିଜା : କାନ୍ଦୁଛୁ? ନାଁ ଗାଁ ପକେଇ ଆହୁରି କାନ୍ଦୁଛୁ? (ମାରିବାକୁ ଯାଉଥିଲେ)

ମଦନ : (ଲିଜାକୁ ଅଟକେଇ) ଲିଜା... ଏ କଣ କରୁଛ ତମେ? ଛାଡ଼.. ଚାଲ ଭିତରକୁ ଚାଲ... ମୁନୀ ସହ ମୁଁ କଥା ହଉଛି। ଚାଲ -

(ଲିଜା ଭିତରକୁ ରାଗ ତମତମ ହେଇ ଚାଲିଗଲେ)

ମୁନୀ! ମୁଁ ଏ କ'ଣ ଶୁଣୁଛି ମା'?

ମୁନୀ : ସବୁ ମିଛ ବାପା। ଏ ଚିଠି ମୋ ସାଙ୍ଗ ମୋତେ ଲେଖିଛି। (ଚିଠି ଦେଇଛି)

ମଦନ : ତା'ହେଲେ ମମ୍ମି ଯାହା କହୁଛି....

ମୁନୀ : ମମ୍ମି ଚିଠି ଖୋଲି ପଢ଼ି ନାହାନ୍ତି ବାପା। ମିଛଟାରେ ମୋତେ...

ମଦନ : (ଚିଠି ପଢ଼ି) ଲିଜା... ଲିଜା... ଆରେ ଏ ଚିଠି ମୁନୀର ସାଙ୍ଗ ଦେଇଛି।

(ମୁନୀ ଓ ମୁନା ଦୁହେଁ ମଦନ ପାଖକୁ ଲାଗି ଆସିଲେ। ମଦନ ସେମାନଙ୍କୁ ସାନ୍ତ୍ୱନା ଦେଉଥାନ୍ତି। ଏଇ ସମୟେ ଗୀତଟିଏ ଶୁଭିଲା।)

ସହରରେ ଥିଲା ଗୋଟେ ଘର
ବାପା-ମା, ପୁଅ ଝିଅ ଗୋଟିଏ ଚାକର।
ଘର ମାନେ ବୁଝୁ ଆମେ
ସୁଖର ସଂସାର
ସୁଖ ଯହିଁ, ଶାନ୍ତି ଯହିଁ

ସେଇ ତ ମନ୍ଦିର।

ହେଲେ ବିନା କାରଣରେ ଜଳୁଛି କାହିଁକି

କାହିଁକି ଏ ଘର।

(ଗୀତ ବାଜୁଥିବାବେଳେ ମଦନ, ମୁନା ଓ ମୁନୀକୁ ବୁଝଉଥାନ୍ତି)

(ପ୍ରବେଶ କଲେ ନିର୍ଦ୍ଦେଶକ)

ନିର୍ଦ୍ଦେଶକ : କିଛି କାରଣ ଥାଉ କିମ୍ବା ବିନା କାରଣରେ ହେଉ ଏ ଘର କିନ୍ତୁ ଜଳୁଛି ଅଶାନ୍ତିରେ। "ତୁମ ମାନଙ୍କ ଭଲ ପାଇଁ" ଏଇ କଥାକୁ ଆଳ କରି ଲିଜାଦେବୀ ଦିନକୁ ଦିନ ଆହୁରି କଠୋର ହେବାକୁ ଲାଗିଲେ। ମଦନବାବୁ, ମୁନା, ମୁନୀ ଓ ସୁରୁଜର ଅବସ୍ଥା ବି ଦିନକୁ ଦିନ ଆହୁରି ଦୟନୀୟ ହେବାକୁ ଲାଗିଲା। ଦିନକର କଥା ମଦନ ବାବୁ ତାଙ୍କ ପିଲାମାନଙ୍କୁ ଆଉ ସୁରୁଜକୁ ନେଇ ଗୁପ୍ତ ମନ୍ତ୍ରଣା କଲେ। ରୀତିମତ ଷଡ଼ଯନ୍ତ୍ର।

(ବର୍ତ୍ତମାନ ମୁଖ୍ୟ ମଂଚ ଆଲୋକିତ। ଦୃଶ୍ୟ ହେଲେ ମଦନ, ମୁନା, ମୁନୀ ଓ ସୁରୁଜ। ସମସ୍ତେ ମିଶି ଏକ ଗମ୍ଭୀର ଆଲୋଚନା କରୁଛନ୍ତି। ସେମାନେ କ'ଣ କଥା ହେଉଛନ୍ତି କିଛି ଶୁଭୁନାହିଁ। ସଂଗୀତ ଓ ଆଲୋକ ପରିବେଶକୁ ଆହୁରି ଗମ୍ଭୀର କରି ପକେଇଛି।)

ମଦନ : ଦେଖ... ଜମ୍ମା ନର୍ଭସ ହେବନି। ମୁଁ ଅଛି ତମମାନଙ୍କ ପାଖରେ। ଯାହା ବି ହବ ମୁଁ ସମ୍ଭାଳି ନେବି।

ମୁନୀ : (ଭୟ) ବାପା ! ତମେ ତ ନିଜେ ନର୍ଭସ ଜଣା ପଡୁଛ। ଗୋଡ଼ରୁ ମୁଣ୍ଡ ଯାଏଁ ଥରୁଛନ୍ତି।

ମଦନ : ଆଏଁ ? ନାଇଁ ନାଇଁ..That is out of excitement.

ସୁରୁଜ : ମତେ ଟିକିଏ ଦକ ଦକ ଲାଗୁଛି ବାବୁ। ମୋ ତଂଟି ଶୁଖି ଯାଉଛି। ମା'ଜାଣିଲେ ମୋ ପୈତୃକ ପ୍ରାଣଟା ଅଦିନରେ ଚାଲିଯିବ।

ମୁନା : ଭୟ କରନି। କେହି ତୋର ପ୍ରାଣ ନେଇ ପାରିବେନି। ମୁଁ ଅଛି ପରା। କାଇଁ ଡରୁଛୁ ?

ମୁନୀ : ତୁ' ତ ବୀରଟା ନାଁ ?

ମୁନା : ନାଇଁ ତୋ ଭଳିଆ ଛେରୁଆ ହେଇଛି ?

ମୁନୀ : ବାପା... ମୁନାକୁ ଦେଖୁଛ ତ ?

মদন : ପାଟି କରନି। ବିଦ୍ରୋହ ପାଇଁ ଏକତା ଦରକାର। ତା'ହେଲେ କମ୍ରେଡସ୍ ରେଡି.... ?

କୋରସ୍ : ରେଡି...

ମଂଚ ଅନ୍ଧାର

୩ୟ ଦୃଶ୍ୟ

(ଆଲୋକ ଆସିଛି ଯୋଉଠି, ସେଇଠି ଠିଆ ହୋଇଥାନ୍ତି ନିର୍ଦ୍ଦେଶକ।)

ନିର୍ଦ୍ଦେଶକ : ଆରେ ବାପ୍‌ରେ... ପୁରା Suspence.... Excitement. ଆପଣମାନେ ଭାବୁଥିବେ ଏଇ ଚାରୋଟି ମଣିଷ କ'ଣ ଏମିତି ବିଦ୍ରୋହ କରିଥିବେ ଘରର ଏଇ ସାମ୍ରାଜ୍ଞୀଙ୍କ ବିରୁଦ୍ଧରେ ? ଏତେ ପାୱାରଫୁଲ୍ ବୋମାଟିଏ ଫୁଟିବ ବୋଲି ଆମେ ବି ଆଶା କରି ନଥିଲୁ ଆଜ୍ଞା। କିନ୍ତୁ ବୋମା ଫୁଟିଲା - ଗୁପ୍ତ ମନ୍ତ୍ରଣା ହେବାର ଠିକ୍ ପରଦିନ ସକାଳେ - ଆସନ୍ତୁ ଦେଖିବା।

(ନିର୍ଦ୍ଦେଶକ ଚାଲିଗଲେ।)

(ବର୍ତ୍ତମାନ ମୁଖ୍ୟମଂଚ ଆଲୋକିତ। ମଦନ ବାବୁ ମୋବାଇଲ୍ ଫୋନ୍‌ରେ କାହା ସହ କଥା ହେଉଥାନ୍ତି। ପ୍ରଥମେ ଫିସ୍ ଫିସ୍ ହେଇ କଥା ହେଉଛନ୍ତି ଏବଂ ପରେ ପରେ ସହଜ ସ୍ୱରରେ କଥା ହେଇଛନ୍ତି।)

ମଦନ : (ହସି) ହାଲୋ... ବର୍ଷା ! ବିଶ୍ୱାସ କର, ଶୟନେ, ସପନେ ମୁଁ ଖାଲି ତମରି ନାଁ ଜପୁଛି। ରାଣ ଅଛି ଡାର୍ଲିଙ୍ଗ୍... ମୋ' ସ୍ୱପ୍ନରେ ତମେ ଇଷ୍ଟମ୍ୟାନ୍ କଲର ହେଇ ଆସୁଛ... ହସୁଛ... ବସୁଛ... ପୁଣି ଚାଲି ଯାଉଛ। ଆହା.. ହା.. ସ୍ୱପ୍ନଗୁଡ଼ାକ ସବୁ ସତ ହେଇ ଯାଆନ୍ତା କି ?

(ପଶି ଆସିଲେ ଲିଜାଦେବୀ। ମଦନବାବୁ ଲିଜା ଦେବୀଙ୍କୁ ଦେଖି ନ ଦେଖିଲା ଭଳି ଉଚ୍ଚ ପାଟିରେ କଥାବାର୍ତ୍ତା କରିଛନ୍ତି।)

ଦେଖ ବର୍ଷା ! ତମେ ମୋର ଷ୍ଟେନୋ ହେଇଥାଇପାର... ହେଲେ ଭଲ ପାଇବାରେ ପଦପଦବୀ କିଛି ଦେଖାଯାଏନା। କଥାରେ କହନ୍ତି ନି Love is blind – କଣ କହିଲ ? ମୋ ସ୍ତ୍ରୀ ଲିଜା କଣ କହିବ ? ଆରେ ଯାଉନ.. who care ଦିନରାତି ଚବିଶ ଘଂଟା ଖାଲି କଟର କଟର ହେଇ ମୋ ଜୀବନଟାକୁ ଦୁର୍ବିସହ କରି ଦେଲାଣି। କଣ କହିଲ ? ଶୁଣିବେ ? ଆରେ ଶୁଣୁ... ମୁଁ କ'ଣ ତାକୁ ଡରିଛି ?

(ବୁଲିଗଲା ବେଳକୁ ସାମ୍ନାରେ ଠିଆ ହେଇଥାଏ ଲିଜା। ହଠାତ୍ ଲିଜାକୁ ଦେଖି ଟିକେ ନରଭସ୍ ହେଇ ଯାଇଛନ୍ତି।)

ଲିଜା : (ମୋବାଇଲ୍‌ଟା ଛଡ଼େଇ ନେଇ ଯାଇଛନ୍ତି)
ହଇଓ.. ଲାଜ ସରମ କ'ଣ ସବୁ ପୋଡ଼ି ଖାଇଲ ?

ମଦନ : ଲାଜ ସରମ ? ନାଁ... ମୁଁ କେବଳ ପାନ ଖାଏ। (ପକେଟ୍‌ରୁ ପାନ କାଢ଼ି ଖାଇଲେ)

ଲିଜା : ଫେର୍ ପାନ ଖାଇଲ ? ମୁଁ ପଚାରୁଛି କି ଲୀଳା ଲଗେଇଛ ଏଠି ?

ମଦନ : ଲୀଳା ? ନାଁ... ମତେ ଲୀଳା ଆସେନି। ହଁ... ପିଲାବେଳେ ଥରେ ଦି'ଥର ରାମଲୀଳା ଦେଖିବାକୁ ଯାଇଛି। ବହୁତ ସୁନ୍ଦର।

ଲିଜା : କିଏ ସୁନ୍ଦର ? ବର୍ଷା ? ? କୋଉ ଗୋଟେ ଷ୍ଟେନୋ ସାଙ୍ଗରେ ତମେ....

ମଦନ : ଲିଜା ! behave yourself ଆଉ ଦିନେ ଯଦି....

ଲିଜା : କଣ ଦିନେ ଯଦି ? ଦି'ଟା ପିଲାର ବାପା ହେଇ ତମେ... ଛି... ଛି... ମତେ କହିବାକୁ ଲାଜ ଲାଗୁଛି।

ମଦନ : ତା'ହେଲେ କହିବା ଦର୍କାର ନାହିଁ। ଯାଅ ତମ କାମ ତମେ କର।

ଲିଜା : ଆଉ ତମେ କ'ଣ କରିବ ? ବର୍ଷା ସାଙ୍ଗରେ କଥା ହେବ ?

ମଦନ : ଦେଖ ଲିଜା – ଅଧିକା କଥା କୁହନି କହି ଦେଉଛି। ନ ହେଲେ ତୁମକୁ ଛାଡ଼ି, – ଏ ଘର ଛାଡ଼ି ପଳେଇବି।

ଲିଜା : କ'ଣ ହେଲା, ପଳେଇବ ? କୁଆଡ଼େ ପଳେଇବ ? ସେଇ ବର୍ଷା ପାଖକୁ ?

ମଦନ	:	ବର୍ଷା ! ହଁ.. ହଁ.. ବର୍ଷା ପାଖକୁ । Yes... ଯିବି ମାନେ ଯିବି । ତମେ ମତେ ଅଟକେଇ ପାରିବ ? ପାରିବ ଅଟକେଇ ? ବର୍ଷା ତମଠୁ ହଜାରେ ଗୁଣରେ ଭଲ ।
		(ଇତି ମଧ୍ୟରେ ମୋବାଇଲ୍ ରିଂ ହୋଇଛି । ଲିଜା ଫୋନ୍ ଉଠେଇବା ଆଗରୁ ମଦନ ଝପ୍‌ଟି ଯାଇ ମୋବାଇଲ୍ ଧରି ନେଇଛନ୍ତି ।)
		ହାଲୋ.. କିଏ ମୁନୀ ? ହଁ ଅଛି । hold on .. ଡାକି ଦେଉଛି । ମୁନୀ... ତୋର ଫୋନ୍ ଆସିଛି ।
ଲିଜା	:	କିଏ ଫୋନ୍ କରିଛି ?
ମୁନୀ	:	କାହା ଫୋନ୍ ବାପା ?
ମଦନ	:	ମୁଁ ଜାଣିନି । କିଏ ଗୋଟେ ତୋର ପୁଅପିଲା ସାଙ୍ଗ ।
ଲିଜା	:	(ଆଶ୍ଚର୍ଯ୍ୟ) ପୁଅ ପିଲା !
ମୁନୀ	:	(ଫୋନ୍ ଧରି) ହାଲୋ... ହଁ ମୁନୀ କହୁଛି । ଓ ବିଶାଲ... How are you ? କିଏ ? ହଁ... ହଁ... ଡାଡି ଧରିଥିଲେ । କାଲି କାହିଁକି ପାର୍କକୁ ଆସିଲନି ? ହଁ ପରା ମୁଁ ଦି'ଟା କ୍ଲାସ୍ ମିସ୍ କରି ତମକୁ ୱେଟ୍ କରିଥିଲି । ଆଜି ? ହଉ ମୁଁ ତ ଆସିଯିବି । ତମେ କିନ୍ତୁ ନିଶ୍ଚୟ ଆସିବ । ପ୍ରମିସ୍ ? Please ବିଶାଲ୍, OK, ନାଁ ନାଁ... Film ଯିବା କଥା ମୁଁ ପ୍ରମିସ୍ କରି ପାରୁନି, But (ଶୁଣି) କିଛି ଗୋଟାଏ କିଛି ଗୋଟାଏ Programme Sure କରିବା । OK Bye.
		(ମୁନୀ ଫୋନ୍‌ଟା ବାପାଙ୍କୁ ଦେଇଛି । ଲିଜାଦେବୀ ନାଗୁଣୀ ଭଳିଆ ଫଁ ଫଁ ହେଉଥାନ୍ତି । ମହା ଆରାମ୍‌ରେ ମଦନ ବାବୁ ବସି ପାନ ଖାଉଥାନ୍ତି ।)
ଲିଜା	:	ମୁନୀ ! କାହା ଫୋନ୍ ଥିଲା ?
ମୁନୀ	:	ବିଶାଲ୍ ଫୋନ୍ କରିଥିଲେ ମମ୍ମି ...
ଲିଜା	:	ସେ କିଏ ?
ମୁନୀ	:	ସବୁ ତ ବୁଝି ପାରୁଥିବ... । ପଚାରୁଛ କାହିଁକି ?
ମଦନ	:	ମୁନୀ ! ଏ କଣ... ମମ୍ମି ମୁହଁରେ ଜବାବ୍ ଦେଉଛୁ ?
ମୁନୀ	:	So what ?

ଲିଜା : ତୁ college ନାଁରେ ଏ ସବୁ ଚଳେଇଛୁ ? ରହ । ଆଜି ତୋ କଥା ବୁଝୁଛି ।

ମଦନ : କଣ ବୁଝିବ ତା' କଥା ? ମାରିବ ? ମୁନୀ ଆଉ ଛୋଟ ପିଲା ନାହିଁ । ମୋ ଝିଅ କ'ଣ କୋଉ ପୁଅ ପିଲା ସହ କଥା ହେଇପାରିବନି ? ସେଥିପାଇଁ କ'ଣ ତମର permission ଦରକାର ?

ଲିଜା : କଣ ସବୁ ହଉଛି ଏ ଘରେ ? ତମେ ତାକୁ ଏଭଳି କଥାରେ support କରୁଛ ? ସମସ୍ତଙ୍କର ଏ ଘରେ ମୁଣ୍ଡ ଖରାପ୍ ହେଇଗଲାଣି ।

(ଯଦିଓ ଲିଜାଦେବୀ ଖୁବ୍ ରାଗି ଯାଇଛନ୍ତି । କିନ୍ତୁ ଅତି ଅସହାୟ ଦିଶୁଛନ୍ତି ସେ । ବର୍ତ୍ତମାନ ସମ୍ପୂର୍ଣ୍ଣ କ୍ରିକେଟ୍ ପୋଷାକ ପିନ୍ଧି ମୁନାର ପ୍ରବେଶ ।)

ମୁନା : ଡାଡି ! ଆଜି ଗୋଟେ important match ଅଛି । ଆସୁଛି ।

ମଦନ : Best of Luck.

ମୁନା : Bye Mummy.

ଲିଜା : ମୁନା ! ଜୋକରଙ୍କ ଭଳିଆ ଏ ସବୁ ପିନ୍ଧି, ବ୍ୟାଟ୍ ବଲ୍ ଧରି କୁଆଡ଼େ ବାହାରିଛୁ ? ଏଇଟା ପରା ତୋର ଟିଉସନ୍ ଯିବା ସମୟ ।

ମୁନା : ମମ୍ମି.. ଏ ଟିଉସନ୍, ଫିଉସନ୍... ପଢ଼ି ପଢ଼ି ମୁଁ ବୋର୍ ହୋଇଗଲିଣି । ଆଜି ଟିକେ କ୍ରିକେଟ୍ ଖେଳିବାକୁ ଯାଉଛି । fresh ଲାଗିବ । Wish me.

ଲିଜା : ମୁନା ! ତୋ ଗାଲ ଫଟେଇ ଦେବି – ଜାଣିଛୁ ?

ମଦନ : ଭାରି ଗାଲ ଫଟେଇଲା ବାଲା । ମୋ ପୁଅ ଦେହରେ ହାତ ଦେଇକି ଦେଖିଲ ?

(ଭିତରୁ ଟିଣ ବାକ୍ସଟିଏ ଆଉ ବ୍ୟାଗ୍ ଧରି ଆସିଛି ସୁରୁଜ ।)

ସୁରୁଜ : ବାବୁ ! ମୋ ହିସାବପତ୍ର କରିଦିଅ । ମୁଁ ଏବେ ଗାଁକୁ ପଳେଇବି ।

ଲିଜା : ଗାଁକୁ ପଳେଇବୁ ? ହେ ଭଗବାନ ! ମୋ ମୁଣ୍ଡ ଖରାପ ହୋଇଯାଇଛି, ନ ହେଲେ ଏମାନଙ୍କର ମୁଣ୍ଡ ବିଗିଡ଼ି ଯାଇଛି । କିରେ ଗାଁକୁ ହଠାତ୍ କାହିଁକି ବାହାରିଛୁ ?

ସୁରୁଜ	:	(କାନ୍ଦ କାନ୍ଦ ହେଇ) ପଳେଇବି ମା'... ଏମିତି ସବୁବେଳେ ସବୁ କଥାରେ କିଚିରି ମିଚିରି। ଭଲ ଲାଗୁନି ମା'... ମୁଁ ଆଉ ଏଠି ରହି ପାରିବିନି।
		(ହଠାତ୍ ଛୋଟ ଛୁଆଙ୍କ ଭଳିଆ କାନ୍ଦି ଉଠିଲେ ଲିଜା ।)
ମଦନ	:	ଆରେ... କ'ଣ ହେଲା ଶ୍ରୀମତୀ... ହଠାତ୍ ତମେ ଛୋଟ ଛୁଆ ଭଳି କାନ୍ଦୁଛ କାହିଁକି ?
ମୁନା	:	ମମ୍ମି....
ସୁରୁଜ	:	ମା'...
ମୁନୀ	:	ମମ୍ମି.. କ'ଣ ହେଲା ?
ଲିଜା	:	ମତେ କେହି କିଛି କୁହନି। ଏ ଘରୁ କାହାରି ଯିବା ଦରକାର ନାହିଁ। ମୁଁ ଏକା ଚାଲିଯାଉଛି। ମୁଁ ଗଲାପରେ ଯିଏ ଯାହା କରିବା କଥା କର। ମୁଁ ଆଉ ଏ ସବୁ ଦେଖି ପାରିବିନି। ଚାଲିଯିବି ଘର ଛାଡ଼ି।
ମଦନ	:	(ଉଠି ଠିଆ ହେଲେ)ଯିବ ? ସତରେ ଚାଲିଯିବ ଆମକୁ ଛାଡ଼ି ? ଠିକ୍ ଅଛି। ନିହାତି ଜିଦ୍ କରୁଛ ଯଦି... ଯାଅ। ତମକୁ କିଏ ଅଟକେଇବ ? କାହାର ସାହାସ ଅଛି... ତମକୁ ଅଟକେଇବାକୁ ! କଣରେ ପିଲେ... ତମ ମମ୍ମି ଘର ଛାଡ଼ି ଯିବାକୁ କହୁଛନ୍ତି.... ଯିବେ ? ?
ମୁନୀ	:	ଯିବି କହୁଛନ୍ତି ଯଦି... ଯାଆନ୍ତୁ।
ମୁନା	:	ସୁରୁଜ ! ମମ୍ମିତ ଯାଉଛନ୍ତି.... ତୁ' ଆଉ ଗାଁକୁ କାହିଁକି ଯିବୁ ?
ସୁରୁଜ	:	(ଖୁସୀରେ) କେନ୍‌ସେଲ୍। ମୋର ଗାଁକୁ ଯିବା କେନ୍‌ସେଲ୍।
		(ଲିଜାଦେବୀ ଏବେ ଜୋରରେ କାନ୍ଦିଛନ୍ତି।)
ମଦନ	:	ଆରେ ବାବା, ପୁଣି କାହିଁକି କାନ୍ଦୁଛ ? ଯିବି କହିଲ, ଆମେ ସବୁ ରାଜି ହେଲୁ। ଫେର୍ କାନ୍ଦୁଛ ?
ଲିଜା	:	ମୁଁ କ'ଣ ସତରେ ଚାଲିଯିବି ? ପିଲାମାନଙ୍କୁ ଛାଡ଼ି ମୁଁ କଣ କୋଉଠି ଗୋଟିଏ ମୁହୂର୍ତ୍ତ ରହିପାରିବି ?
ମଦନ	:	ମୁଁ କ'ଣ ଜାଣିଛି ? ତମେ ପରା ଏବେ କହୁଥିଲ....
ଲିଜା	:	ତମକୁ ଖାଲି ମିଛଟାରେ କହୁଥିଲି... (ପୁଣି କାନ୍ଦି)
ମଦନ	:	ଲିଜା ! ହେଲା.... ଆଉ କାନ୍ଦନି....

ଲିଜା : କେମିତି କାନ୍ଦିବିନି ? ତମେ ଏଇ ବୁଢ଼ା ବୟସରେ ଯୋଉ ପ୍ରକୃତି ବାହାର କଲଣି... ମୁନୀ ମୋ ମୁହଁରେ ଚୁନକାଳି ବୋଳିବାର ଯୋଉ ପ୍ଲାନ୍ କଲାଣି..... ଆଉ ମୁନା.... ଯାହାକୁ ଭଲ କରି ପେଂଟ୍ ପିନ୍ଧି ଆସେନି, ସିଏ ବି ମୋ ମୁହଁ ଉପରେ ଜବାବ୍ ଦେଲାଣି... କେମିତି କାନ୍ଦିବିନି ? ଆଉ ଏଇ ସୁରୁଜ.. ପୁଅ ଭଳି ଦେଖେ ମୁଁ ତାକୁ। ତା' ଚାକିରି ପାଇଁ ହଜାରେ ଥର ତମକୁ କହିଥିବି। ସିଏ ବି ଘର ଛାଡ଼ି ଯିବାକୁ ବାହାରିଲାଣି। କାନ୍ଦିବିନି କେମିତି ?

(ହଠାତ୍ ସମସ୍ତେ ଗମ୍ଭୀର ହୋଇଯାଇ ଏକା ସାଙ୍ଗରେ ହସି ଉଠିଲେ। ଲିଜା କାନ୍ଦ ବନ୍ଦ କରି ଆଶ୍ଚର୍ଯ୍ୟ ହେଇ ସମସ୍ତଙ୍କୁ ଚାହିଁଥାଏ।)

ଲିଜା : କ'ଣ ହେଲା ? ସମସ୍ତେ ହସୁଛ କାହିଁକି ?

ମଦନ : ବୁଝିଲ ଲିଜା, ଆଜିକାଲି ଗୋଟିଏ ନୂଆ ଧରଣର ନାଟକ ସବୁଆଡ଼େ ଚାଲିଛି। ତାକୁ କହନ୍ତି 'ଅନ୍ତରଙ୍ଗ ନାଟକ'। Intimate theatre, ଅଳ୍ପ ଖର୍ଚ୍ଚରେ। ଅଳ୍ପ ଦର୍ଶକ ପାଇଁ ନାଟକ।

ଲିଜା : ନାଟକ ?

ମଦନ : ହଁ ନାଟକ। ଆମେ ସବୁ ହେଲୁ କଳାକାର, ଆଉ ତମେ ହେଲ ଅଡ଼ିଏନ୍ସ।

ଲିଜା : (ଲୁହ ପୋଛି) ମାନେ ?

ମଦନ : ମାନେଟା ହେଲା... ଉଁ... ତମେ ଟିକେ ସିରିଅସ୍ ହୁଅ। ଆଉ ଶୁଣ – ତମେ ସବୁବେଳେ ଏ ଘରେ ସମସ୍ତଙ୍କ ଭଲ ହିଁ ଚାହଁ, ଏଥିରେ ସନ୍ଦେହ ନାହିଁ। ହେଲେ ଲିଜା, ଯୁଗ ଆସି କୋଉଠି ପହଂଚିଲାଣି। ଏ ଯୁଗରେ ପିଲାମାନଙ୍କ ଉପରେ, ସ୍ୱାମୀ ଉପରେ, ଚାକର ବାକର ଉପରେ ସବୁବେଳେ ତୁମ୍ଭିତୋଫାନ ଦେଖେଇଲେ ଘର ଚାଲିବ ? ବୁଝିଲ ଲିଜା- ତମେ ଘର ଚଳେଇଲାବେଳେ ପୁରା ଭୁଲିଯାଅ ଯେ ଅନ୍ୟ ଜଣଙ୍କର ବି ସ୍ୱାଧୀନତା ବୋଲି କିଛି ଗୋଟାଏ ଅଛି।

ସୁରୁଜ : ଛୋଟ ମୁହଁରେ ବଡ଼କଥା ମା' – 'ଖା,ଭୁଞ୍ଜ,ଗିଳ' ତିନିଟା କଥା। 'ଖା' କହିଲେ ବି ଖାଇବା,'ଭୁଞ୍ଜ' କହିଲେ ବି ଖାଇବା

– ଆଉ 'ଗିଲ୍' କହିଲେ ବି ଖାଇବା । ହେଲେ ଆମେ ଖା' କହିଲେ ଶୋଭା ଦିଶିବ କି ଗିଲ୍' କହିଲେ ଭଲ ଲାଗିବ, ତମେ ନିଜେ ବିଚାର କର ମା' ।

ମୁନୀ : ମମ୍ମି... ଭାବିବନି ଯେ ମୁଁ ତମକୁ ଶିକ୍ଷା ଦେଉଛି । ଆମ ଘରେ ସିଲିଂଫେନ୍‌ରେ ସୁଇଚ୍ ଆଉ ରେଗୁଲେଟର ଦୁଇଟା ଯାକ ଅଛି । ୧, ୨, ୩, ୪, ୫ ଆଉ ଅନ୍ ଅଛି । ତମେ ରେଗୁଲେଟର୍‌କୁ ଯେମିତି ମୋଡ଼ିବ ଫେନ୍ ସେମିତି ବୁଲିବ । କମ୍ ବେଶି ରେଗୁଲେଟର୍‌ରେ କରିପାରିବ । ଠିକ୍ ସେମିତି । କିନ୍ତୁ ତମେ ଆମମାନଙ୍କୁ ଏକ୍‌ଦମ୍ ସୁଇଚ୍‌ରେ ଅନ୍ ଅଫ୍ କରୁଛ । ପୁରା ଅନ୍ ନହେଲେ ପୁରା ଅଫ୍ ।

(ଅନୁତାପରେ କାନ୍ଦୁଥାନ୍ତି ଲିଜା ।)

ମଦନ : ଲିଜା .. Please ..

ଲିଜା : ଏ ଦରବୁଢ଼ୀ ବୟସରେ ମତେ ଏ ସବୁ କଥା କହୁଛ ଯେ ଲାଭ କଅଣ ? ମୋ' ସୁନାଘର ତ ଚୁନା ହୋଇଗଲାଣି । ଆଉ ଏତେ କଥା ବୁଝି ମୋର କ'ଣ ହେବ ?

ମଦନ : (ଅଳ୍ପ ହସି) କିଛି ହେଇନି ଲିଜା । ପ୍ରଥମ କଥା ହେଲା ଆମ ଅଫିସ୍‌ରେ ବର୍ଷା ବୋଲି କେହି ଷ୍ଟେନୋ ହିଁ ନାହାନ୍ତି । ତମକୁ ଛାନିଆ କରିବା ପାଇଁ ମିଛରେ ମୋବାଇଲ୍ ଧରି ଏଣୁତେଣୁ ଗପୁଥିଲି ।

ମୁନୀ : ଆଉ ନମ୍ବର ଟୁ କଥା ହେଲା – ବିଶାଲ୍ ବୋଲି କୋଉ ପିଲାକୁ ମୁଁ ଚିହ୍ନେନା । ମୋର ଗୋଟେ ସାଙ୍ଗକୁ ଠିକ୍ ସମୟରେ ରିଂ କରିବାକୁ କହିଥିଲି । ଖାସ୍ ତମକୁ ଡରେଇବା ଲାଗି ।

ମୁନା : ଆଉ ମମ୍ମି ନମ୍ବର ଥ୍ରୀ ହେଲା – ଆଜି କିଛି ମ୍ୟାଚ୍ ଫ୍ୟାଚ୍ ନାହିଁ । ଅବଶ୍ୟ ଟିଉସନ୍ ସାର୍ ନାହାନ୍ତି ବୋଲି ଆଜି ଟିଉସନ୍ ବି ନାହିଁ ।

ସୁରୁଜ : ଆଉ ମା'.. ଦେଖନ୍ତୁ... (ବାକ୍ସ ଖୋଲି) ବାକ୍‌ସ ଖାଲି । ମୋ ଜିନିଷପତ୍ର ଘରେ ଥୁଆ ହୋଇଛି । ବାବୁ କହିଲେ ବୋଲି ଖାଲି ବାକୁସ ଧରି ମୁଁ ଗାଁକୁ ଯିବାର ଗୋଟେ ଡିରାମା କରୁଥିଲି ।

ଲିଜା : (ଅତି ମାତ୍ରାରେ ରାଗିଯାଇ) ହଇଓ... ତମେ ତା'ହେଲେ ନାଟର ଗୋବର୍ଦ୍ଧନ।

(ସଂଗୀତରେ ଚାଂଚଲ୍ୟ। ସମସ୍ତେ ଅବାକ୍ ହେଇ ଲିଜାକୁ ଅନେଇଛନ୍ତି। ଲିଜା ଦେବୀଙ୍କର ହଠାତ୍ ଏ ଭାବମୂର୍ତ୍ତିକୁ ଦେଖି। ଲିଜା ସମସ୍ତଙ୍କ ମୁହଁକୁ ଚାହିଁ ହସି ଦେଇଛନ୍ତି। ପରେ ପରେ ଅନ୍ୟମାନେ ବି ହସିଛନ୍ତି।)

ନିର୍ଦ୍ଦେଶକ : (ହସି) ବୁଝିଲେ ଆଜ୍ଞାମାନେ - ନାଟକ ହେଲା ଦୃଶ୍ୟକାବ୍ୟ। ଦେଖୁ ନାହାନ୍ତି ଗୋଟାଏ ଛୋଟ ନାଟକରେ ଏଇ ଘରର ସିଷ୍ଟମ୍‌ଟା କେମିତି ରାତାରାତି ବଦଳିଗଲା ? ବିଶ୍ୱାସ କରନ୍ତୁ ସେଇ ଦିନଠାରୁ ଲିଜାଦେବୀ ପୁରାପୁରି ବଦଳି ଯାଇଛନ୍ତି। ଆଉ ପାଟିତୁଣ୍ଡ ନାହିଁ କି ଫୋପଡ଼ା କଚଡ଼ା ନାହିଁ। କେତେ ଶାନ୍ତି ନା ? ଆପଣମାନେ ବି ଆମର ଏଇ ହେପି ଏଣ୍ଡିଂର ନାଟକ ଦେଖି ସୁଖଶାନ୍ତିକୁ ଆପଣେଇ ନିଅନ୍ତୁ ନା ! ନମସ୍କାର। ଶୁଭରାତ୍ରୀ।

(ନିର୍ଦ୍ଦେଶକ କହୁଥିଲାବେଳେ ମୁଖ୍ୟ ମଂଚରେ ସମସ୍ତେ ମିଶି କ୍ରିକେଟ୍ ଖେଳୁଛନ୍ତି। ଲିଜା ବଲିଂ କରୁଛନ୍ତି ଏବଂ ମୁନା ବେଟିଂ। ଅନ୍ୟମାନେ ସହଯୋଗ କରୁଥାନ୍ତି।)

(ଗୀତ ଶୁଭୁଥାଏ)

ଗୀତ : ସହରରେ ଥିଲା ଗୋଟେ ଘର,
ବାପା-ମା ପୁଅ ଝିଅ ଗୋଟିଏ ଚାକର।

- ସମାପ୍ତ -

ଜାନୁଆରୀ - ୨୦୧୧

ନର ବାନର

ରଚନା :
କୈଳାସ ପାଣିଗ୍ରାହୀ

- ନାଟକ -

ନରବାନର

ପାରାଦ୍ୱୀପ ପୋର୍ଟ ଟ୍ରଷ୍ଟ ଦ୍ୱାରା ଆୟୋଜିତ ସର୍ବ ଭାରତୀୟ ମେଜରପୋର୍ଟ ସାଂସ୍କୃତିକ ଉତ୍ସବ

ସ୍ଥାନ : ଜୟଦେବ ସଦନ - ପାରାଦ୍ୱୀପ

ତାରିଖ : ୦୩.୧୨.୨୦୧୦

'କ୍ୟାନ୍‌ମାସ୍' ପାରାଦ୍ୱୀପ ଦ୍ୱାରା ଆୟୋଜିତ କୁମାର ଉତ୍ସବ-୨୦୧୬

ଅଭିନୟରେ :

ଏକ :	ବଳୀ / ବଳଦେବ	: ବିକ୍ରମ ପରିଡ଼ା / ସଚ୍ଚିକାନ୍ତ ବିଶ୍ୱାଳ
ଦୁଇ :	ଭିକା	: ମନୋଜ ମହାପାତ୍ର
ତିନି :	ବାନର ରାଜା	: ଜନ୍ମେଶ୍ୱର ମିଶ୍ର
ଚାରି :	ବର୍ଗି	: ଶ୍ରୀକାନ୍ତ ନାୟକ
ପାଂଚ :	ମାନସିଂ/ମାଙ୍କଡ଼ ନଚାଳୀ	: ୪ ଆଶୁତୋଷ ଚମ୍ପତି / ସଂଜୟ କରଣ
ଛଅ :	ଶିରୀ	: ସାବିତ୍ରୀ ମନ୍ତ୍ରୀ
ସାତ :	ଝୁମ୍‌ରୀ	: ଗୀତା
କୋରଶ:	୮ ଜଣ	

ଆଠ : ମୃତ୍ୟୁଞ୍ଜୟ ପାଣ୍ଡବ,	ନଅ : ପ୍ରକାଶ ନାୟକ
ଦଶ : ସୌମ୍ୟରଂଜନ	ଏଗାର : ହେମନ୍ତ ମାଝି
ବାର : ପ୍ରକାଶ ମହାନ୍ତି	ତେର : ବାଦଲ ପତି
ଚଉଦ: ଅମିୟ	ପନ୍ଦର : ମନୋଜ ସୁତାର

ସଂଗୀତ ପରିଚାଳନା : ମନୋଜ ସୁତାର

ଆଲୋକ ସମ୍ପାତ : ଶ୍ରୀମନ ମିଶ୍ର

ସଂଗୀତ, ଅଭିକଳ୍ପ, ରଚନା ଓ ନିର୍ଦ୍ଦେଶନା : କୈଳାସ ପାଣିଗ୍ରାହୀ

(ନାଟକଟି ଶ୍ରେଷ୍ଠ ପ୍ରଯୋଜନା, ଶ୍ରେଷ୍ଠ ନିର୍ଦ୍ଦେଶନା, ଶ୍ରେଷ୍ଠ ଅଭିନେତା, ଶ୍ରେଷ୍ଠ ଅଭିନେତ୍ରୀ ଭାବେ ପୁରସ୍କୃତ)

ଦୃଶ୍ୟ - ୧

(ସମଗ୍ର ମଂଚଟି ଏକ ଜଙ୍ଗଲ। ମଂଚର ବାମ ପଟରୁ ଏକ ବିରାଟ ତେନ୍ତୁଳି ଗଛର ଶାଖା ମଂଚ ଭିତରକୁ ଲମ୍ବି ଆସିଛି। ଏଣେ ତେଣେ ଅନ୍ୟାନ୍ୟ କିଛି ଗଛ ଓ ଡାଳ ଦୃଶ୍ୟମାନ। ଠିକ୍ ମଂଚର ମଧ୍ୟସ୍ଥଳରେ ଗୋଟିଏ କଟାଯାଇଥିବା ବିରାଟ ଗଛର ମୂଳ ଅଂଶ ରହିଛି। ଯୋଉଠି ଆବଶ୍ୟକ ଅନୁଯାୟୀ ଚରିତ୍ରମାନେ ବସା ଉଠା କରନ୍ତି। ବିଭିନ୍ନ ପ୍ରକାରର ଲତା ଗଛମାନଙ୍କର ଗଣ୍ଡିକୁ ଭିଡ଼ି ଧରିଛି। ମଂଚ ସାରା ଶୁଖିଲା ଡାଳପତ୍ର ପଡ଼ିଛି।

(ସମୟ ସକାଳ। ସକାଳୁଆ ସୁନେଲି କିରଣ ଗଛପତ୍ରର ସନ୍ଧି ଦେଇ ମଂଚରେ ଛାଇ ଛାଇଆ ଆଲୁଅ ପଡ଼ିଛି। ମାଙ୍କଡ଼ମାନଙ୍କର ଏକ ଦଳ ମଂଚରେ ବୁଲୁଛନ୍ତି। କିଏ ଗଛଡାଳରେ ଝୁଲୁଛି ତ କିଏ ଗଛରୁ ଗଛ ଡିଆଁ ମାରୁଛି। ଆଉ କିଏ ତଳେ ପଡ଼ିଥିବା କୋଳି ତେନ୍ତୁଳୀ ଇତ୍ୟାଦି ସଂଗ୍ରହ କରି ଖାଉଛି। ଆଉ କିଏ ଅନ୍ୟ ମାଙ୍କଡ଼ ପାଖରୁ ଖାଦ୍ୟ ଛଡ଼େଇ ନେଇ ଯାଉଛି। ମୋଟ ଉପରେ ମାଙ୍କଡ଼ମାନଙ୍କ ମାଙ୍କଡ଼ାମୀ ଚାଲିଛି। ଏଇ ସମୟେ ଦୂରରୁ ଶୁଭିଲା - "ଝୁମ୍‌ରୀ.... ଏ ଝୁମ୍‌ରୀ...")

(ମଣିଷର ପାଟି ଶୁଣି ମାଙ୍କଡ଼ମାନେ ସତର୍କ ହୋଇ ଯାଇଛନ୍ତି। କିଏ କିଏ ଗଛ ଉହାଡ଼ରେ ଭୟରେ ଲୁଚି ଯାଇଛନ୍ତି। ମଂଚ ପ୍ରବେଶ କରିଛି ଭିକା। ଚିରା ଗାମୁଛାଟିଏ ପିନ୍ଧିଛି, ପୁଙ୍ଗୁଳା ଦେହ। ଭିକା ଯୁବକ। ଝୁମ୍‌ରୀକୁ ଡାକି ତାକୁ ନ ପାଇ ନିରାଶରେ ସେଇ କଟା ଗଛର ଗଣ୍ଡିରେ ବସିଯାଇଛି। ଭିକାକୁ ଦେଖି ମାଙ୍କଡ଼ମାନେ ଚିଂ..ଚାଂ... ଶବ୍ଦ କରିଛନ୍ତି ଏବଂ କିଏ କିଏ ଶବ୍ଦ କରି ଭିକାକୁ ଭୟଭୀତ କରିବାକୁ ଚେଷ୍ଟା କରୁଛନ୍ତି। ଝୁମ୍‌ରୀ ଗୋଟିଏ କୋଣରୁ ଲୁଚି ଲୁଚି ଆସିଛି। ସେ ଜଙ୍ଗଲ ପାଖ ବସ୍ତିରେ ରୁହେ। ସାଧାରଣ ଶାଢ଼ୀ, ନାକ, କାନ ଓ ହାତରେ ଜଙ୍ଗଲୀ ନୋଥ ଓ କାଚ ଚୁଡ଼ି ପିନ୍ଧିଛି। ହାତରେ ଗଛଡାଳ ଖଣ୍ଡେ ଧରି ଛପି ଛପି ଆସି ତାକୁ ହୋ' କହି ଡରେଇ ଦେଇଛି। ଭିକା ଡରିଯିବା ଦେଖି ଖୁସିରେ ତାଳି ମାରି ହସିଛି...।)

ଝୁମ୍ରୀ : ଡରିଗଲୁ ନା.... !

ଭିକା : ଡରିଯିବିନି ? ଦେଖୁଚୁ କେମିତି ଶୂନ୍‌ଶାନ୍ ଜଙ୍ଗଲ ...

ଝୁମ୍ରୀ : ଯାକୁ କ'ଣ ଆଉ ଜଙ୍ଗଲ କରି ରଖୁଛ ? କାଟିକୁଟି ପରା ପଦା କରି ସାରିଲଣି.... !

ଭିକା : ଏ କଥା ମତେ କାଇଁ ଶୁଣୋଉଛୁ ?

ଝୁମ୍ରୀ : ତତେ ଶୁଣେଇବିନି ତ ଆଉ କ'ଣ ଏ ମାଙ୍କଡ଼ମାନଙ୍କୁ ଶୁଣେଇବି ? ତୁ ପରା ନିଜେ ଗଛଗୁଡ଼ାକ ସାଏଁ ସାଏଁ କାଟି ପକଉଛୁ ?

ଭିକା : ଏଥିରେ ମୋର କ'ଣ ଦୋଷ ? ମାଲିକ କହୁଛି, ମୁଁ କାଟୁଛି... ।

ଝୁମ୍ରୀ : ହଁ... ମାଲିକ ଯଦି କହିବ, ନଦୀକୁ ଡେଇଁପଡ଼ିବୁ ? ଏ ଭିକା ମୁହଁଟା କିଆଁ ହାଣ୍ଡି ଭଳିଆ କରି ବସିଛୁ ଯେ ! କଅଣ ହୋଇଛି ତୋର ?

ଭିକା : ମୋର କଅଣ ହେବ ?

ଝୁମ୍ରୀ : ଜାଣିଛୁ.... ଆଜି ତୋରି ପାଇଁ ବା' ପାଖରୁ ମତେ କେତେ ଗାଳି ଶୁଣିବାକୁ ପଡ଼ିଲା !

ଭିକା : ମୁଁ କ'ଣ କଲି ?

ଝୁମ୍ରୀ : ତୋରି ପାଇଁ ତ ସବୁ । ବା' ମତେ ବିଭା ହେବା କଥା କହିଲା, ମୁଁ ନାଇଁ କହିବାରୁ ମତେ ବହୁତ ଗାଳିଦେଲା । (ମୁହଁ ମୋଡ଼ି କହିଛି)

ଭିକା ଏ କଥା ଶୁଣି ମୁଣ୍ଡପୋତି ନୀରବ ରହିଲା ।

କଅଣ କହୁଛୁ ଭିକା... ? ବିଭା ହୋଇଯବି ? (ଦୁଷ୍ଟାମିର ହସ)

ଭିକା : (ଅଭିମାନ କରି) ମତେ କିଆଁ ପଚାରୁଛୁ - ତୋର ମନ ଯଦି ଅଛି, ବିଭା ହେଇଯା...

ଝୁମରୀ : ହଁ... ଯା ମୁହଁକୁ ଦେଖ.. କହିଲା କ'ଣ ନା ବିଭା ହୋଇଯା...

ଭିକା : (ରାଗି ଉଠିଯାଇଛି) ହଁ.... କହିଲି ତ କହିଲି....

ଝୁମ୍ରୀ : (ଖୁସିରେ ତାଳିମାରି) ଚିଡ଼ିଗଲା... ଚିଡ଼ିଗଲା... ଭିକା ମୋର ଚିଡ଼ିଗଲା.. ଏ ଭିକା ତୁ କ'ଣ ସତରେ ରାଗିଗଲୁ ? ମୁଁ ଜାଣିଛି ।

ଭିକା : ହଁ, ମୁଁ ରାଗିଛି । ହେଲେ ତୋ ଉପରେ ନୁହେଁ ଲୋ ଝୁମ୍ରୀ - ମୋ' ନିଜ ଉପରେ ।

ଝୁମ୍ରୀ : ନିଜ ଉପରେ କିଆଁ ରାଗୁଛୁ ?

ଭିକା : ମୁଁ ସିନା ଯେମିତି ସେମିତି ଚଳିଯିବି, ହେଲେ ତୋ କଥା ଭାବିଲା ବେଳକୁ ମତେ କିଛି ବୁଦ୍ଧି ବାଟ ଦିଶୁନି।

ଝୁମ୍ରୀ : (ଦୁଷ୍ଟାମୀ) ମୋ କଥା ଏତେ କିଆଁ ଭାବୁଛୁ ଯେ... ?

ଭିକା : (କେବଳ ଚାହିଁଛି)

ଝୁମ୍ରୀ : ମତେ ଗୋଟେ କଥା କହିଲୁ ଭିକା, ତୁ କେବେ କାମ ପାଇବୁ, କେବେ ପଇସା ଅର୍ଜିବୁ, କେବେ ଘର କରିବୁ, କେବେ ମୋ ବା' ସାଥେ କଥା ହେବୁ.... କେବେ ଭିକା... କେବେ ?

ଭିକା : କେବେ ? ମୁଁ ଜାଣିନି ଝୁମ୍ରୀ। ଏକା ଅଛି, ଖାଇଲେ କେତେ... ଭୋକରେ ରହିଲେ କେତେ ମୁଣ୍ଡ ଗୁଞ୍ଜିବାକୁ ଘର ଥିଲେ କେତେ, ନଥିଲେ କେତେ.. ମୋ ପାଇଁ କିଛି ଫରକ ପଡୁନି। ହେଲେ ତୋତେ କେମିତି ଭୋକିଲା ରଖିବି ! ତତେ କେମିତି ଗଛତଳେ ରଖିବି ! ! ଓଃ.... ଭାବିଦେଲେ ମୁଣ୍ଡଟା ଝାଏଁ ଝାଏଁ ହୋଇଯାଉଛି। ମତେ ତ ସବୁ ସପନ ଭଳିଆ ଲାଗୁଛି ଲୋ... ମୋର କୋଉ ସମ୍ବଳ ଅଛି ଯେ, ତୋ ବା' ପାଖକୁ ଯାଇ ତୋ ହାତ ମାଗିବି ?

ଝୁମ୍ରୀ : (ଭିକା ପାଖକୁ ଲାଗିଆସି) ଭିକା ! ମୋ ମନ କହୁଛି ଆମ ସପନ ନିଶ୍ଚୟ ଦିନେ ସତ ହେବ। ତୁ ଏମିତି ମୁହଁ ଶୁଖେଇ ବସିଲେ କ'ଣ ସବୁ ମିଳିଯିବ ?

ଭିକା : ଠିକାଦାର ପାଖରେ କାମ କରୁଛି। ମଜୁରୀ କେବେ ଦଉଛି ତ କେବେ ନାହିଁ। ସେଥିରେ ପୁଣି....

ଝୁମ୍ରୀ : ସେଥିରେ ପୁଣି କଅଣ ? ଥରେ ତ' ଆସି ବା'କୁ କହ। ଦେଖିବୁ ତୋତେ ମୋ ବା' ଦେଖିଲା କ୍ଷଣି ନିଶ୍ଚୟ ରାଜି ହୋଇଯିବ। ମୁଁ ପରା ତାର ଗେହ୍ଲେଇ ଝିଅ !

ଭିକା : ହେଲେ ଝୁମ୍ରୀ... ତତେ ଆଣି ମୁଁ କୋଉଠି ରଖିବି ?
(ପକ୍ଷୀମାନଙ୍କର କିଚିରି ମିଚିରି ଶବ୍ଦ ଶୁଣୁ ଝୁମରୀ ଖୁସିରେ ସେମାନଙ୍କୁ ଉଡ଼େଇବାକୁ ଡିଆଁ ଡେଇଁ କରିଛି। ତାଳି ମାରିଛି।)

ଭିକା : (ପକ୍ଷୀମାନଙ୍କୁ ଦେଖି) ଏ ପକ୍ଷୀମାନେ... ମତେ ତମ ବସାରେ ଟିକେ ଥାନ ଦବନି ? ମୋ'ର ଘର ନାଇଁ, ମୁଁ ତମ ସାଙ୍ଗରେ ରହିବି... ଏ... ଏ.. ପକ୍ଷୀମାନେ ଚାଲିଯାଅନି। ମୋ କଥା ଟିକେ ଶୁଣ...। ଜଙ୍ଗଲର ଏଇ ପଶୁପକ୍ଷୀମାନଙ୍କର ଚିନ୍ତା ଅଛି

ନା ଦକ ଅଛି ! ନା ଘର ଚିନ୍ତା ନା ଖାଇବା ଚିନ୍ତା ନାଁ ସଂସାର ଚିନ୍ତା ! ଆଃ କେଡ଼େ ଖୁସିରେ, ନିଜ ଇଚ୍ଛାରେ ସେମାନେ ଉଡୁଛନ୍ତି.... ବୁଲୁଛନ୍ତି.... ଦୁଃଖ ବୋଲି ତାଙ୍କର କିଛି ନାହିଁ... ଏଇ ମାଙ୍କଡ଼ ମାନଙ୍କୁ ଦେଖ ଝୁମ୍‌ରୀ, କେଡ଼େ ସୁନ୍ଦର ଗଛର ଏ ଡାଳରୁ ସେ ଡାଳକୁ ଡେଇଁ ଆନନ୍ଦରେ ଖେଳୁଛନ୍ତି । ହେଲେ ଆମେ ମଣିଷ ହେଇବି ଖୁସିରେ ନାହୁଁ ।

ଝୁମ୍‌ରୀ : ସେମାନେ ପଶୁପକ୍ଷୀ । ବୁଦ୍ଧିଶୁଦ୍ଧି କିଛି ନାହିଁ । ଆମେ ପରା ମଣିଷ । ସେମାନଙ୍କ ସାଙ୍ଗେ ଆମର କିଆଁ ତୁଳନା କରୁଛୁ ଭିକା !

ଭିକା : ଆମେ ମଣିଷ ବୋଲି ତ ଭଗବାନ ଆମକୁ ସାନ-ବଡ଼, ଉଚ୍ଚ-ନୀଚ, ଧନୀ-ଗରିବ କରି ଦୁଃଖ ଦେଉଛି । ସେମାନେ ପଶୁ ହେଲେ କ'ଣ ହେଲା, ସମସ୍ତେ ସମାନ ।

ଝୁମ୍‌ରୀ : ହୁଁ... ତୋର ପଶୁମାନଙ୍କ ପ୍ରତି ଭାରୀ ଦରଦ ଦେଖୁଛି ! ମତେ ଲାଗୁଛି ପୂର୍ବ ଜନମରେ ତୁ ନିଶ୍ଚୟ ମାଙ୍କଡ଼ ଥିଲୁ ।

ଭିକା : ଖାଲି ମୁଁ ନୁହେଁ ଲୋ ଝୁମ୍‌ରୀ, ଆଗରୁ ଆମେ ସମସ୍ତେ ମାଙ୍କଡ଼ ଥିଲେ ପରା । ମାଲିକ କହୁଥିଲା ଆମେ ସବୁ ଧୀରେ ଧୀରେ ମଣିଷ ହୋଇଯାଇଛେ । ନ ହେଲେ ଏଇ ମାଙ୍କଡ଼ମାନେ ପରା ଆମର ପୂର୍ବପୁରୁଷ । ମଣିଷମାନେ ଆଗରୁ ମାଙ୍କଡ଼ ଥିଲେ ।

ଝୁମ୍‌ରୀ : ମଣିଷ ମାଙ୍କଡ଼... ମାଙ୍କଡ଼ ମଣିଷ.. ଛିଃ... ସେ ଅସନା କଥାଗୁଡ଼ା ମତେ କହନା ତ ? (କଥା ବଦଳେଇ) ଆଚ୍ଛା ଭିକା.... ତୁ... ଆଗରୁ କେବେ ସହର ଯାଇଛୁ ?

ଭିକା : (ଯେମିତି କିଛି ଆଗ୍ରହ ନାହିଁ) ଯାଇଛି । ଠିକାଦାରର କାମକୁ ନେଇ କେତେ ଥର ସହର ଯାଇଛି ।

ଝୁମ୍‌ରୀ : ମୋ ବା' ସାଥିରେ ମୁଁ ବି ଥରେ ଯାଇଥିଲି । ଏ ମାଁ... କେତେ ବଡ଼ ବଡ଼ କୋଠା... ଚିକ୍‌ମିକ୍ ଆଲୁଅ.. ଗାଡ଼ି ମୋଟର ଭେଁ ଭାଁ... ମୋ ଆଖି ଖୋସି ହୋଇଗଲା ।

ଭିକା : ତତେ ସହର ଭଲ ଲାଗିଲା ?

ଝୁମ୍‌ରୀ : ହଁ.. ତତେ କ'ଣ ଭଲ ଲାଗେନି ?

ଭିକା : ନାଁ ମତେ ସହର ଭଲ ଲାଗେନି । ଆମ ଜଙ୍ଗଲ ସବୁଠୁ ଭଲ । ଆମେ ଏଇଠି କେତେ ଖୁସିରେ ଅଛନ୍ତି.. ଜାଣିଛୁ ଝୁମ୍‌ରୀ ।

		ଗାଁ, ପାହାଡ଼, ଜଙ୍ଗଲ ଭିତରେ ହିଁ ଜୀବନ ଅଛି । ସହରୀ ଲୋକ ତ ଦୋହରୀ ଜୀବନ ବିତଉଛନ୍ତି । ଯେତେ ସବୁ ଛନ୍ଦ, କପଟ, ଅବିଶ୍ୱାସ ଭିତରେ ଜିଇଁଛନ୍ତି । ସେଇଟା କ'ଣ ଗୋଟେ ଜୀବନ ! ଛି !
ଝୁମ୍ରୀ	:	ହଁ... ତୁ'ତ ସବୁ ଜାଣି ପକେଇଛୁ ! କେମିତି ତତେ ଭଲ ଲାଗୁଛି କେଜାଣି ? ଏ ମଫସଲିଆ ଗାଁକୁ -ଏଇ ନିଛାଟିଆ ଜଙ୍ଗଲ.. ଛିଃ...
ଭିକା	:	ଆଲୋ ବୋକୀ .. ସହରଟା ବି ଗୋଟେ ବଡ଼ ଜଙ୍ଗଲ । ସେଠି ପଶୁଗୁଡ଼ାକ ମଣିଷ ବେଶରେ ବୁଲୁଛନ୍ତି । ନାଁକୁ ସିନା ମଣିଷ, ହେଲେ ସୁବିଧା ଦେଖି ରୂପ ବଦଳେଇ ପଶୁ ହୋଇଯାଉଛନ୍ତି ।
ଝୁମ୍ରୀ	:	(ଜିଦ୍ କଲାଭଳି) ଯାହା ହେଲେବି ସହର ଭଲ । ତୋର ଯଦି ଏଇ ପଶୁମାନଙ୍କ ପ୍ରତି ଏତେ ଶରଧା.. ଯାଉନୁ ତାଙ୍କରି ସାଥିରେ ରହିବୁ.. ମୋ ପାଖକୁ କିଆଁ ଆସୁଛୁ ?
ଭିକା	:	(ଆଗ୍ରହ ପ୍ରକାଶ କରି) ମୋର ତ ଭାରୀ ଇଚ୍ଛା..
ଝୁମ୍ରୀ	:	ଯାଉନୁ.... (ଠେଲିଦେଇ) ଏ ମାଙ୍କଡ଼.... ଭିକାକୁ ତମ ଦଳକୁ ନେଇଯା । ଏ ମାଙ୍କଡ଼.....
		ମାଙ୍କଡ଼ମାନେ ଚିଂ ଚାଂ ଶବ୍ଦ କରି ଆଗ୍ରହ ଦେଖେଇଛନ୍ତି । ମାଙ୍କଡ଼ ପାଖକୁ ଆସିଛି । ଭିକା ଭୟ ନ କରି ମାଙ୍କଡ଼ମାନଙ୍କ ପାଖକୁ ଯିବାବେଳେ ।
		(ଭୟ ପାଇ) ଭିକା ! ! (ଭିକାକୁ ଟାଣି ଆଣିଛି) ଭିକା ! ତତେ ଡର ଲାଗୁନି ?
ଭିକା	:	ଡର କାହିଁକି ଲାଗିବ ? ସେମାନେ ବି ତ ମଣିଷ ନା....
ଝୁମ୍ରୀ	:	ସେମାନେ ମଣିଷ ! ଏ ମାଁ .... (ଖୁବ୍ ହସିଛି) ଯାଃ... ତୋ ସାଥିରେ ମୁଁ ଲାଗି ପାରିବିନି । ମୁଁ ଯାଉଛି... ବା' ତ ଏମିତିରେ ମୋ ଉପରେ ଗରଗର ହେଉଛି । ଉଛୁର ହେଲେ ମତେ ଆଉ ଘରେ ପୁରେଇବନି ।
ଭିକା	:	(ଝୁମ୍ରୀ ପାଖକୁ ଯାଇ) ଝୁମରୀ ! ଆମ ବିଭାଘର ଲାଗି ତୋ ବା' କ'ଣ ରାଜି ହବ ?
ଝୁମ୍ରୀ	:	କିଟ୍‌କିଟ୍ ତ ହବ । ହେଲେ... ତୁ ଗୋଟେ କାମ କର, ଠିକାଦାରକୁ

କହି ବେଇଗି ବେଇଗି ବଡ଼ ଲୋକ ହୋଇଯା ... ତୋ ପାଖରେ ବହୁତ ପଇସା ହୋଇଗଲେ ଗୋଟେ ସୁନ୍ଦର ଘର କରିଦେବୁ। ଦେଖିବା, ତା'ପରେ ମୋ ବା' କେମିତି ମଙ୍ଗିବନି ? (ହସିଛି)

ଭିକା : ତୁ ଏମିତି କହୁଛୁ, ଯେମିତି ଏ ସବୁ ମୋ ହାତର କଥା !

ଝୁମ୍ରୀ : ନ ହେଲେ ଏମିତି ଜଳକା ଭଳିଆ ଅନେଇଥିବୁ। ମୁଁ ବିଭା ହୋଇ ଫୁର୍‌କିନା ଉଡ଼ିଯିବି ଯେ.... (ପକ୍ଷୀଭଳି ହାତକୁ ଡେଣା କରି ଯେମିତି ଉଡ଼ିଉଡ଼ି ଚାଲିଯାଇଛି)

ଭିକା : (ମନକୁ ମନ) ମୁଁ ଜାଣେ ଝୁମ୍ରୀ... ତୋ ଭଳିଆ ସୁନ୍ଦର ଚଢ଼େଇକୁ ଧରି ରଖିବାକୁ ମୋ ପାଖରେ ବସା ନାହିଁ। ତୋର ସହରରେ କୋଠାବାଡ଼ିରେ ରହିବାକୁ ମନ! ହେଲେ ମୋ ମନ ଜଙ୍ଗଲରେ। ସେ ସହରୀ ସୁଖ ମୁଁ କ'ଣ ତତେ ଦେଇ ପାରିବି ? (ଧୀରେ ଧୀରେ ଚାଲିଯାଇଛି)

(ଭିକା ଓ ଝୁମ୍ରୀ ଚାଲିଯିବାପରେ ସାମାନ୍ୟ ଦୂରତ୍ୱ ରକ୍ଷା କରି ସଂକୋଚରେ ବୁଲୁଥିବା ମାଙ୍କଡ଼ ଦଳ ଏବେ ନିର୍ଭୟରେ ଜଙ୍ଗଲର ଚତୁର୍ଦିଗରେ ଚଳପ୍ରଚଳ ହେଲେ। ମାଙ୍କଡ଼ ଦଳ ଭିତରେ ଜଣେ ଯୁବକ ମାଙ୍କଡ଼, ତାରି ନାଁ ବଳୀ। ସେ ଶିରୀ ନାମକ ମାଙ୍କିଡ଼ିକୁ ଭଲ ପାଏ। ଶିରୀ ଡେଇଁ ଡେଇଁ ତଳେ ପଡ଼ିଥିବା କୋଳି ଗୋଟେଇ ଆଣି ବଳୀକୁ ଖୁଆଇ ଦେଉଥାଏ। ବଳି, ଭିକା ଓ ଝୁମ୍ରୀ ଯାଇଥିବା ଦିଗକୁ ବାରମ୍ବାର ଚାହୁଁଥାଏ। ଅନ୍ୟ ମାନଙ୍କଡ଼ମାନେ ନିଜ ନିଜ କାମରେ ବ୍ୟସ୍ତ ଥାଆନ୍ତି। ଶିରୀର ବଳୀ ପ୍ରତି ଭଲ ପାଇବା ବାରି ହେଇ ପଡୁଥାଏ।)

ବଳୀ : (ଆଗ୍ରହରେ) ଶିରୀ ! ଚାଲ ଆମେ ସେଇ ପଟକୁ ଯିବା....

ଶିରୀ : (ଭୟ) ସେ ପଟେ ? ସେ ପଟେ ତ ଜଙ୍ଗଲ ସରିଯାଇଛି ବଳୀ। ସେଇଠୁ ପରା ଗାଁ... ସହର.. ଆରମ୍ଭ। ସିଆଡ଼େ ମଣିଷମାନେ ଘର କରି ରହୁଛନ୍ତି।

ବଳୀ : ମୁଁ ଜାଣିଛି ଶିରୀ.... ସେଇଥିପାଇଁ ତ କହୁଛି ଚାଲ ସହର ଯିବା... ମଣିଷ ଦେଖିବା....।

ଶିରୀ : ନାଁ ବାବା ନା.... ମଣିଷମାନେ ବହୁତ ହିଂସ୍ର, ଆମକୁ ଦେଖି ମାରି ଗୋଡ଼େଇବେ।

ବଲୀ : ତୁ ମଣିଷମାନଙ୍କୁ ଏତେ ଭୟ କିଆଁ କରୁଛୁ ଶିରୀ! ସେମାନେ ବି ତ ଆମଭଳି।

ଶିରୀ : ସେମାନେ କେମିତି ଆମଭଳି? ସେମାନେ ମଣିଷ, ଆମେ ବାନର।

ବଲୀ : ତୁ ଜାଣିନୁ ଶିରୀ, ଆମେ ବାନରମାନେ ହିଁ ମଣିଷ। ଏଇ ମଣିଷମାନେ ବହୁ ଆଗରୁ ଆମରି ଭଳି ବାନର ଥିଲେ।

ଶିରୀ : ତା' ମାନେ ତୁ କହୁଛୁ... ଆମେ ବି ଦିନେ ମଣିଷ ହେଇଯିବା? (ହସି) ଆଜି ତୋର କ'ଣ ହେଇଛି କହିଲୁ? ଏମିତି ବାୟା ଭଳିଆ କାହିଁକି କଥା କହୁଛୁ?

ବଲୀ : ମୁଁ ବାୟା ନୁହେଁ ଲୋ ବାୟାଣୀ... ସତ କହୁଛି, ଗଲେ ଦେଖିବୁ...ସେମାନେ କେଡ଼େ ସୁନ୍ଦର... କେଡ଼େ ବଢ଼ିଆ ବେଶ ପିନ୍ଧୁଛନ୍ତି ... ଯାହା ଚାହୁଁଛନ୍ତି, ସବୁ କରି ପାରୁଛନ୍ତି। ହେଲେ ଆମେ... ବନ୍ଦର! (ନିରାଶା)

ଶିରୀ : ବନ୍ଦର ହେଲେ କ'ଣ ହେଲା? ଆମେ ସେମାନଙ୍କ ଅପେକ୍ଷା ବେଶ୍ ଭଲରେ ଅଛନ୍ତି। ଜଙ୍ଗଲ ଆମର ଘର। ଏଇ ମଣିଷମାନେ ପରା ଆମ ଜଙ୍ଗଲର ଗଛ, ଡାଳ, ଭାଙ୍ଗି, କାଟି, ପୋଡ଼ି ଆମକୁ ବେସାହାରା କରି ଦେଉଛନ୍ତି - ଜାଣି ପାରୁନୁ କେମିତି? ବାନର ହୋଇ ତୁ ମଣିଷର ଗୁଣ ଗାଉଛୁ ... ତତେ ଟିକେ ଲାଜ ଲାଗୁନି?

ବଲୀ : ତତେ ଲାଜ ଲାଗୁନି ଶିରୀ..! ନିଜକୁ ନିଜେ ଟିକେ ନିରେଖୀ ଦେଖ ଶିରୀ, ତତେ ବି ଲାଜ ଲାଗିବ।

ଶିରୀ : ତୁ ତା'ହେଲେ ମତେ ଛାଡ଼ି ଏଇ ଇତର ମଣିଷମାନଙ୍କୁ ଏତେ ଭଲ ପାଉଛୁ? ଯାଃ.... ମୁଁ ତୋ ସହିତ କଥା ହେବିନି।

ବଲୀ : (ହସି) ଆଲୋ... ତୁ ପରା ମୋ ଜୀବନ ! ମୋ ଗଳାର ମାଳି !

ଶିରୀ : (ଅଭିମାନ) ତା'ହେଲେ କାହିଁକି ସେ ପୋଡ଼ାମୁହାଁ ମଣିଷମାନଙ୍କ କଥା କହି ମୋ ମନରେ କଷ୍ଟ ଦେଉଛୁ?

ବଲୀ : ଆଲୋ ନାହିଁ ଶିରୀ.. ତୁ ମତେ ଭୁଲ ବୁଝିଲୁ.. ମୋର କହିବା କଥା ହେଲା...

ଶିରୀ : (କଥା ଛଡ଼େଇ) କିଛି କହିବା ଦର୍କାର ନାହିଁ। ଜାଣିଛୁ ବଲୀ!

ପୁରାଣ ଯୁଗରେ ଆମ ଦେବତା ବୀର ହନୁମାନ ଭଗବାନ ରାମଚନ୍ଦ୍ରଙ୍କର ବହୁତ ବଡ଼ ଭକ୍ତ ଥିଲେ। ଛାତିରେ ପ୍ରଭୁଙ୍କର ଆଉ ମାତା ସୀତାଙ୍କର ଛବି ଧରିଥିଲେ। ଆମ ବାନର ସେନା ପାଇଁ ଭଗବାନ ଲଙ୍କାଗଡ଼କୁ ଯାଇ ରାକ୍ଷସ ରାବଣକୁ ବଧ କରି ମାତା ସୀତାଙ୍କୁ ଉଦ୍ଧାର କରିଥିଲେ। ହନୁମାନ, ବାଲୀ, ସୁଗ୍ରୀବ, ଅଙ୍ଗଦ ସଭିଏଁ ଆମରି ବଂଶଧର। ତୁ ପୁରାଣ କଥା କେମିତି ଭୁଲିଗଲୁ ବଳୀ !

ବଳୀ : ମୁଁ କିଛି ଭୁଲିନି ଶିରୀ। ମୋର ସବୁ ମନେ ଅଛି। ହେଲେ ଏବେ ଆଉ ପୁରାଣ ଯୁଗ ନାହିଁ କି ଭଗବାନ ଶ୍ରୀରାମଚନ୍ଦ୍ର ନାହାନ୍ତି। ଏ କଳିଯୁଗରେ ମଣିଷ ହିଁ ଶ୍ରେଷ୍ଠ। ବାକି ସମସ୍ତେ ତା'ର ଗୋଲାମ୍।

ଶିରୀ : ଆମେ ମଣିଷର ଗୋଲାମ ନୋହୁଁ ବଳୀ... ବାନର ରାଜାର ଗୋଲାମ। ବାନର ରାଜା ଆମମାନଙ୍କ ପ୍ରତି ଅବିଚାର କରୁଛି, ଅତ୍ୟାଚାର କରୁଛି। ଆମକୁ ଗୋଲାମ କରି ରଖିଛି।

ବଳୀ : ବାନର ରାଜା ତତେ ଜୋର ଜବରଦସ୍ତ ରାଣୀ କରିବାକୁ ଚାହୁଁଛି।

ଶିରୀ : ବାଘ ମୁହଁକୁ ଚାଲିଯିବି ପଛକେ, ହେଲେ ମୁଁ ସେ ରାକ୍ଷସର ରାଣୀ କେବେ ହେବିନି।

ବଳୀ : ଆମର ଯଦି ମଣିଷ ଭଳି ବୁଦ୍ଧି ବିବେକ, ଆଉ ଶକ୍ତି ଥାଆନ୍ତା, ତା'ହେଲେ ଏ ଅତ୍ୟାଚାରୀ ରାଜାକୁ ଦମନ କରି ପାରିଥାଆନ୍ତେ।

ଶିରୀ : ବାନର ରାଜା ବିରୁଦ୍ଧରେ କେହି ମୁହଁ ଖୋଲୁ ନାହାନ୍ତି। ଯେମିତି ତାକୁ ଆକଟ କରବାକୁ କାହ ଦେହରେ ଶକ୍ତି ନାହିଁ। ଦେଖିବୁ ବଳୀ! ତୋରି ଆଖି ଆଗରେ ଦିନେ ସେ ମୋ ବେକରେ ଫୁଲମାଳ ପକେଇ ରାଣୀ କରି ନେଇଯିବ, ଆଉ ତୁ ଚୁପ୍‌ଚାପ୍ ଦେଖୁଥିବୁ।

(ଏଇ ସମୟେ ଭୟଂକର ଗର୍ଜନ କରି ବାନର ରାଜା ଗଛଡାଳ ଭାଙ୍ଗି, କୁଦାମାରି ମାଡ଼ିଆସିଛି। ଏବଂ ବଳିକୁ ମାରି ତା'ର ହାତଗୋଡ଼ ଖଣ୍ଡିଆ କରିଦେଇଛି। ଶିରୀକୁ ଟାଣି ଆଣିଛି। ଅନ୍ୟ ମାଙ୍କଡ଼ମାନେ ଚିଂ ଚାଂ କରି ଭୟରେ ଲୁଚି ଯାଇଛନ୍ତି।)

ବାନର ରାଜା : ବଳୀ ! ତୋର ଏତେ ସାହସ ? ବାରମ୍ବାର ବାରଣ କରିବା

ସତ୍ତ୍ୱେ ତୁ ଶିରୀ ସଙ୍ଗେ ମିଳାମିଶା କରୁଛୁ ? ତୁ କଣ ଜାଣିନୁ, ଶିରୀ ମୋର ରାଣୀ ହବ... ମହାରାଣୀ... ! (ହସିଛି, ମାଙ୍କଡ଼ଭଳି) ଆଉ ଦିନେ ଯଦି ତତେ ମୁଁ ଶିରୀ ସହିତ ଦେଖେ....

ପୁଣି ବଳୀକୁ ମାରିବାକୁ ଗଲାବେଳେ ଶିରୀ ସାମ୍ନାକୁ ଚାଲି ଆସିଛି ।

ଶିରୀ : ମୁଁ ବଳିକୁ ଭଲ ପାଏ ରାଜା । ବଳୀ ମୋ ଜୀବନ ।

ରାଜା : ତୋ ଜୀବନକୁ ମୁଁ ଚୋବେଇ ଖାଇଯିବି ଶିରୀ । ଏ ସମଗ୍ର ଜଙ୍ଗଲର ମୁଁ ରାଜା । ଆଉ ତମେ ସବୁ ମୋର ଗୋଲାମ । ମୁଁ ଯାହା ଚାହିଁବି ଏ ଜଙ୍ଗଲରେ ସେୟା ହେବ ।

ବଳୀ : ତୋର ଜୁଲୁମ୍ ଆଉ ବେଶୀ ଦିନ ନୁହେଁ ରାଜା । ମନେ ରଖ, ରାକ୍ଷସ ରାବଣର ଦିନେ ଯାହା ହେଲା, ତୋର ବି ଶେଷ ପରିଣତି ସେୟା ହେବ । ତୋର ରାଜତ୍ୱର କାଳ ସରି ଆସୁଛି ରାଜା । ଦେଖିବୁ, ମଣିଷମାନେ ଦିନେ ଏ ଜଙ୍ଗଲକୁ ନିଜ କବ୍‌ଜାକୁ ନେଇ ଆସିବେ । ତା'ପରେ କ'ଣ କରିବୁ ? ତୋରି ପାଇଁ ଦିନେ ଆମ ବାନର ବଂଶ ଲୋପ ପାଇଯିବ । କେହି ନିସ୍ତାର ପାଇବେନି ।

ରାଜା : (ଖୁବ୍ ଜୋର୍‌ରେ ହସି) ଆରେ ସେ ମଣିଷମାନେ କଣ ମୋଠୁ ବେଶୀ ପରାକ୍ରମୀ ? ବୀର ହନୁମାନଙ୍କର ଦାୟାଦ ଆମେ । ହନୁମାନ ସୁନାର ଲଙ୍କାଗଡ଼କୁ ନିଜ ଲାଙ୍ଗୁଡ଼ରେ ଧ୍ୱଂସ କଲାଭଳି ମୁଁ ସେଇ ମଣିଷମାନଙ୍କୁ ଜାଳି ପୋଡ଼ି ଛାରଖାର କରିଦେବି ।

ଶିରୀ : ଏତେ ଅହଂକାର କରନି ରାଜା । ଦିନେ ତୋର ପତନ ନିଶ୍ଚୟ ହେବ । ହନୁମାନ ଆମର ଭଗବାନ । ସେ କେବେ ବାନରମାନଙ୍କୁ ଅତ୍ୟାଚାର କରୁ ନଥିଲେ । ଲୁଣ୍ଠନ କରୁ ନଥିଲେ ।

ରାଜା : (ହସି) ସେ ସବୁ ପୁରାଣ ଯୁଗର କଥା ଶିରୀ । ଏଇଟା କଳିଯୁଗ । ଏଇଠି ଯାହାର ଶକ୍ତି ବେଶି ସିଏ ହିଁ ରାଜା । ଆଉ ରାଜାର ବୋଲ ମାନିବା ପ୍ରଜାର ଏକମାତ୍ର ଧର୍ମ । ତତେ ମୁଁ କହିଦେଉଛି ଶିରୀ, ଏଇ ବଳୀ ହେଉଛି ମୋର ପରମ ଶତ୍ରୁ । ତା ପାଖରୁ ଦୂରେଇ ରହ, ନଚେତ୍.....

(ଜଙ୍ଗଲର କୌଣସି ଏକ ଦିଗରୁ ବୃଦ୍ଧ ବର୍ଗିର ପ୍ରବେଶ । ସେ ଶିରୀର ବାପା ।)

ବର୍ଗ : ମହାରାଜ! ଶିରୀ ମୋ ଝିଅ। ତାକୁ ତୋ' ଭଳି ଗୋଟେ ରାକ୍ଷସ ହାତରେ କେବେ ବି ଟେକି ଦେଇ ପାରିବିନି। ମୁଁ ତାର ବାପା। ଯୋଉଠି ଚାହିଁବି ସେଇଠି ତାକୁ ବାହାଦେବି।

ରାଜା : (କୁଦାମାରି) ଚୋପ୍! ଶୁଣ ବର୍ଗ.. ହେଇପାରେ ଶିରୀ ତୋରି ଝିଅ! ତୋ ପରି ଗୋଟାଏ ନିରୀହ ଦୁର୍ବଳ ବାନରର ଝିଅକୁ ମୁଁ ମହାରାଣୀ କରିବାକୁ ଚାହେଁ, ଅଥଚ ତୁ ମୁହେଁ ମୁହେଁ ମନା କରି ଦେଉଛୁ ? ତୋର କ'ଣ ଜୀବନ ପ୍ରତି ମୋହ ତୁଟିଗଲାଣି ?

ବର୍ଗ : ମୁଁ ଦୁର୍ବଳ ହୋଇପାରେ ରାଜା, ହେଲେ ବଳୀ ଦୁର୍ବଳ ନୁହେଁ। ସିଏ ଯୁବକ। ଦରକାର ପଡ଼ିଲେ ଶିରୀ ପାଇଁ ସିଏ ତୋ ସହିତ ବି ଲଢ଼ିଯିବ।

ରାଜା : (ନିଜ ଛାତିରେ ବିଧା ମାରି ଅଟ୍ଟହାସ୍ୟ କରିଛି) ବଳୀ! ମୋ ସହିତ ଲଢ଼ିବ ? ଶୁଣୁଛ.... ଶୁଣୁଛ... ବାନର ଦଳ...
(ବଳୀ ପାଖକୁ ଡେଇଁପଡ଼ି ତାକୁ ଚାପୁଡ଼ା ମାରିଛି ।)
ଲଢ଼ିବୁ ? ମୋ ସହିତ ଲଢ଼ିବୁ ? ଦେଲି... ଯୁଦ୍ଧ ଡାକରା ଦେଲି। ଆ... ଆ' ବଳୀ.... ଆ...
(ବଳୀକୁ ମାରି ଚାଲିଥାଏ। ବଳି ସବୁ ସହିଯାଏ। ଶିରୀ ଦୌଡ଼ିଆସି ବାନର ରାଜାର ଗୋଡ଼କୁ ଜାବୁଡ଼ି ଧରିଛି ।)

ଶିରୀ : ନାଇଁ, ତାକୁ ମାରନି ରାଜା। ତୁ ଯାହା କହିବୁ ମୁଁ ମାନିବି ରାଜା.... ବଳୀକୁ ଛାଡ଼ିଦେ...

ରାଜା : ଶୁଣୁଛୁ ବର୍ଗ। ମନେ ରଖ ଆସନ୍ତା ଭଲ ଦିନରେ ଶିରୀ ମୋର ରାଣୀ ହେବ। ମ...ହା...ରା...ଣୀ। (ହସିଛି)
(ହସି ହସି ରାଜା ଚାଲିଯାଇଛି। ସାଙ୍ଗରେ ଅନ୍ୟ କିଛି ମାଙ୍କଡ଼ ବି ଯାଇଛନ୍ତି।)
(ବଳି ହାତଗୋଡ଼ ଯୋଡ଼ି କେବଳ ଲୁହ ଗଡ଼ଉଥାଏ। ଆଉ ନିଜକୁ ଧିକ୍କାର କରୁଥାଏ।)

ବର୍ଗ : (ବଳୀ ପାଖକୁ ଆସି) ... ଏ ବଳୀ। ତୁ' ଯଦି ରାଜା ପାଖରୁ ସବୁବେଳେ ମାଡ଼ଗାଳି ଖାଇ ନୀରବରେ ତା'ର ସବୁ ଅତ୍ୟାଚାରକୁ ସହିଯିବୁ, ତା'ହେଲେ ଦିନେ ରାଜା ତୋ ପାଖରୁ ଶିରୀକୁ ଛଡ଼େଇ ନେଇଯିବ। ତୁ'ଟା ଏଡ଼େ ଭୀରୁ ?

ଶିରୀ : (କାନ୍ଦି) ନାଇଁ ବାବା... ମୁଁ ପଛକେ ବିଷ କି ମହୁରା ଖାଇଦେବି, ହେଲେ ରାଜାକୁ କେବେ ବାହା ହେବିନି ।

ବର୍ଗି : ତୁ ଚାହିଁଲେ କି ମୁଁ ଚାହିଁଲେ କଣ ହବରେ ମା' ! ସିଏ ରାଜା । ଅତ୍ୟାଚାରୀ ରାଜା । ତା' ଇଚ୍ଛାରେ ଆମେ ଏ ଜଙ୍ଗଲରେ ଟିକେ ଥାନ ପାଇଛେ । ସେ ଚାହିଁଲେ ଆମକୁ ଏଇଠୁ ବାହାର କରିଦେବ ।

ଶିରୀ : ଆମେ ଆଉ ଗୋଟେ ଜଙ୍ଗଲକୁ ଚାଲିଯିବା ବାବା... ଏଇଠି ଆଉ ରହିବାନି ।

ବର୍ଗି : ଆଉ ଜଙ୍ଗଲ କାହିଁ ଶିରୀ ! ଯୋଉଠିକୁ ଯିବୁ, ସବୁଠି ଏମିତି ଜଣେ ଜଣେ ରାଜାକୁ ପାଇବୁ । କେତେ କେତେ ଜଙ୍ଗଲ ବୁଲିବୁ... କେତେ କେତେ ରାଜାଙ୍କୁ ତୁ ଲୁଚିବୁ ?

ଶିରୀ : ବଳୀ ! ତୁ କିଛି କହୁନୁ କାହିଁକି ?

ବଳୀ : (କାନ୍ଦି) କଣ କହିବି ଶିରୀ । ମତେ ଆଉ ଏ ଜଙ୍ଗଲ ଭଲ ଲାଗୁନି । ଏଭଳି ରାଜା ପାଖରେ ଗୋଲାମ ହେଇ ରହିବା ଅପେକ୍ଷା ଚାଲ ଆମେ ମଣିଷ ସମାଜ ଭିତରକୁ ଚାଲିଯିବା । ମଣିଷମାନେ ଏତେ ହିଂସ୍ର ନୁହନ୍ତି । ସେମାନେ ଆମକୁ ନିଶ୍ଚୟ ସାହାରା ଦେବେ । ଚାଲ.. (ଶିରୀର ହାତ ଧରି ଯିବାକୁ ଉଦ୍ୟତ)

ଶିରୀ : (ବଳୀର ଗୋଡ଼କୁ ଧରି ଟାଣିଛି) ନାଇଁ ବଳୀ, ଆମେ କୁଆଡ଼େ ଯିବାନି । ଆମେ ସବୁ ବାନର । ମଣିଷ ଆମକୁ କେବେ ସାହାରା ଦେବେନି । ତୁ ଯାଆନି.....

(ଏଇ ସମୟେ ପୁଣି ଗର୍ଜନ କରି ଆସିଛି ରାଜା ।)

(ଶିରୀକୁ ଟାଣି ଘୋଷାରୀ ନେଇ ଯାଇଛି ରାଜା । ଶିରୀ ପଛକୁ ଚାହିଁ ବଳୀକୁ ଡାକୁଥାଏ । ପଛରେ ବର୍ଗି, ଶିରୀ... ଶିରୀ.... ବୋଲି ଡାକି ତା' ପଛରେ ଯାଇଛି । ବଳୀ ନିଜର ଯୌବନ ଓ ଶକ୍ତି ପ୍ରତି ଧିକ୍କାର କରି ନିଜ ଗାଲରେ ଚାପୁଡ଼ା ମାରି ଚାଲିଥାଏ ।)

ମଂଚ ଅନ୍ଧାର

ଦୃଶ୍ୟ - ୨

(ସମୟ ସକାଳ। ପକ୍ଷୀମାନଙ୍କର କିଚିରିମିଚିରି ଶବ୍ଦ। ଗୋଟେ ଅଧେ ମାଙ୍କଡ଼ ଏଣେତେଣେ ଖେଳୁଛନ୍ତି। ବାହାରୁ ଆସିଛି ଠିକାଦାର ମାନସିଂ। ମୁଣ୍ଡରେ ମଙ୍କି କ୍ୟାପ ଏବଂ ମଫଲର୍। ଦୃଷ୍ଟ ପ୍ରକୃତି। ଭଲ କରି ଓଡ଼ିଆ କହି ପାରେନି। ଖଇନି ଖାଏ। ଆସି କଟାଗଛ ମୂଳେ ବସି ଡାକ ପକେଇଛି।)

ମାନସିଂ : ଭିକା.. ଆବେ ଏ ଭିକା... ଶାଲା କହାଁ ମରଗୟା ? ଭିକା..(ଗଛକୁ ଦେଖି) ଶାଲା... ତିନ୍‌ଦିନ ହୋ ଗୟା... ଏକ୍ ଭି ପେଡ୍ କାଟ ନେହିଁ ପାୟା ! (ଉଚ୍ଚ ସ୍ୱରରେ) ଭିକା....

ଭିକା : (ବାହାରୁ ଟାଙ୍ଗିଆ ଧରି ଦୌଡ଼ି ଆସିଛି) ଆସିଗଲି ବାବୁ.... ଆସିଗଲି।

ମାନସିଂ : ଆ ଗୟା ? ତୋ ମେଁ କ୍ୟା କରୁଁ, ନାଚୁଁ ? ଗାନା ଗାଉଁ ? ଶାଲା କାମ୍‌ଚୋର୍... ଇତ୍‌ନା ଦେର୍ କହାଁ ମର୍ ଗୟା ଥା ?

ଭିକା : ପାଖ ଗାଁକୁ ଯାଇଥିଲି ବାବୁ - ଆସୁ ଆସୁ ଡେରି ହୋଇଗଲା।

ମାନସିଂ : ଶୁନ୍ ଭିକା.. ମୈ କହ ଦେତା ହୁଁ, ଅଗର ଆଜ ୟେ ପେଡ୍ ନେହିଁ କଟେଗା ତୋ ତେରା ହିସାବ କର୍‌ଦୁଙ୍ଗା। ଏକ ରୁପେୟା ଭି ନେହିଁ ଦୁଙ୍ଗା.. ହାଁ...

ଭିକା : ଆଉ ଭୁଲ ହେବନି ବାବୁ। ମତେ ମାଫି ଦେଇଦିଅ। ଆଜି ଏ କାମ ମୁଁ ଯେମିତି ହେଲେ ସାରିବି।

ମାନସିଂ : ତେରେ ଲିୟେ ମେରା କିତନା ନୋକସାନ୍ ହୋ ରହା ହୈ ମାଲୁମ୍ ତେରେକୋ ? ଚଲ୍ ଶୁରୁ ହୋ ଯା....

(ମାନସିଂ ଆସି ଗଛ ପାଖେ ବସିଛି ।)

(ଭିକା ପିନ୍ଧିଥିବା ଚିରା ଗାମୁଛାକୁ ନେଇ କଛା ମାରିବାକୁ ଚେଷ୍ଟା କରିଛି । କିନ୍ତୁ ଗାମୁଛା ଛୋଟ ଥିବାରୁ ଅଂଟା ଯାଏଁ ପାଉ ନଥାଏ । ତେଣୁ ବାଧ ହେଇ ଗଛ ମୂଳରେ ମାଡ଼ିଥିବା ଲତାକୁ ଆଣି ଅଂଟାରେ ବାନ୍ଧି, କରତ ଧରି ଗଛରେ ଚଢ଼ିବା କ୍ଷଣି ଲତାଟି ଛିଣ୍ଡିଯାଇଛି । ଭିକା ନିରାଶ ହୋଇ ମାନସିଂକୁ ବିକଳରେ ଚାହିଁଛି । ମାନସିଂ ତାକୁ ନିଜ ମଫଲରଟି ଦେଇଛି । ଭିକା ମଫଲରକୁ ନେଇ କଛା କରି ଅଂଟାରେ ବାନ୍ଧିଛି ଆଉ ଗଛ ଚଢ଼ିଛି । ମାନସିଂ ମାଙ୍କଡ଼ ମାନଙ୍କୁ ତଡ଼ିବାକୁ ଅସଫଳ ଚେଷ୍ଟା କରିଛି । ମାଙ୍କଡ଼ମାନେ ଖତେଇ ହେଇଛନ୍ତି । ମାନସିଂ ମାଙ୍କଡ଼ମାନଙ୍କୁ ଖତେଇ ହେଇଛି । ଟିକିଏ ଦୂରରେ ବଳୀ ବସି ଏ ସବୁ ଦେଖୁଥାଏ ।)

ମାନସିଂ : ଅବେ ଇତନା ଧିରେ ଧିରେ କାମ୍ କରେଗା ତୋ' ଶାମ୍ ତକ କୈସେ ଖତମ୍ ହୋଗା ?

ଭିକା : କଣ କରିବି ବାବୁ? କାଲିଠାରୁ କିଛି ଖାଇନି । ବଳ ପାଉନି ।

ମାନସିଂ : ଖାନେ କେ ଲିୟେ ମୈନେ ତୁଝେ ମନା କିୟା ଥା କ୍ୟା ? ଏଁ...

ଭିକା : ତମେ ତ ବାବୁ ପଇସା ଦେଉନ... ମୁଁ ଖାଇବି କ'ଣ ?

ମାନସିଂ : ଠିକ୍ ହୈ, ଆଜ ତେରା ପୈସା ମିଲ୍ ଜାଏଗା । ଚଲ୍ କାମ୍ କର...କାମ୍ ।

ଭିକା : (ଗଛ କାଟିଛି)

ମାନସିଂ : ଏ ଭିକା... ଶୁନ୍, ମୈ ଥୋଡ଼ା ଭଟି ହୋକେ ଆତା ହୁଁ... ତୁ କାମ ଚାଲୁ ରଖ୍...।

(ମାଙ୍କଡ଼ ମାନଙ୍କ ଉପରେ ପାଟି କରି ଚାଲିଯାଇଛି ମାନସିଂ । ମାଙ୍କଡ଼ମାନେ ଭିକା କାଟୁଥିବା ଗଛ ମୂଳକୁ ଚାଲି ଆସିଛନ୍ତି । ଗଛରୁ ତଳେ ପଡୁଥିବା କୋଳି ଖାଉଛନ୍ତି । ବଳୀ ସେଇ କଟା ଯାଇଥିବା ଗଛଗଣ୍ଡି ଉପରେ ଯାଇ ବସି ଭିକାକୁ ଦେଖୁଥାଏ । କୋଳି ଖାଉଥିବା ମାଙ୍କଡ଼ମାନଙ୍କୁ ଦେଖି ଭିକା ଖୁସି ହେଇଯାଇ ଡାଳକୁ ହଲେଇଛନ୍ତି । କୋଳି ତଳେ ପଡ଼ିଛି । ମାଙ୍କଡ଼ମାନେ

ମହା ଆନନ୍ଦରେ ଖାଇ ଉପରକୁ ଦେଖୁଥାନ୍ତି । ଭିକା କାମ କରୁ କରୁ ଥକି ଯାଇ ଗଛକୁ ଆଉଜି ବସିଯାଇଛି । ଏବେ ଭିକା ହାତରେ କୋଳି ଧରି ସେମାନଙ୍କୁ ଦେଇଛି । ମାଙ୍କଡ଼ମାନଙ୍କ ସହିତ ଯେମିତି ଖେଳୁଥାଏ । ମାଙ୍କଡ଼ମାନେ କୋଳି ପାଇଁ ନିଜ ନିଜ ଭିତରେ କଳି ବି କରୁଥାନ୍ତି । ମଣିଷ ଓ ମାଙ୍କଡ଼ ଭିତରେ ଖେଳ ।)

ଭିକା : ଏମାନଙ୍କର କେତେ ମଉଜ ! ଡର ନାହିଁ କି ଭୟ ନାହିଁ । ଯାହା ମିଳିଲା ଖାଇଲେ । ଯୋଉଠି ଚାହିଁଲେ ସେଇଠି ରହିଲେ । ଆଃ !... ମୁଁ ବି ଯଦି ମାଙ୍କଡ଼ ହେଇଥାନ୍ତି.... କେଡ଼େ ଆନନ୍ଦରେ ସେମାନଙ୍କ ଦଳ ଭିତରେ ରହି ମଉଜ କରିଥାଆନ୍ତି ! (ଦୀର୍ଘଶ୍ୱାସ) ଯାଏ... ଆଜି ଏ ଗଛ କାଟି ନ ପାରିଲେ ପୁଣି ଓପାସରେ ପାଣି ପିଇ ଶୋଇବାକୁ ପଡ଼ିବ । (ପୁଣିଥରେ ଗଛ କାଟିବାରେ ମନ ଦେଇଛି)

(ଦୂରରେ ବସି ବଳୀ ସବୁ ଲକ୍ଷ୍ୟ କରୁଥାଏ । ଆଲୁଅ ତା'ରି ଉପରେ କେନ୍ଦ୍ରିଭୂତ ହେଇଛି ।)

ବଳୀ : ସତରେ ! ମଣିଷ ଜୀବନ ଭଳି ଆଉ ଜୀବନ ନାହିଁ । ମଣିଷର ବୁଦ୍ଧି, ବଳ ଆମ ଦେହରେ କାହିଁ ? ସେମାନେ ଭଲ ପିନ୍ଧି, କୋଠାବାଡ଼ି କରି, ଗାଡ଼ି ମଟର ଚଢ଼ି ବଢ଼ିଆ ଜୀବନ କାଟୁଛନ୍ତି । ମଣିଷମାନେ ଏ ଦୁନିଆରେ ବହୁତ ଖୁସିରେ ଅଛନ୍ତି । ଭଗବାନ ମତେ ଯଦି ମଣିଷ କରି ଦିଅନ୍ତି ନା... ଆଃ !... ଏ ରାଜାଙ୍କୁ ମୁଁ ଠିକ୍ ମଜା ଚଖେଇ ଦିଅନ୍ତି ।

(ବାହାରୁ ମଦପିଇ ମାତାଲ ହେଇ ଆସିଛି ମାନସିଂ । ତାର ପାଟି ଶୁଣି ମାଙ୍କଡ଼ମାନେ ଭୟରେ ଏଣେ ତେଣେ ଦୌଡ଼ିଛନ୍ତି । ମାନସିଂ ବିରକ୍ତ ହେଇଛି ।)

ମାନସିଂ : ଏ ... ବନ୍ଦର.. .ଚୋପ୍ ! ମୁଝେ ଦେଖତେ ହି ଶୁରୁ ହୋ ଯାତେ ହୋ ? ଶାଲେ ବନ୍ଦର୍ କହିଁକେ । ମେରେ ସେ ପଙ୍ଗା ଲେତେ ହୋ ? ମାନସିଂ ସେ.... ? ଆଚ୍ଛା ବେଟା ସବୁର୍ କର... ଏକ ଦିନ୍ ଐସା ଆଏଗା, ଯବ୍ ମୈନେ ତୁମ୍ ସବ୍‌କୋ ଟୋପି ପେହେନାକେ ବିଚ୍ ରାସ୍ତୋ ମେଁ ନଚାଉଙ୍ଗା । ସବୁର କର....

ମାଙ୍କଡ଼ମାନେ ତାଳି ମାରି ତାକୁ ଖତେଇ ହେଉଛନ୍ତି । ମାନସିଂ ସେମାନଙ୍କୁ ବାଡ଼ିଧରି ଗୋଡ଼େଇଛି । ସେମାନେ ଦୌଡ଼ି ଚାଲି ଯାଇଛନ୍ତି । ଭିକା ଗଛ ଉପରେ ବସି ମଜା ନେଉଥାଏ ।

ମାନସିଂ : (ଆସି ଭିକାକୁ ଦେଖିଛି) ଆବେ ଏ.... ଅଭିତକ୍ ଖତମ୍ ନେହି ହୁଆ ?

ଭିକା : କରୁଛି ବାବୁ... ଏକୁଟିଆ ଲୋକ.... ଉଛୁର ହେଉଛି ।

ମାନସିଂ ଭିକାକୁ ଗାଳିଦେଲେ । ବଳୀ ବିରକ୍ତ ହେଇ ମାନସିଂକୁ ଖିଁକାରୀ ହୁଏ ।

ମାନସିଂ : କ୍ୟା ବୋଲା ? ଅକେଲା ? ଔର ଦଶ ପନ୍ଦରା ଆଦମି ତୁମ୍‌କୋ ଚାହିୟେ କ୍ୟା ? ଶାଲା କାମଚୋର୍... ଗୟା.... ତେରା ନୌକରୀ ଆଜ ଗୟା....

ଭିକା : ନାଇଁ ବାବୁ... ମତେ କାମରୁ ବାହାର କରନି । ଗରିବ ଲୋକ... ମରିଯିବି ହଜୁର ।

କୁରାଢ଼ୀ / କରତକୁ ଗଛରେ ଟାଙ୍ଗିଦେଇ ତଳକୁ ଓହ୍ଲେଇ ଆସି ।।

ମତେ ଦୟା କର ବାବୁ ।

ମାନସିଂ : ନେହିଁ.. ନେହିଁ.. ଆଜ୍ ତେରା ଏକ ନେହୁଁ ଶୁନୁଙ୍ଗା... କାମ୍‌ଚୋର୍ କେ ଲିୟେ ମେରେ ପାସ୍ କୋଇ କାମ ନେହିଁ... ଚଲ ଭାଗ୍... ନିକଲ ଯା.. (ଚାଲିଗଲା)

ଭିକା : ବାବୁ... .ବାବୁ..... ଶୁଣ ବାବୁ.... (ପଛେପଛେ ଚାଲିଗଲା ଭିକା)

(ମଣିଷମାନେ ଚାଲିଯିବା ଦେଖି ମାଙ୍କଡ଼ଦଳ ନିର୍ଭୟରେ ଗଛ ପାଖକୁ ଆସି ତଳେ ପଡ଼ିଥିବା କୋଳି ଖାଇଛନ୍ତି । ବଳୀ ତଳକୁ ଓହ୍ଲେଇ ସେଇ ଗଣ୍ଡି ଉପରେ ଠିଆ ହୋଇ ସେମାନଙ୍କ ଯିବା ରାସ୍ତାକୁ ଅନେଇଛି । ପୁଣି ଗଛକୁ ଅନେଇଛି । ବୋଧହୁଏ ଗଛକୁ ଦେଖି ଭାବିଛି - ଏଇ ଗଛକୁ ମୁଁ କ'ଣ କାଟି ପାରିବିନି ? ଏୟା ଭାବି ଗଛ ଚଢ଼ିଛି । ଗଛ ଉପରେ ଠିଆ ହୋଇ ଡେଇଁଛି । କୁରାଢ଼ୀଟି ତଳେ ପଡ଼ିଯାଇଛି । ତଳେ ବସିଥିବା ଗୋଟିଏ ମାଙ୍କଡ଼ ଦେହରେ ବାଜିଛି । ସେ କଷ୍ଟ ପାଇ ରଡ଼ି କରିଛି ଆଉ କୁରାଢ଼ୀଟିକୁ ଫୋପାଡ଼ି ଦେଇଛି । ବଳୀ ଅଧା କଟା ହେଇଥିବା ବଡ଼ ଡାଳର

ସନ୍ଧିରେ କାଠି ଖଣ୍ଡେ ଖିଲ ଭଳି ଗୁଞ୍ଜି, ତା' ଉପରେ ଡେଇଁଛି। ତଥାପି ଡାଳ ଭାଙ୍ଗିଲାନି ଆଉ ଖିଲଟି ତଳେ ପଡ଼ିଯାଇଛି। ଏବେ ନିଜ ଲାଙ୍ଗୁଡ଼କୁ ଡାଳ ସନ୍ଧିରେ ଲଗେଇ ଚାପ ପ୍ରୟୋଗ କରିଛି। ଗଛ ହଲି କୋଳି ତଳେ ପଡ଼ିଛି। ଅନ୍ୟ ମାଙ୍କଡ଼ ମାନେ କୋଳି ଧରି ଏଣେ ତେଣେ ଦୌଡ଼ାଦୌଡ଼ି କରୁଥାନ୍ତି। ବଳୀ ଡାଳ ଭାଙ୍ଗିବାକୁ ଚେଷ୍ଟା ଜାରି ରଖିଥାଏ। ତାରି ଉପରେ ଡେଇଁ ଡେଇଁ ନିଜେ ତଳେ ପଡ଼ିଯାଇଛି। କିନ୍ତୁ ତା'ର ଲାଙ୍ଗୁଡ଼ଟି ଛିଡ଼ିଯାଇ ଡାଳରେ ଲାଗି ରହିଛି ଏବଂ ବଳୀ ତଳେ କଚାଡ଼ି ହେଇ ପଡ଼ି ବିକଳ ଚିତ୍କାର କରିଛି। ବଳୀର ଚିତ୍କାର ଶୁଣି ଅନ୍ୟ ମାଙ୍କଡ଼ମାନେ ଚିଂ ଚାଂ କରି ଭୟରେ ଦୌଡ଼ି ଚାଲି ଯାଇଛନ୍ତି। ବଳୀ ଯନ୍ତ୍ରଣାରେ ନିଜ ଅଂଟାକୁ ଧରି ଛଟପଟ ହେଉଥାଏ।)

(କୌଣସି ମତେ ଲାଙ୍ଗୁଡ଼ଟିକୁ ନେଇ ଆସିଛି ଆଉ ନିଜ ଅଂଟାରେ ଲଗାଇବାକୁ ଅପଚେଷ୍ଟା କରୁଥାଏ।)

(ଏଇ ସମୟେ ଶିରୀ ବଳୀକୁ ଡାକି ଡାକି ଆସିଛି। ବଳି ନିଜ ଯନ୍ତ୍ରଣାକୁ ଚାପି ରଖି ଲାଙ୍ଗୁଡ଼ କଟି ଯାଇଥିବା ଯୋଗୁଁ ଅପମାନରେ ଗଛ ଆଡୁଆଳରେ ଲୁଚି ଯାଇଛି। ଶିରୀ କିନ୍ତୁ ବଳୀକୁ ଡାକିଡାକି ଖୋଜୁଥାଏ।)

ଶିରୀ : ବଳୀ... ବଳୀ... ତୁ କୋଉଠି ବଳୀ..... (ହଠାତ୍ ବଳୀକୁ ଦେଖି) ବଳୀ ! କଣ ହେଇଛି ? ଆରେ ଏ କଣ ? ତୋ ଲାଙ୍ଗୁଡ଼ କାହିଁ ବଳୀ ?

(ବଳୀ ଅପମାନରେ ନିଜ ଅଂଟାକୁ ଧରି ଗଛ ଆଡ଼କୁ ଚାହିଁଛି ବିକଳରେ।)

ଶିରୀ : (କାନ୍ଦିପକେଇ) ଏ ତୁ' କ'ଣ କଲୁ ବଳୀ? ତୁ ତ ଏବେ ଆମ ବାନର ଜାତିରୁ ବାସନ୍ଦ ହେଇଗଲୁ ! ତତେ କ'ଣ ଆଉ ବାନର ରାଜା ଏ ଜଙ୍ଗଲରେ ରଖିବ ? ମାରି ବାହାର କରିଦେବ।

ବଳୀ : (କାନ୍ଦି) ଶିରୀ... ! ଏବେ ମୁଁ କଣ କରିବି ? ମଣିଷର କାମ ମୁଁ କରିଦେବି ଭାବି ଗଛରେ ଚଢ଼ିଥିଲି। ହେଲେ...

ଶିରୀ : ମଣିଷଙ୍କୁ ଭଲ ପାଇବାର ଫଳ ଏବେ ଭୋଗିଲୁ ? ଛିଃ... ଏବେ ତୁ ମୋର ପ୍ରେମିକ ହେବାପାଇଁ ଅଯୋଗ୍ୟ ହେଇଗଲୁ ବଳୀ,

ଏବେ ତୁ ଆମ ଜାତିର ଶତ୍ରୁ ପାଲଟିଗଲୁ। ଯାଃ..ତୁ ଏବେ ମଣିଷ ନୋହୁଁ କି ବାନର ନୋହୁଁ। ବାହାରିଯା... ତୋ' ମୁହଁ ଚାହିଁବିନି ମୁଁ... ବାହାରିଯା.... ଚାଲିଯା.... (କହି କହି ଚାଲିଯାଇଛି ଶିରୀ)

ବଲୀ : ଶିରୀ... ମୋ କଥା ଶୁଣ ଶିରୀ...! ତୁ' ଠିକ୍ କହିଛୁ... ମୋ ଭଳିଆ ଲାଙ୍ଗୁଡ଼ ବିହୀନ ବାନର କେମିତି ଆଉ ଜାତିରେ ରହିବ? କିଏ ମତେ ଗ୍ରହଣ କରିବ? କଣ କରିବି ମୁଁ? (ହାତରେ ଲାଙ୍ଗୁଡ଼ଟି ଧରି ବୃକ୍ଷ ଆଡୁଆଳକୁ ଯାଇ ଅଦୃଶ୍ୟ ହେଇଯାଇଛି। ଏଇ ସମୟେ ମୁହଁ ଶୁଖେଇ ଆସିଛି ଭିକା)

ଭିକା : ହେ ଭଗବାନ୍! କ'ଣ କରିବି ମୁଁ? କୁଆଡ଼େ ଯିବି? ଠିକାଦାର ତ କାମରୁ ବାହାର କରିଦେଲା... ଏବେ ମୁଁ ବଂଚିବି କେମିତି? କି ଉତ୍ତର ଦେବି ଝୁମ୍ରୀକୁ?

(ଆସିଛି ଝୁମ୍ରୀ ।)

ଝୁମ୍ରୀ : ଭିକା.... ଶୁଣିଲି ଠିକାଦାର ତତେ କାମରୁ ବାହାର କରିଦେଲା। ଏ କଥା କ'ଣ ସତ?

ଭିକା : (ନୀରବରେ ତାକୁ ଚାହିଁଛି)

ଝୁମ୍ରୀ : (ଆଘାତ ପାଇ) ଏବେ ମୋର କଣ ହବ ଭିକା! ବା'କୁ ମୁଁ କଣ କହି ବୁଝେଇବି?

ଭିକା : ଠିକାଦାରକୁ ମୁଁ କେତେ ନେହୁରା ହେଲି। ତା' ଗୋଡ଼ ଧରିଲି, ହାତ ଧରିଲି, ବିକଳ ହୋଇ ତା' ଆଗରେ ବହୁତ କାନ୍ଦିଲି। ହେଲେ ମତେ ଗୋଇଠା ମାରି ସିଏ କାମରୁ ବାହାର କରିଦେଲା।

ଝୁମ୍ରୀ : (କାନ୍ଦୁଥାଏ) ମୁଁ ଏବେ କ'ଣ କରିବି ଭିକା?

ଭିକା : କଣ କରିବୁ! ତୋ ବା' ଯାହା କହିବ... ତୁ ଶୁଣିବୁ....

ଝୁମରୀ : (କାନ୍ଦି) ଆଉ ଶୁଣିବାର କିଛି ନାହିଁ ଭିକା..

(ଝୁମ୍ରୀ କାନ୍ଦି କାନ୍ଦି ଦୌଡ଼ି ଚାଲିଯାଇଛି ।)

(ଝୁମ୍ରୀ ଚାଲିଯିବା ଦେଖି ଭିକା କାନ୍ଦିଛି। ଗଛ ଆଡୁଆଳରୁ ହାତରେ ଲାଙ୍ଗୁଡ଼ଟି ଧରି ଯନ୍ତ୍ରଣାରେ ଘୋଷାରୀ ହେଇ ଆସିଛି ବଲୀ। ଦୁହେଁ ଭିନ୍ନ ଭିନ୍ନ ଆଲୋକ ବୃତ୍ତ ଭିତରେ ଠିଆ ହୋଇଛନ୍ତି।)

ନର ବାନର | ୬୫

ବଳୀ : ଏବେ ମୁଁ କଣ କରିବି ପ୍ରଭୋ ! ଲାଙ୍ଗୁଡ଼ ବିହୀନ ବାନର ହେଇ ଏ ସଂସାରରେ ମୁଁ କେମିତି ବଂଚିବି ? ମତେ ମୁକ୍ତି ଦିଅ ପ୍ରଭୋ !

ଭିକା : ହେ ଭଗବାନ... ମୁଁ ଆଉ ସହି ପାରୁନି। ମତେ ମଣିଷ ଜନ୍ମରୁ ପାରି କରିଦିଅ....

ବଳୀ : ମୋର ଏ ବାନର ଜୀବନ ଦର୍କାର ନାହିଁ ପ୍ରଭୁ ! ମତେ ତ୍ରାହିକର।

ଭିକା : ଧିକ୍ ଏ ମଣିଷ ଜୀବନ। ମତେ ପଶୁ କରିଦିଅ ପ୍ରଭୁ ! ମତେ ମାଙ୍କଡ଼ କରିଦିଅ...

ବଳୀ : ମତେ ବାନରରୁ ନର କରିଦିଅ ପ୍ରଭୋ....

ଭିକା : ମତେ ନରରୁ ବାନର କରିଦିଅ ପ୍ରଭୋ....

ବଳୀ : ନର...

ଭିକା : ବାନର....

ବଳୀ : ନର....

ଭିକା : ବାନର....

(ଶବ୍ଦ ଓ ଆଲୋକ ମାଧ୍ୟମରେ ଏକ ପ୍ରଚଣ୍ଡ ବିସ୍ଫୋରଣ ଘଟିଛି। ଆକାଶରେ ବର୍ଷା ଓ ବଜ୍ରପାତ ହେଉଛି। ମନ୍ଦିରର ଘଂଟା ଓ ଘଂଟି ଶବ୍ଦରେ ମଂଚ ପ୍ରକମ୍ପିତ ହେଉଛି। ଏହି ସମୟରେ ହିଁ ଅଦ୍ଭୁତ ଘଟଣାଟି ମଂଚରେ ଘଟିଯାଇଛି। ଧିରେ ଧିରେ ବଳୀ ଓ ଭିକାର ଶରୀର ରୂପାନ୍ତିରତ ହେଉଛି। ଦୁହେଁ ଖୁବ୍ ଜୋରରେ ଚିତ୍କାର କରିଛନ୍ତି। ତା'ପରେ ସବୁକିଛି ଶାନ୍ତ ହେଇ ଯାଇଛି। ବଳୀ ମଣିଷ ଭଳି ଠିଆ ହୋଇଛି, କିନ୍ତୁ ହାତରେ ଧରିଥାଏ ଲାଞ୍ଜ। ଭିକା ଧିରେ ଧିରେ ନଇଁ ଯାଇଛି ମାଙ୍କଡ଼ ଭଳି। ଦୁହେଁ ନିଜ ରୂପକୁ ଦେଖି ବିମୋହିତ ହେଉଛନ୍ତି। ବର୍ତ୍ତମାନ ମଂଚକୁ ସ୍ୱାଭାବିକ ଆଲୁଅ ଆସିଛି। ସେମାନେ ପରସ୍ପରକୁ ଦେଖୁଛନ୍ତି।)

ଭିକା : (ଆଶ୍ଚର୍ଯ୍ୟରେ) ତମେ ?

ବଳୀ : ମୁଁ ବଳୀ। ବାନରରୁ ନର। ତମେ ?

ଭିକା : ମୁଁ ଭିକା। ନରରୁ ବାନର।

ବଳୀ : ଏଇ ରୂପରେ ତମେ କ'ଣ ସନ୍ତୁଷ୍ଟ ?

ଭିକା : ଏଇଆ ମୋର ଇଚ୍ଛା ଥିଲା।

ବଲୀ : ତମର ରୂପ ବଦଳିଛି ସତ, ହେଲେ ଲାଙ୍ଗୁଡ଼ ବିନା ତମେ ଅସମ୍ପୂର୍ଣ୍ଣ। ନିଅ। (ବଢ଼େଇଛି ଲାଙ୍ଗୁଡ଼)

ଭିକା : (ଲାଙ୍ଗୁଡ଼ଟି ଧରି ନିଜ ଅଂଟାରେ ଖୋସି ଦେଇଛି)
ଆଉ ଏଇ ଗାମୁଛାଟି ତମେ ନିଅ। (ବଳୀ ଗାମୁଛା ଧରି ବେକରେ ପକେଇଛି)

ବଲୀ : ହଁ... ଏବେ ତମେ ସମ୍ପୂର୍ଣ୍ଣ ବାନର। ଯାଅ - ମୁଁ ଯାଉଛି ମଣିଷ ସମାଜ ଭିତରକୁ।

ଭିକା : ଆଉ ମୁଁ ଯାଉଛି ଜଙ୍ଗଲକୁ ...
(ଦୁହେଁ ବିପରୀତ ଦିଗରେ ଅଗ୍ରସର ହେଇଛନ୍ତି।)
(ସଂଗୀତରେ ପରିବର୍ତ୍ତନ। କିଛି ସମୟ ପରେ ଦୁଇଜଣ ଲୋକ ହାତରେ ଛୁରୀ ପିସ୍ତଲ ସହ ଜଣେ ମୋଟା ଲୋକର ଆଖିରେ ପଟି ବାନ୍ଧି ତାକୁ ମଂଚକୁ ଆଣିଛନ୍ତି। ସେ ମୋଟା ଲୋକ ହାତରୁ ଆଟାଚୀଟିକୁ ଭିଡ଼ି ଆଣି ତାକୁ ମାରି ତଳେ ପକେଇଦେଇ ଚାଲିଯିବା ସମୟେ ସାମ୍ନାରେ ଠିଆ ହୋଇଥିବା ବଳୀକୁ ଭେଟିଛନ୍ତି। ବଳୀ ସେମାନଙ୍କ ସହ ଲଢ଼େଇ କରିଛି ଏବଂ ସେଇ ଦୁଇଜଣ ଲୋକକୁ ମାରି ସେଇଠୁ ବିଦା କରି ଦେଇଛି। ତା'ପରେ ଆଟାଚୀ ଖୋଲି ଦେଖିଛି, ତା' ଭିତରେ ପ୍ରଚୁର ଟଙ୍କା ଓ ସୁନା ଅଳଙ୍କାର। ଖୁସି ହୋଇ ଯାଇଛି। ତା'ପରେ ଆଟାଚୀ ଧରି ଠିଆ ହେଇଛି।)

ବଲୀ : ଏବେ ମୁଁ ସମ୍ପୂର୍ଣ୍ଣ ନର। ମୁଁ ଆସୁଛି, ଅପେକ୍ଷା କର।

ମଂଚ ଅନ୍ଧାର

ଦୃଶ୍ୟ -୩

(ମଂଚ ଆଲୋକିତ ହେଲାବେଳକୁ ଭିକା ଜଙ୍ଗଲରେ ଏଣେ ତେଣେ ବୁଲୁଛି। ଗଛ ମୂଳେ ବସିଛି। ଏ ସମୟେ ଶିରୀ ଓ ଅନ୍ୟ ମାଙ୍କଡ଼ମାନେ ଖାଦ୍ୟ ଅନ୍ୱେଷଣରେ ଆସି ଜଣେ ନୂଆ ବାନରକୁ ଦେଖି ଆଶ୍ଚର୍ଯ୍ୟ ହେଇଛନ୍ତି। ଶିରୀ, ଭିକାର ରୂପରେ ମୁଗ୍ଧ ହେଇଯାଇଛି।)

ଶିରୀ : ହେ... ଶୁଣ... ଶୁଣ... (ଅନ୍ୟମାନେ ପାଖକୁ ଆସିଲେ) ଦେଖ... ଏ ବାନରଟି ବାଟ ଭୁଲିଯାଇଛି। ଏଡ଼େ ସୁନ୍ଦର ବାନର ମୁଁ କେବେ କୋଉଠି ଦେଖି ନଥିଲି।

ଛୋଟବାନର : ଦିଦି.... ଏଇଟା କିଏ ? ଇଏ କ'ଣ ଆମ ସାଙ୍ଗରେ ରହିବ ?

ଶିରୀ : କେଜାଣି... (ଭିକା ପାଖକୁ ଆସିଛି। ଭିକା ଡରିଯାଇଛି) କିଏ ରେ ତୁ ? ତୋ ଘର କୋଉଠି ? ଏଠିକୁ କେମିତି ଆସିଲୁ ? ଅନ୍ୟ ମାଙ୍କଡ଼ମାନେ ତାକୁ ଘେରିଯାଇ ମାଙ୍କଡ଼ାମୀ କରିଛନ୍ତି ।

ଭିକା : ମୁଁ ଭିକା। ବାଟ ଭୁଲି ତମ ଜଙ୍ଗଲକୁ ଚାଲି ଆସିଛି।

ଶିରୀ : ଆରେ ଏ... ଜାଣିନୁ... ରାଜାର ବିନା ଅନୁମତିରେ ଆମ ଜଙ୍ଗଲରେ କେହି ରହି ପାରିବେନି।

ଛୋଟ ବାନର : ଆମ ବାନର ରାଜା ବହୁତ ରାଗି। ନୂଆ ମାଙ୍କଡ଼ ଦେଖିଲେ ବହୁତ ରାଗିଯାଏ।

ଶିରୀ : ବାନର ରାଜା ସାଥିରେ ଲଢ଼େଇ କରି ପାରିବୁ ?

ଭିକା : ଲଢ଼େଇ କାହିଁକି କରିବି ?

ଶିରୀ : (ପାଖରୁ କୋଳି ଆଣି ଭିକାକୁ ଦେଇଛି) ନେ କୋଳି ଖା... ଦେଖିଲେ ଲାଗୁଛି... ଅନେକ ଦିନ ହେଲା କିଛି ଖାଇନୁ....

(ଭିକାକୁ କୋଳି ଖୁଆଇ ଦେଇଛି ଶିରୀ। ସାନ ମାଙ୍କଡ଼ଟି ଭିକାର ଲାଞ୍ଜ ସହିତ ଖେଳୁଛି। ଭିକା ଅପ୍ରସ୍ତୁତ ହେଇଛି। ଶିରୀ ଭିକାକୁ ଧରି ଅନ୍ୟ ଏକ ସ୍ଥାନକୁ ନେଲାବେଳେ ହଠାତ୍ ଗର୍ଜନ କରି ବାନର ରାଜା ଆସିଛି। ଅପରିଚିତ ଭିକାକୁ ଦେଖି ବାନର ରାଜା ସନ୍ଦେହରେ ଦେଖୁଛି।)

ବାନର ରାଜା : ଏ ବାନର ... କିଏ ତୁ? ମୁଁ ଏ ଜଙ୍ଗଲର ରାଜା। କାହା ଅନୁମତି ନେଇ ତୁ ମୋ ରାଜ୍ୟରେ ପ୍ରବେଶ କଲୁ?

ଭିକା : (ଭୟ ପାଇ) ମୁଁ ଅନାଥ ମହାରାଜ୍। ମୋର ବାପା-ମା, ଘରଦ୍ୱାର ବୋଲି କିଛି ନାହିଁ। ବାଟବଣା ହେଇ ଚାଲି ଆସିଛି। ମତେ ଆପଣଙ୍କ ଚରଣ ତଳେ ଆଶ୍ରୟ ଦିଅନ୍ତୁ ମହାରାଜ!

ରାଜା : ଆଶ୍ରୟ! (ହସିଛି) କଥାରେ ଅଛି - ଅଜ୍ଞାତ କୂଳଶୀଳସ୍ୟା ବାସୋନଦେୟ। ଜାଣୁ... ଏ ରାଜ୍ୟର ଏକମାତ୍ର ଅଧିଶ୍ୱର ହେଉଛି ମୁଁ। ଯୁଆଡ଼େ ଚାହିଁବୁ କେବଳ ମୁଁ...ମୁଁ... ମୁଁ... (ହଠାତ୍ ଭିକାକୁ ସନ୍ଦେହରେ ଦେଖି) ଆରେ ହେ... ତୁ' ତ ଆମର ବାନର ବଂଶର ଭଳି ଦେଖାଯାଉନୁ....। ଶରୀରଟା ଅଧା ମଣିଷ, ଅଧାବାନର ଭଳି... ସତ କହ... ତୁ କିଏ?

ଶିରୀ : (ଭିକାକୁ ବଂଚେଇବାକୁ ଯାଇ) ଇଏ ବି ଆମ ଭଳି ବାନର ମହାରାଜ। ତାକୁ ଆମ ଦଳରେ ରହିବାକୁ ଅନୁମତି ଦିଅନ୍ତୁ...

ରାଜା : ନା... ଏ ବାନର ଯୁବକ ଏଠି ରହିଲେ ମୋ ପ୍ରତି ବିପଦ। ଯଦି କୋଉଦିନ ଇଏ ତତେ ମୋଠୁ ଛଡ଼େଇ ନେଇଯିବ? ମତେ ଲାଗୁଛି... ଇଏ ସେ ବଳୀ... ତୋ ପ୍ରେମିକ...। ବେଶ ବଦଳେଇ ଆସିଛି। ଏ ବାନର... ରାତି ପାହିବା ଆଗରୁ ଯେମିତି ତୁ ଏ ଜଙ୍ଗଲ ଛାଡ଼ି ଚାଲି ଯାଇଥିବୁ। ତୋ ଛାଇ ସୁଦ୍ଧା ମୁଁ ଦେଖିବାକୁ ଚାହେଁନି। ନଚେତ୍ ମୋ ହାତରେ ତୋର ଅକାଳ ମୃତ୍ୟୁ ସୁନିଶ୍ଚିତ। ଆ.... ଶିରୀ....।

(ରାଜା ଶିରୀକୁ ଟାଣିଟାଣି ନେଇ ଯାଇଛି। ଅନ୍ୟମାଙ୍କଡ଼ ମାନେ ଭିକା ପ୍ରତି ଖିଙ୍କାରୀ ହେଇଛନ୍ତି। ଭିକାକୁ ଦଳରୁ ଅଲଗା କରି ଦେଇଛନ୍ତି।)

ଭିକା : ଏ କ'ଣ? ମାଙ୍କଡ଼ ମାନଙ୍କ ଭିତରେ ବି ମାନସିଂ ଭଳିଆ

ମାଲିକ ! ଅଭାବ, ଦୁଃଖ କଷ୍ଟ ଥିଲା ବୋଲି ମଣିଷ ଜନ୍ମରୁ ନିସ୍ତାର ପାଇ ବାନର ହେଲି... ଏଠି ବି ସେଇ ଏକା ଯନ୍ତ୍ରଣା ! ! ମଣିଷ ଆଉ ପଶୁ ଭିତରେ କିଛି ଫରକ୍ ନାହିଁ । ଝୁମ୍‌ରୀ.. ଏବେ କୋଉଠି ଥିବ କେଜାଣି... ତା' ବା' ତାକୁ ନିଶ୍ଚୟ କୋଉଠି ବିଭା କରେଇ ଦେଇଥିବ... ଝୁମ୍‌ରୀ.... ମୁଁ ତୋ ପାଇଁ କିଛି କରି ପାରିଲିନି । ମତେ କ୍ଷମା କରିଦେ ଝୁମ୍‌ରୀ... କ୍ଷମା କରିଦେ....(କାନ୍ଦିଛି)

(ନିଜର ଦୁଇ ହାତରେ ମୁହଁ ଘୋଡ଼େଇ ଦେଇଛି ।)

(ମଂଚରେ ସମସ୍ତ ଆଲୁଅ ଏଠି ଭିକା ମୁହଁରେ ପଡ଼ିଛି । ହଠାତ୍ ଦଳେ ପ୍ରେତ ଚିତ୍କାର କରି ଭିକାକୁ ଘେରି ଯାଇ ହସିଛନ୍ତି । ଭିକା ଡରିଯାଇଛି । ଭିକାକୁ ଲାଗିଲା ପ୍ରେତମାନଙ୍କ ଭିତରେ ଯେମିତି ଝୁମ୍‌ରୀ ଅଛି । ଝୁମ୍‌ରୀର ମୁହଁ ଦୃଶ୍ୟ ହେଲା । ଝୁମ୍‌ରୀ କାନ୍ଦୁଥାଏ । କାନ୍ଦି କାନ୍ଦି ଭିକାକୁ ଧିକ୍‌କାର କରୁଥାଏ ।)

ଝୁମ୍‌ରୀ : (କାନ୍ଦି) ତୁ କଣ କଲୁ ଭିକା ! ସାତ ଜନ୍ମରେ ପୁଣ୍ୟ କରିଥିଲେ ମଣିଷ ଜନ୍ମ ମିଳେ । ଦୁଃଖ, ସୁଖ ଏ ସବୁ ତ କ୍ଷଣିକ ମାତ୍ର । ସବୁବେଳେ ସମାନ ନଥାଏ । ପଶୁମାନଙ୍କ ପ୍ରତି ତୋର ମମତା ଥିଲା । ଏ କଥା ମୁଁ ଜାଣିଥିଲି । ହେଲେ ଶେଷରେ ମତେ ପ୍ରତାରିତ କରି ବାନର ହେଇଯିବୁ ? ଏ କଥା ମୁଁ କେବେ ଭାବି ନଥିଲି ଭାବୁଛୁ... ଭାବିଛୁ ଏଇ ରୂପ ନେଇ ତୁ ଶାନ୍ତିରେ ରହିବୁ ? ନାଁ... ତୁ କେବେ ଶାନ୍ତି ପାଇବୁନି... କେବେ ଶାନ୍ତି ପାଇବୁନି ।

(ପ୍ରେତମାନେ ବିକଟାଳ ଚିତ୍କାର କରି ହସିଛନ୍ତି । ତାରି ଭିତରେ ଝୁମ୍‌ରୀ କୁଆଡ଼େ ହଜିଯାଇଛି । ପ୍ରେତମାନେ ମିଳିମିଶି ଭିକାକୁ ଶୂନ୍ୟକୁ ଟେକିନେଇ ତାକୁ ଘୂରେଇ ତଳେ କଚାଡ଼ି ଦେଇ ହସି ହସି ଚାଲି ଯାଇଛନ୍ତି । ଭିକା ଭାବନା ରାଜ୍ୟରୁ ଫେରିଯାଇଛି । ଚିତ୍କାର କରିଛି ।)

ଭିକା : ଝୁମ୍‌ରୀ.... ! !

ମଂଚ ଅନ୍ଧାର

ଦୃଶ୍ୟ -୪

(ମଂଚକୁ ଆଲୁଅ ଆସିବା ଆଗରୁ ଡମ୍ବରୁ ବାଜିବା ଶବ୍ଦ ଶୁଭୁଥାଏ। ସେଇ ଶବ୍ଦ ସହିତ ମଂଚକୁ ଆଲୁଅ ଆସିଛି। ମଂଚର କୌଣସି ଏକ ସ୍ଥାନରେ ମାଙ୍କଡ଼ ନଚାଳୀ ବେଶରେ ମାନସିଂ ଠିକାଦାର। ପରିଧାନ ଲୁଙ୍ଗି ଓ ଟୋପି। ଦୁଇଟି ଛୋଟ ମାଙ୍କଡ଼କୁ ବେଶ ପିନ୍ଧେଇ, ଟୋପି, ଚଷମା ଲଗେଇ ରାସ୍ତା କଡ଼ରେ ନଚଉଛି। ପାଖରେ ଏକ ଅଖାମୁଣି ଓ ସିଲ୍‌ଭର ଥାଳୀ।)

ମାନସିଂ/ମାଙ୍କଡ଼ ନଚାଳୀ : (ହାତରେ ଡମ୍ବୁରୁ ଓ ମାଙ୍କଡ଼ ବେକରେ ବନ୍ଧା ହୋଇଛି ରଶିକୁ ହାତରେ ଧରି)
ଜମ୍ବୁ ମୋର ନାଚ୍ କରିବ.... ଜମ୍ବୁ ମୋର ନାଚ୍ କରିବ
ନାଚ... ନାଚ... ନାଚ... ଆରେ ଧେଇକି ଧେଇକି ନାଚ୍
ତୋର ରୁମ୍‌କୁ ଝୁମ୍‌କୁ ନାଚ୍... ତାକ୍ ଥେଇ ଥେଇ ନାଚ୍
(ରାସ୍ତାରେ ଲୋକମାନେ ଯିବା ଆସିବା କରିବା ସହିତ କିଏ କିଏ ପଇସା ଦେଉଛନ୍ତି। କିଛି ସେଠି ଠିଆହୋଇ ଖେଳ ଉପଭୋଗ କରୁଛନ୍ତି। ଏଇ ସମୟେ ବାନରରୁ ମଣିଷ ହେଉଥିବା ବଳୀ ସୁଟ୍, ବୁଟ୍, ଚଷମା, ଟୋପି ପିନ୍ଧି ମୁହଁରେ ଚୁରୁଟ୍ ଲଗେଇ ଝୁମ୍‌ରୀ ସହିତ ଆସିଛି। ଝୁମ୍‌ରୀ ଆଧୁନିକ ପରିଧାନ ପିନ୍ଧିଛି। ଝୁମ୍‌ରୀର କଥାରେ ବଳୀ ବି ସେଇଠି ଅଟକି ଯାଇଛି। ବଳୀ ମାଙ୍କଡ଼ ଖେଳ ଦେଖି କ୍ଷୁବ୍‌ଧ ହେବା ସହିତ ଉତ୍ତେଜିତ ହେଇଛି। ଝୁମ୍‌ରୀ କିନ୍ତୁ ମନଭରି ଉପଭୋଗ କରୁଥାଏ। ମାଙ୍କଡ଼ ପ୍ରତି ଅତ୍ୟାଚାର ଦେଖି ବଳୀ ଅପମାନରେ ଜଳି ଯାଉଥାଏ ଯେଯିତି। ବାନର ରାଜାର ଅତ୍ୟାଚାର ତାର ମନେ ପଡ଼ିଯାଉଛି।)
(ମାଙ୍କଡ଼ ନଚାଳୀ କିନ୍ତୁ ତା'ର ଖେଳ ଚାଲୁ ରଖିଥାଏ।)

ମାଙ୍କଡ଼ ନଚାଳୀ: ଦେଖ ବାବୁମାନେ ଜମ୍ବୁ ମୋର ମାଠିଆ ଧରି ନଈକୁ ଯିବ ପାଣି ଆଣିବା ପାଇଁ। ନୂଆବୋହୂ କେମିତି ଧିରେ ଧିରେ ଚାଲି ନଈକୁ ଯାଉଛି... ଦେଖ ବାବୁମାନେ... ଦେଖ... ଦର୍ପଣରେ ମୁହଁ ଦେଖି ସଜେଇ ହେଉଛି।
(ମାଙ୍କଡ଼ ଦର୍ପଣ ଦେଖିଛି।)

(ମାଙ୍କଡ଼ ନଚାଳୀର ନିର୍ଦ୍ଦେଶରେ ଜମ୍ବୁ ଖେଳ ଦେଖଉଥାଏ)

(ମଝିରେ କଥା ନ ମାନିଲେ ମାଙ୍କଡ଼ ନଚାଳୀ ବେତରେ ତାକୁ ମାରୁଥାଏ। ବଳୀକୁ ଲାଗେ ଯେମିତି ତା' ଉପରେ ଅତ୍ୟାଚାର ହେଉଛି। ଦୁଃଖ ଓ ଅପମାନ ବୋଧ କରୁଥାଏ ବଳୀ।)

ଏ ଜମ୍ବୁ... ତୋ ସାଙ୍ଗ ଡାକୁଛି ବେଇଗି ଯା.... (ଜମ୍ବୁ ଯାଇନି)

ଜମ୍ବୁ ... ତୋ ବା' ଡାକୁଛି... ବେଇଗି ଯା.... (ଜମ୍ବୁ ଯାଇନି)

ଜମ୍ବୁ ... ତୋ ସ୍ତ୍ରୀ ଡାକୁଛି... ବେଇଗି ଯା... (ଜମ୍ବୁ ଏବେ ଶୀଘ୍ର ଶୀଘ୍ର ଯାଇଛି)

ହାଃ.. ହାଃ.... ଦେଖିଲେ ବାବୁମାନେ ... ୟାକୁ କହନ୍ତି ଜୋରୁଁ କା ଗୁଲାମ୍.... (ହସ)

(ଦେଖଣାହାରୀ ମାନେ ଯିଏ ଯାହାର ପଇସା ଦେଇ ଚାଲି ଯାଇଛନ୍ତି।)

ଝୁମା : ଏ ବଳଦେବ! ତମେ ବି କିଛି ପଇସା ଦିଅନା.... ଗରିବ ଲୋକଟା ବଂଚିଯିବ।

ବଳଦେବ: (ରାଗ ଓ ଅଭିମାନରେ) ନା.. ଏ ଲୋକ ଜମ୍ବୁ ପ୍ରତି ଅତ୍ୟାଚାର କରୁଛି। ତା'ର ବେକରେ ରଶିବାନ୍ଧି ତାକୁ ଗୁଲାମ କରି ରଖିଛି। ଏ ଲୋକ ବହୁତ ହିଂସ୍ର।

(ଝୁମା ବଳଦେବକୁ ବାଧ୍ୟ କରିଛି। ବଳଦେବ କିଛି ଶୁଣୁ ନଥାଏ। ଏବେ ଝୁମା ଜମ୍ବୁକୁ ଓ ବଳଦେବକୁ ଦେଖୁଛି ବାରମ୍ବାର।)

ଏ ଭାଗ୍ ଏଇଠୁ। ଜଙ୍ଗଲର ବାନର ମାନଙ୍କୁ ଆଣି ସହରରେ ବେଉଷା ଚଲେଇଛୁ? ସେମାନଙ୍କ ସ୍ୱାଧୀନତା ଛଡ଼େଇ ନେଉଛୁ? ତୁ ମଣିଷ ନୁହଁ, ଗୋଟେ ଅମଣିଷ। ଚାଲ ଭାଗ୍ ଏଇଠୁ.... (ମାରିବାକୁ ଉଦ୍ୟତ)

ମାଙ୍କଡ଼ ନଚାଳୀ: ଗରିବ ଲୋକର ପେଟରେ ଲାତ କାହିଁକି ମାରୁଛ ବାବୁ? ପଇସା ଦବନି ତ ଦବନି, ହେଲେ ଅପମାନ କାହିଁକି ଦେଉଛ?

ବଳଦେବ : Get out... Out....

(ମାଙ୍କଡ଼ ନଚାଳୀ ଗୁଣୁଗୁଣୁ ହେଇ କଣ କହି ନିଜ ଆସବାସ ଓ ମାଙ୍କଡ଼ ଧରି ସେଇଠୁ ଚାଲିଯାଇଛି।)

ଝୁମା : (ହଠାତ୍ ବଳଦେବକୁ ଦେଖି ଖୁବ୍ ଜୋର୍‌ରେ ହସିଛି) ଆରେ...

ଆରେ... ଏ କ'ଣ? ବଳଦେବ, ତମ ମୁହଁଟା କଣ ସେ ମାଙ୍କଡ଼ ଜମ୍ବୁ ଭଳିଆ ଦେଖାଯାଉଛି। ମାଙ୍କଡ଼....

ବଳଦେବ : (ଅପ୍ରସ୍ତୁତ ହେଇ ନିଜ ହାତରେ ମୁହଁ ଲୁଚେଇବାକୁ ଚେଷ୍ଟା କରିଛି)

ଝୁମା : ମା..ଙ୍କ...ଡ଼... (ହସି ହସି ବଳଦେବର ଟାଇକୁ ରଶି ଭଳି ଭିଡ଼ି) ହାଁ.... ଜମ୍ବୁ ମୋର ନାଚ୍ କରିବ। ବଳୀ ମୋର ଡାନ୍‌ସ କରିବ।

ବଳଦେବ : (ବିରକ୍ତ ହୋଇ) ଝୁମା! ଏ କଣ କରୁଛ?

ଝୁମା : (ଟାଇକୁ ଛାଡ଼ିଦେଇ) ତମେ ହଠାତ୍ ଆଜି ମତେ ମାଙ୍କଡ଼ ଭଳି ଦେଖାଯାଉଛ।

ବଳଦେବ : ମୁଁ ମାଙ୍କଡ଼ ନୁହେଁ - ମୁଁ ମଣିଷ। ମୁଁ ବଳୀ ନୁହେଁ ବଳଦେବ।

ଝୁମା : ବଳୀ କିଏ? (ଆଶ୍ଚର୍ଯ୍ୟ ହୋଇ)

ବଳଦେବ : (ଅପ୍ରସ୍ତୁତ ହୋଇ) ବଳୀ! ମାନେ...ହଁ... ମୋର ଡାକ ନାଁ ବଳୀ।

ଝୁମା : ତମେ ଏମିତି ରାଗୁଛ କାହିଁକି? ତମର ମାଙ୍କଡ଼ ପ୍ରତି ଏତେ ଦରଦ କାହିଁକି ଶୁଣେ? ଆରେ ମାଙ୍କଡ଼ମାନେ ତ ସବୁବେଳେ ଆମ ମଣିଷ ମାନଙ୍କର ଉପଭୋଗ୍ୟର ସାମଗ୍ରୀ।

ବଳଦେବ : ନାଁ... ଭୁଲ କଥା। ବାନର ଜାତି ପ୍ରତି ଇଏ ଅନ୍ୟାୟ। ଅପମାନ। ଦେଖ ଝୁମା, ତମେ ମୋ ସ୍ତ୍ରୀ ହୋଇପାର, ହେଲେ ବାନରମାନଙ୍କୁ ଏମିତି କହିବା ତମର ଅଧିକାର ନାହିଁ।

ଝୁମା : ଅଛି.... ମୋର ଅଧିକାର ଅଛି। ଶୁଣ ବଳଦେବ - ମତେ ଅପମାନ ଦେବାର ଅଧିକାର ତମର ବି ନାହିଁ। ତମଭଳି ନରବାନରକୁ ବାହା ହୋଇ ମୁଁ ଭୁଲ କରିଦେଇଛି। ଛିଃ.... (ଦ୍ରୁତ ବେଗରେ ଚାଲିଯାଇଛି)

(ଝୁମା ଚାଲିଯାଇଛି। ଦୁଃଖ ଓ ଅପମାନରେ ବଳଦେବ ଭାଙ୍ଗି ପଡ଼ିଛି।)

ବଳଦେବ : ଝୁମା କ'ଣ କହିଦେଇ ଚାଲିଗଲେ! ନରବାନର!! ଯୋଉ ମଣିଷମାନଙ୍କୁ ଦୂରରୁ ଦେଖି, ସେମାନଙ୍କ ରୂପ ଗୁଣରେ ମୁଗ୍ଧ ହେଇ ମୁଁ ବାନରରୁ ନର ହେଲି - ସେଇଠି ଏତେ ଦୁଃଖ,

ଏତେ ଯନ୍ତ୍ରଣାଃ ! ଛିଃ... ମୁଁ ଯୋଉଠି ଥିଲି ଭଲରେ ଥିଲି । ବାନର ହେଇ ଚନ୍ଦ୍ରକୁ ଛୁଇଁବାକୁ ମନ ବଳେଇଲି । ଭୁଲ କରିଛି ମୁଁ ।

(ସଂଗୀତରେ ଏକ କରୁଣ ରାଗ ମଂଚସାରା ଖେଳିଯାଇଛି । ବଳଦେବ ଗଛ ପାଖକୁ ଯାଇ ଅନୁତାପରେ ବସିଯାଇଛି । ତାରି ଭିତରେ ଭିକାର ଚିତ୍କାର ଶୁଭିଛି । ବଳଦେବ ପାଖେ ଆଲୁଅ କମିଯାଇଛି । ଦେଖାଗଲା ସବୁ ମାଙ୍କଡ଼ ଓ ବାନର ରାଜା ମିଳିମିଶି ଭିକାକୁ ଆକ୍ରମଣ କରୁଛନ୍ତି । ଭିକା ନିଜକୁ ରକ୍ଷା କରିବାକୁ ଯାଇ ଏଣେ ତେଣେ ଦୌଡ଼ିଛି । ବାନର ରାଜାର ଆଦେଶରେ ଅନ୍ୟ ବାନର ମାନେ ଭିକାକୁ ଖଣ୍ଡିଆ ଖାବରା କରି ଦେଇଛନ୍ତି । ଶିରୀ ଭିକାକୁ ରାଜା ମୁହଁରୁ ବଂଚେଇବା ପାଇଁ ଚେଷ୍ଟା କରୁଥାଏ । ତା'ପରେ ସବୁ ମାଙ୍କଡ଼ ଚାଲି ଯାଇଛନ୍ତି । ତା' ସହିତ ଶିରୀ ବି ଚାଲିଯାଇଛି । ଭିକାର ବିକଳ ଚିତ୍କାର ।)

ଭିକା : ମତେ ଛାଡ଼ିଦିଅ ... ମୁଁ ପାପ କରିଛି... ମୁଁ ଭୁଲ କରିଛି ।

ବଳଦେବ : ମୁଁ ଭୁଲ କରିଛି... ମତେ ମୋର ବାନର ଜୀବନ ଫେରେଇ ଦିଅ ପ୍ରଭୋ ! ବାନର ରୂପ ମୋର ପରିଚୟ । ସେଇ ମୋର ସମ୍ମାନ । ଦର୍କାର ନାହିଁ ଏ ମଣିଷ ଜୀବନ ।

ଭିକା : ଯାହାର ସ୍ଥାନ ଯୋଉଠି, ସିଏ ସେଇଠି ରହିବା ଦର୍କାର । ହେ ଭଗବାନ ! କେତେ ପୁଣ୍ୟ କରିଥିଲେ ମଣିଷ ଜୀବନ ମିଳେ । ହେଲେ ମୁଁ କଣ କଲି ? ପ୍ରଭୁ... ତମ ନିୟମ ବିରୁଦ୍ଧରେ ଯାଇ ଆଜି ମତେ ଏଇ ଦଶା ଭୋଗିବାକୁ ପଡୁଛି । ଏ ପଶୁ ଜୀବନ ଫେରେଇ ନିଅ ପ୍ରଭୁ । ମତେ ପୁଣି ମଣିଷର ରୂପ ଦିଅ । ମତେ ମଣିଷ କରିଦିଅ ।

ବଳଦେବ : ମୋ ଜାତିକୁ ମୋତେ ଫେରେଇ ନିଅ ପ୍ରଭୋ ! ମତେ ପୁଣି ବାନର କରିଦିଅ ପ୍ରଭୁ !

ଭିକା : ମଣିଷ ଆପଣଙ୍କ ସୃଷ୍ଟିର ଶ୍ରେଷ୍ଠ ଜୀବ । ମୋର ସ୍ଥାନ ଜଙ୍ଗଲ ଭିତରେ ନୁହଁ... ମଣିଷ ସମାଜ ଭିତରେ । ମୋର ଭୁଲ ମୁଁ ବୁଝିପାରିଛି । ମତେ ପୁଣି ନର କରିଦିଅ ପ୍ରଭୁ !

ବଳଦେବ : ମତେ ବାନର କରିଦିଅ ।

ଭିକା : ମତେ ନର କରିଦିଅ।
ବଳଦେବ : ବାନର...
ଭିକା : ନର...
ବଳଦେବ : ବାନର...
ଭିକା : ନର....

(ଶବ୍ଦ ଓ ଆଲୋକ ମାଧ୍ୟମରେ ପ୍ରଚଣ୍ଡ ବିସ୍ଫୋରଣ ହେଇଛି। କିନ୍ତୁ କିଛି ପରିବର୍ତ୍ତନ ହେଇନି। ସୃଷ୍ଟିର ନିୟମ ବିରୁଦ୍ଧରେ ଗଲେ ଏମିତି ହିଁ ଭୋଗିବାକୁ ପଡ଼ିଥାଏ। ସବୁ ଶାନ୍ତ। ବଳଦେବ ଓ ଭିକା ନିଜ ଶରୀରକୁ ଦେଖି କାନ୍ଦିଛନ୍ତି। ଯା ପରେ ଏକ ଗୁରୁ ଗମ୍ଭୀର ଶବ୍ଦ ଶୁଭିଲା।)

ସ୍ୱର : ନର କେବେ ବାନର
ତ କେବେ ବାନର ନର।
ପ୍ରତିଟି ମୁହୂର୍ତ୍ତରେ ନର ପାଲଟି ଯାଏ ବାନର
ଆଉ, ବାନର ରୂପାନ୍ତରିତ ହୁଏ ନରରେ।
ନାଁ ଥାଏ ଏ ପ୍ରକ୍ରିୟାର ଅନ୍ତ
ନାଁ ଥାଏ ଏ ଯନ୍ତ୍ରଣାରୁ ମୁକ୍ତି।

(ଭିକା ଓ ବଳଦେବ ଗଛଗଣ୍ଡି ପଛପଟକୁ ଯାଇ ଦୁଇଟି ଶରୀର ଏକ ହୋଇଯାଇଛନ୍ତି। ଉପରୋକ୍ତ ସଂଳାପ ସହିତ ସେମାନେ ପରିବର୍ତ୍ତିତ ହୋଇଛନ୍ତି। ଅର୍ଥାତ୍ ଉଭୟେ ନର ଉଭୟେ ବାନର।)

ସ୍ୱର : ହେ ନର ହେ ବାନର!
ଏ ସୃଷ୍ଟି ଅମୃତମୟ
ସୃଷ୍ଟିକୁ ବିକୃତ କରିବାର ଅପସ୍ୱପ୍ନ
ଏମିତି ଏକ ଅପହଂଚ ଇଲାକାକୁ ନେଇଯାଏ
ଯେଉଁଠି ଫେରିବାର ମହାନର୍କ, ମହା ଯନ୍ତ୍ରଣାକୁ ଭୋଗିବାକୁ ହୁଏ।
"ପୁନରପି ଜନମଂ ପୁନରପି ମରଣଂ
ପୁନରପି ଜନନୀ ଜଠରେ ଶୟନଂ"

(ଉଭୟ ଚରିତ୍ର ନର ଓ ବାନର ରୂପରେ ପରିବର୍ତ୍ତନ ହେଉଥାନ୍ତି ଏହି ପ୍ରକ୍ରିୟା ଚାଲିଥିଲା ବେଳେ ମଂଚ ଅନ୍ଧାର ହୋଇ ସମ୍ମୁଖ ପରଦା ପଡ଼ିଛି।)

- ସମାପ୍ତ -

ଏବଂ ଆସନ୍ନ

ରଚନା: କୈଳାସ ପାଣିଗ୍ରାହୀ

ଏବଂ ଆସନ୍ନ

ପ୍ରଥମ ମଂଚନ :

ଏକ : କ୍ଷୁଦ୍ର ନାଟକ ପ୍ରତିଯୋଗିତା – ସରକାରୀ ମହାବିଦ୍ୟାଳୟ, ରାଉରକେଲା–୧୯୮୧ ("ଏ ଏକ ଆଗ୍ନେୟଗିରି" ନାମରେ ମଂଚସ୍ଥ)

ଦୁଇ : ରାଜ୍ୟସ୍ତରୀୟ କ୍ଷୁଦ୍ର ନାଟକ ପ୍ରତିଯୋଗିତା, ସୁନ୍ଦରଗଡ଼
"ସଂକେତ" ରାଉରକେଲା ଦ୍ୱାରା ମଂଚସ୍ଥ
ପୁରସ୍କାର : ଶ୍ରେଷ୍ଠ ନାଟକ, ଶ୍ରେଷ୍ଠ ପାଣ୍ଡୁଲିପି, ଶ୍ରେଷ୍ଠ ନିର୍ଦ୍ଦେଶକ

ତିନି : "ଶିଳ୍ପୀ" ଢେଙ୍କାନାଳ ଦ୍ୱାରା ଆୟୋଜିତ – ୧୯୮୫
ରାଜ୍ୟସ୍ତରୀୟ ନାଟକ ପ୍ରତିଯୋଗିତା, "ସଙ୍କେତ" ରାଉରକେଲା ଦ୍ୱାରା ମଂଚସ୍ଥ, ପୁରସ୍କାର : ଶ୍ରେଷ୍ଠ ନିର୍ଦ୍ଦେଶକ, ୨ୟ ଶ୍ରେଷ୍ଠ ପ୍ରଯୋଜନା

ଚାରି : "ସଂକଳ୍ପ" ରାଉରକେଲା ଦ୍ୱାରା ଆୟୋଜିତ ରାଜ୍ୟସ୍ତରୀୟ ନାଟକ ପ୍ରତିଯୋଗିତା – ୧୯୯୦, "ରଂଗମଂଚ" ରାଉରକେଲା ଦ୍ୱାରା ମଂଚସ୍ଥ, ପୁରସ୍କାର : ଶ୍ରେଷ୍ଠ ନାଟକ, ୨ୟ ଶ୍ରେଷ୍ଠ ପ୍ରଯୋଜନା, ୩ୟ ଶ୍ରେଷ୍ଠ ନିର୍ଦ୍ଦେଶନା

ପାଂଚ : "ସଙ୍କେତ" ରାଉରକେଲାର ବାର୍ଷିକ ଉତ୍ସବ ପାଇଁ ମଂଚସ୍ଥ – ୧୯୮୪

ଛଅ : ସର୍ବଭାରତୀୟ ଲଘୁ ନାଟକ ପ୍ରତିଯୋଗିତା – ଏଲ୍ଲାହାବାଦ, ୧୯୯୧
'ରଂଗମଂଚ' ରାଉରକେଲା ଦ୍ୱାରା ମଂଚସ୍ଥ –୨୦୦୧

ଅଭିନୟରେ:

ଏକ : ପଲ୍ଟନ : ଗୋବିନ୍ଦ ଚନ୍ଦ୍ର ଗିରି, ପ୍ରକାଶ ପାଣିଗ୍ରାହୀ ନସିମ୍ ଖାନ୍, କୈଳାସ ପାଣିଗ୍ରାହୀ

ଦୁଇ : ରାଜା : ସତ୍ୟ ପଟ୍ଟନାୟକ, ପବିତ୍ର ବୋଷ

ତିନି : ତପନ : ଗୋକୁଳାନନ୍ଦ ଜେନା, ମନୋରଂଜନ ମହନ୍ତି

ଚାରି : ଅବିନାଶ : ଉମାକାନ୍ତ ବିଷୋୟୀ

ପାଂଚ : କ୍ଷେତ୍ରବାସୀ : ପ୍ରମୋଦ ସାହୁ, ଅଲୋକ ବୋଷ, ଗୌରାଙ୍ଗ ଦଳେଇ

ଛଅ : ଜଗବନ୍ଧୁ : କୈଳାସ ପାଣିଗ୍ରାହୀ

ସଂଗୀତ : ମଦନ ଦୀକ୍ଷିତ ଆଲୋକ : ୰ ଶାରଦା ସ୍ୱାଇଁ

ରଚନା ଓ ନିର୍ଦ୍ଦେଶନା : କୈଳାସ ପାଣିଗ୍ରାହୀ

'ଏବଂ ଆସନ୍ନ'ର ଅନ୍ତରାଳେ....

ଅଶୀ ଦଶକରେ ରଚିତ ଏବଂ ମଂଚସ୍ଥ ଏହି ନାଟକ ସମସାମୟିକ ସମାଜର କିଛି ବାସ୍ତବ ଘଟଣା ଏବଂ ଚରିତ୍ରର ସମାହାର। ଯଦି ଦେଖାଯାଏ, ତେବେ ଅଶୀ ଦଶକର ସାମାଜିକ ତଥା ରାଜନୈତିକ ଅବହାୱା ବି ପ୍ରାୟ ଏହିପରି ଥିଲା; ଯାହା ଏଥିରେ ପ୍ରଦର୍ଶିତ। କେବଳ ଓଡ଼ିଶା କାହିଁକି, ଭାରତବର୍ଷରେ ଏହି ନିରାଶାବୋଧ ଟି ସମଗ୍ର ଯୁବସମାଜକୁ ଉଦ୍‌ଭ୍ରାନ୍ତ କରିଥିଲା, ପଥଭ୍ରଷ୍ଟ କରିଥିଲା ଏବଂ ସେଥିରୁ ପରବର୍ତ୍ତୀ ସମୟରେ ତଥାକଥିତ ମାଓବାଦୀ ବା ଟେରୋରିଷ୍ଟ ମାନଙ୍କ ଜନ୍ମ। କୈଳାସ ପାଣିଗ୍ରାହୀ ମୂଳତଃ ଜଣେ ଅଭିନେତା ଏବଂ ନିର୍ଦ୍ଦେଶକ ମଧ୍ୟ। ତେଣୁ ତାଙ୍କ ନାଟକକୁ କେବଳ ସାହିତ୍ୟ ଦୃଷ୍ଟିରୁ ବିଚାର କରିଦେଲେ, ସଠିକ୍ ବିଚାର ହୋଇ ପାରିବ ନାହିଁ। ତାଙ୍କ ନାଟକରେ ମଂଚମୂଲ୍ୟ, ଅଭିନୟ ଯଥାର୍ଥତା, ଦୃଶ୍ୟ ସଂଯୋଜନାର ଏକ ଅପୂର୍ବ ସମନ୍ୱୟ ଦେଖିବାକୁ ମିଳେ। ଏ କଥା ତାଙ୍କ ନାଟକ ଦେଖିଥିବା ପ୍ରତ୍ୟେକ ଦର୍ଶକ ନିଶ୍ଚୟ ସ୍ୱୀକାର କରିବେ। ଆରମ୍ଭରୁ ସେ ମଣିଷର ଆଦିମ ସ୍ତରରୁ ସାମାଜିକ ସ୍ତରକୁ ଉତ୍ତୀର୍ଣ୍ଣ ହେବାର ଯେଉଁ ଉଦ୍‌ବର୍ତ୍ତନ ପ୍ରକ୍ରିୟାକୁ କେବଳ ଅଭିନୟ ମାଧ୍ୟମରେ ଉପସ୍ଥାପନ କରିଛନ୍ତି ତାହା ଅବର୍ଣ୍ଣନୀୟ। ଏହି ପ୍ରକାର ସଂଯୋଜନାକୁ ନବ୍ୟ ଇତିହାସବାଦର ଗୋଟିଏ ରୂପ ଭାବରେ ଗ୍ରହଣ କରିପାରିବା। ମଣିଷ ସାମାଜିକ ହେବା ପରେ ମଧ୍ୟ ଆହୁରି ଅସାମାଜିକ ହେଉଛି, ତାହା ଦର୍ଶାଇବା ଭିତରେ ପର ଦୃଶ୍ୟକୁ ଯିବାର ପଥ ଉନ୍ମୁକ୍ତ କରୁଛନ୍ତି ନାଟ୍ୟକାର। ଅବିନାଶ, ପଲ୍ଟନ୍, ତପନ, ରାଜା ଏମାନେ ସମସ୍ତେ ଶିକ୍ଷିତ ବେକାର, କର୍ମହୀନ, ଆସନ୍ତା ସକାଳ ନିମନ୍ତେ ଆଶା ବାନ୍ଧି ଆପେକ୍ଷା କରିଥିବା କିଛି ନୈରାଶ୍ୟର ସତ୍ତାମାନେ। ଏମାନେ ସମସ୍ତେ ତତ୍‌କାଳୀନ ଯୁବ ସମାଜର ପ୍ରତିନିଧିମାନେ। ଗୁରୁଙ୍କ ପାଠପଢ଼ାରେ ମୂଲ୍ୟବୋଧ ନାହିଁ। ନେତାଙ୍କ ପ୍ରତିଶ୍ରୁତିରେ

ସତ୍ୟତାର ଅଭାବ। ଜୀବନ ପ୍ରତି ମୁହୂର୍ତ୍ତରେ କେମିତି ଗୋଟାଏ ଶୂନ୍ୟତାରେ ସଂଚରି ଯାଉଛି। ଜଗବନ୍ଧୁ କ୍ଷମତାରେ ଅନ୍ଧ ଗୋଟିଏ ଦୁର୍ନିତି, ଯାହାର ଅନ୍ତନାହିଁ। ଏଠି ବ୍ୟବସ୍ଥା ବଦଳେଇବାର ଆବଶ୍ୟକତା ରହିଛି। କିନ୍ତୁ ଦୁର୍ନିତିର ଲଙ୍କାଗଡ଼କୁ ଧ୍ୱଂସ କିଏ କରିପାରିବ? ଶିକ୍ଷିତ ବେକାରଙ୍କ ଅଭିଯୋଗ ଶୁଣୁଛି କିଏ? ପୁଞ୍ଜିଭୂତ ହେଉଛି ସେମାନଙ୍କ କ୍ରୋଧ।

ଏତେ ବିରାଟ କଥାବସ୍ତୁକୁ ନାଟ୍ୟକାର/ନିର୍ଦ୍ଦେଶକ କୈଳାସ ପାଣିଗ୍ରାହୀ ଅତି ଚମତ୍କାର ଭାବରେ କୋରଶ୍ ଚରିତ୍ର ମାନଙ୍କୁ ନେଇ ସମ୍ପାଦନ କରୁଛନ୍ତି। ସେ' ବି ଲୋକନାଟକୀୟ ଶୈଳୀରେ। ସେଠି ଗୀତ ମାଧ୍ୟମରେ ଲୋକଙ୍କୁ ସଚେତନ କରେଇ ଦିଆଯାଉଛି। ଧର୍ମ ପ୍ରଚାର ଆଳରେ ଦେଶକୁ, ମଣିଷକୁ ଭାଗଭାଗ କରିବାର ପ୍ରଚେଷ୍ଟା ଯୁବକ ମାନଙ୍କୁ ଉତ୍‌କ୍ଷିପ୍ତ କରୁଛି। ସେମାନଙ୍କ ବିଶ୍ୱାସ ଭାଙ୍ଗୁଛି ଧିରେଧିରେ। କିନ୍ତୁ ଉପାୟ ଶୂନ୍ୟ। ପ୍ରଶ୍ନ ପୁଣି ଉଠିଛି ସମସ୍ତେ କହୁଛନ୍ତି ଭାରତ ଏକ ସ୍ୱାଧୀନ ଦେଶ, କିନ୍ତୁ ସତରେ କ'ଣ ସମସ୍ତେ ସ୍ୱାଧୀନ? ସେଇଠି ତପନ ମୁହଁରେ ଚମତ୍କାର ସଂଳାପ - "ଦେଶକୁ ସ୍ୱାଧୀନ କରି ଅମର ହୋଇ ଯାଇଥିବା ମହାପୁରୁଷ ମାନେ! ଦେଖ - ଏଠି କିଏ ସ୍ୱାଧୀନ? କିଏ ମୁକ୍ତି ପାଇଛି? ନାଟ୍ୟକାର ଘଟଣା ଓ ଘଟଣାୟନ ଉପରେ ଅଧିକ ଗୁରୁତ୍ୱ ଦେଇଥିବାରୁ ନାଟ୍ୟ ସଂଘାତଟି ତୀବ୍ର ଭାବରେ ଅନୁଭୂତ ହେଉଛି; ଏବଂ ଦର୍ଶକ ଉତ୍‌କଂଠିତ, ଏହାର ପରବର୍ତ୍ତୀ ଘଟଣା ଜାଣିବା ନିମନ୍ତେ। ଅଭିବ୍ୟକ୍ତିରେ ବ୍ୟଞ୍ଜନା ଅତି ଚମତ୍କାର। ଯେମିତି ଶ୍ରମମନ୍ତ୍ରୀଙ୍କୁ ରାଜା (ନେତା) କହୁଛନ୍ତି - "ଅବଶ୍ୟ ଜନଗଣମନର ଭାଗ୍ୟ ବିଧାତା ରୂପେ ଆପଣ ସିଂହାସନ ଗ୍ରହଣ କଲାପରେ ଆପଣଙ୍କ ବନ୍ଧୁ ବାନ୍ଧବ, ଜ୍ଞାତି କୁଟୁମ୍ବ, ପାଖଲୋକ, ଦୂରଲୋକ, ଏପରିକି ମୋ ଭଣଜା, ପୁତୁରା, ଶଳା, ସଢୁ ସମସ୍ତେ ଚାକିରି ପାଇ ଯାଇଛନ୍ତି"।.... କିମ୍ବା "ମୁଁ ରାଜ୍ୟର ସମସ୍ତ ଶ୍ରମିକଙ୍କ ରକ୍ତ ଶୋଷଣ କରି ରାଜଧାନୀରେ ଏକ ବିରାଣ ବ୍ଲଡ୍ ବ୍ୟାଙ୍କ୍ ସ୍ଥାପନ କରିଛି।" ଏ ସବୁ ମଧ୍ୟରେ ଦୁର୍ନୀତିର ଗଭୀରତାକୁ ଦର୍ଶାଉଛନ୍ତି ନାଟ୍ୟକାର। ଶ୍ରମଜିବୀ ମାନଙ୍କ କଙ୍କାଳ ନିର୍ମିତ ହାର (କାଳ୍ପନିକ ବା ଅଦୃଶ୍ୟ)କୁ ଗୋଟିଏ ରୂପକଳ୍ପ ବା ପ୍ରତୀକ ଭାବରେ ଗ୍ରହଣ କରାଯାଇପାରେ। ଏହି କଙ୍କାଳ ନିର୍ମିତ ହାର ପ୍ରତ୍ୟକ୍ଷ ପ୍ରହାର କରିବ ଦର୍ଶକମାନଙ୍କ ଭାବାବେଗକୁ ଏବଂ ଦର୍ଶକ ମଧ୍ୟ ଚାହିଁବେ ଏ ଶାସନର ଲୋପ ନିହାତି ଜରୁରୀ। ଏଣୁ ନାଟ୍ୟକାର ଯେ ନାଟ୍ୟ ସଂଘାତ ସହ ଦର୍ଶକୀୟ ଭାବାବେଗର ଚରମ ନିଷ୍ପତ୍ତି ପ୍ରତି ସଚେତନ, ଏଥିରେ ସନ୍ଦେହ ନାହିଁ। ପଲ୍ଟନ ଯେତେବେଳେ କହୁଛି ଏ ଘଟଣା କେବଳ ମୋର କି ଆପଣମାନଙ୍କର ନୁହେଁ, ବରଂ ଏହା ଆମ ଦେଶର ପ୍ରତ୍ୟେକ ବେକାର ଯୁବକ ମାନଙ୍କର ଘଟଣା, ଏଠି ଆମେ ବ୍ରେଖ୍‌ତଙ୍କ ଏପିକ୍

ନାଟ୍ୟଶୈଳୀର ନାଟ୍ୟ ଘଟଣାରୁ ଦର୍ଶକ ବିଚ୍ଛିନ୍ନ ହେବା ପ୍ରକ୍ରିୟାକୁ ଦେଖିବା ସହ "ବାଦଲ ସରକାର"ଙ୍କ ଥାର୍ଡ ଥିଏଟର୍‌ର ଦର୍ଶକର ନାଟ୍ୟ ଘଟଣା ସହ ସମ୍ପୃକ୍ତ ଅବଶ୍ୟ ଲକ୍ଷ୍ୟ କରିପାରିବା।

ଏହି ଦୁଇଟି ଶୈଳୀକୁ ନାଟ୍ୟକାର ପାଣିଗ୍ରାହୀ ଚମତ୍କାର ଭାବରେ ଏବଂ ଅତି ସହଜଭାବରେ ସଂଯୋଜିତ କରିଛନ୍ତି ନିଜର ନିର୍ଦ୍ଦେଶକୀୟ କୌଶଳରେ।

"ଚାଲ ଆମେ ଆଲୋକ ଖୋଜିବା" ଏକ ନବ୍ୟ ବିଚାରଧାରାର କଥା। ଏ ଆଲୋକ ବୋଧହୁଏ ସଚେତନତାର ଆଲୋକ। ସୁପ୍ତ ଜନତାଙ୍କୁ ସଚେତନ କରିବାର ଆବଶ୍ୟକତା, କିନ୍ତୁ ଆଜିର ଯୁବଶକ୍ତି ଦୁର୍ବଳ। ସେମାନଙ୍କ ମଧ୍ୟରେ ପ୍ରାଣ ସଂଚାର କରୁଛନ୍ତି କ୍ଷେତ୍ରବାସୀ। ଆତ୍ମପ୍ରତ୍ୟୟ ଭରୁଛନ୍ତି। ଗୋଟିଏ ସମ୍ଭାବ୍ୟ ପରିଣତିରେ ଅବଶ୍ୟ ଶେଷ ହେଇଛି ନାଟକ। ଏହା ମଧ୍ୟ ଏପିକ୍ ନାଟ୍ୟଶୈଳୀ। ଏପିକ୍ ନାଟ୍ୟଶୈଳୀରେ ନାଟ୍ୟ ଘଟଣା ରୂପାୟିତ ହୁଏ। ସ୍ଥିରିକୃତ ପରିଣତି ଦର୍ଶାଯାଏନା। ନାଟ୍ୟକାର କୈଳାସ ପାଣିଗ୍ରାହୀଙ୍କ ରଚିତ ଏହି ନାଟକଟି ନିଶ୍ଚିତ ଭାବରେ ସାମାଜିକ ମୂଲ୍ୟବୋଧକୁ ବହନ କରି ସ୍ୱାକ୍ଷରିତ। ସେ' ଯେ ଜଣେ ଅଙ୍ଗୀକାରବଦ୍ଧ ନାଟ୍ୟକାର ଏଥିରେ ଦ୍ୱିମତ ନାହିଁ। 'ଏବଂ ଆସନ୍ନ' ଓଡ଼ିଆ ନାଟ୍ୟ ସାହିତ୍ୟକୁ ସମୃଦ୍ଧ କରିବ, ଏଥିରେ ସନ୍ଦେହ ନାହିଁ।

ଡଃ ସଂଜୟ ହାତୀ
ସହଯୋଗୀ ପ୍ରାଧ୍ୟାପକ
ସୁଶୀଳାବତୀ ସରକାରୀ ମହିଳା ମହାବିଦ୍ୟାଳୟ
ରାଉରକେଲା

ଦୃଶ୍ୟ - ୧

(ନାଟକ ଆରମ୍ଭରେ ମଂଚର ଠିକ୍ କେନ୍ଦ୍ର ସ୍ଥଳରେ ଛ'ଜଣ ଚରିତ୍ର ଶୋଇଛନ୍ତି / ବସିଛନ୍ତି । ପରସ୍ପର ସହିତ ଏମିତି ଛନ୍ଦି ହୋଇଥାନ୍ତି ଯେମିତି ମନେ ହେବ ଗୋଟିଏ ପ୍ରାଣୀ । ଧିରେ ଧିରେ ମଂଚକୁ ଆଲୋକ ପ୍ରବେଶ କରିଛି ।)

ଭିତର ଲୋକ : ଆଜିଠୁ ସହସ୍ର ବର୍ଷ ପୂର୍ବେ ମନୁଷ୍ୟ ନାମକ ଏକ ପ୍ରାଣୀ ପୃଥିବୀର ଅନ୍ୟ ସମସ୍ତ ପ୍ରାଣୀଙ୍କଠାରୁ ନିଜକୁ ଅଲଗା କରି ରଖିଥିଲା । ଏହା ପରେ ଏହି ଋତୁଷ୍ପଦ ପ୍ରାଣୀ ଯେଉଁଦିନ ନିଜ ଆଗ ଗୋଡ଼ ଦୁଇଟିକୁ ଦୁଇ ହାତରେ ରୂପାନ୍ତରିତ କରିବାରେ ସଫଳତା ହାସଲ କଲା - ସେଇଦିନ ତାର ଜୟଯାତ୍ରାର ପ୍ରଥମ ସୋପାନ ଥିଲା । କେବଳ ଦୁଇ ହାତର ବିଶେଷତା ହିଁ ମନୁଷ୍ୟକୁ ପୃଥିବୀର ଅନ୍ୟ ସମସ୍ତ ପ୍ରାଣୀଙ୍କଠାରୁ ଅଲଗା କରିଦେଲା । ମନୁଷ୍ୟ ପୃଥିବୀର ଶ୍ରେଷ୍ଠ ପ୍ରାଣୀ - ଏକମାତ୍ର ଅଧିଶ୍ୱର ରୂପେ ବିବେଚିତ ହେଲା ।

(ଉପରୋକ୍ତ ସଂଳାପ ସହିତ ପରସ୍ପର ଏକ ହେଇ ରହିଥିବା ଏହି ବିଚିତ୍ର ଜୀବ ଗତିଶୀଳ ହେବାକୁ ଲାଗିଲେ । ପ୍ରଥମେ ପରସ୍ପରଠାରୁ ବିଚ୍ଛିନ୍ନ ହେଇ, ଋତୁଷ୍ପଦ ପ୍ରାଣୀ ଭଳି ଦୃଶ୍ୟହେବେ ଏବଂ ତା'ପରେ ବଣମଣିଷରେ ପରିଣତ ହେଇ ପଶୁଭଳି ଆଚରଣ କରିବେ ।)

(ହଠାତ୍ ଆକାଶରେ ଭୀଷଣ ଶବ୍ଦ । ବିଜୁଳୀ ଘଡ଼ଘଡ଼ି ଓ ବର୍ଷା । ପ୍ରଚଣ୍ଡ ଶବ୍ଦ ଶୁଣି ଏମାନେ ଭୟଭୀତ ହେଇ ସଂଜ୍ଞାହୀନ ହେଇ ପଡ଼ିଛନ୍ତି । ସକାଳ ହୋଇଛି । ଆକାଶରେ ଲାଲ୍ ସୂର୍ଯ୍ୟ । ସମ୍ପୂର୍ଣ୍ଣ ପରିବେଶଟି ରକ୍ତିମ ଦେଖାଯାଉଛି ।

ସୂର୍ଯ୍ୟଙ୍କର ଉତ୍ତପ୍ତ ରଶ୍ମି ଏମାନଙ୍କ ଶରୀରରେ ଶକ୍ତି ସଂଚାର କରିଛି। ସେମାନେ ଧିରେ ଧିରେ ଉଠି ଠିଆ ହେବାକୁ ଚେଷ୍ଟା କରିଛନ୍ତି। ନୀରବ ଭାଷାରେ କଥା ହେଉଛନ୍ତି। ଅସହ୍ୟ କ୍ଷୁଧାକୁ ଅନୁଭବ କରିଛନ୍ତି। ଗଛ ଚଢ଼ିଛନ୍ତି ଫଳ ଇତ୍ୟାଦି ଖାଇଛନ୍ତି। ମାଟିରେ ଚାଲୁଥିବା ଛୋଟ ଛୋଟ ପୋକ ଖାଇଛନ୍ତି। ହଠାତ୍ ସେମାନେ ଦୂରରେ ଏକ ବିରାଟ ଶକ୍ତିଶାଳୀ ଜନ୍ତୁ ଦେଖି ସତର୍କ ହେଇଛନ୍ତି। ପ୍ରଥମେ ଭୟ ଏବଂ ତା'ପରେ ସାହସ ସଂଗ୍ରହ କରି ଏକାଠି ମେଳି ବାନ୍ଧି କଙ୍କାଳ ଅସ୍ତ୍ର ଓ ମୁନିଆ ପଥର ସାହାଯ୍ୟରେ ସେଇ ଜନ୍ତୁ ସହିତ ଯୁଦ୍ଧ କରିଛନ୍ତି। ଏବଂ ଶେଷରେ ତାକୁ ମାରି ଦେଇଛନ୍ତି। ବିଜୟର ପ୍ରଥମ ସ୍ୱାଦ ଚାଖିଛନ୍ତି। ସମସ୍ତେ ମିଶି ସେଇ ଜନ୍ତୁଟିର ରକ୍ତ ପିଇ ଯାଇଛନ୍ତି, ପଶୁଭଳି, ପିଶାଚ ଭଳି। ତା'ପରେ ପୈଶାଚିକ ଆନନ୍ଦରେ ମସ୍‌ଗୁଲ ହେଇ ଯାଇଛନ୍ତି। ଜନ୍ତୁଟିକୁ ହିଂସ୍ର ପ୍ରାଣୀଭଳି ଖାଇଛନ୍ତି। ଖାଦ୍ୟ ପାଇଁ ପରସ୍ପର ଭିତରେ ଲଢ଼େଇ। ସେମାନଙ୍କ ଭିତରୁ ଯିଏ ସବୁଠୁ ଶକ୍ତିଶାଳୀ ସିଏ ଅନ୍ୟମାନଙ୍କ ପାଖରୁ ଖାଦ୍ୟ ଛଡ଼େଇ ନେଇ ଏକା ଖାଏ। କ୍ଷୁଧା, ଲୋଭ, ହିଂସା ଓ ଈର୍ଷା ଏମାନଙ୍କୁ ଗ୍ରାସ କରିଛି। ଶକ୍ତିଶାଳୀ ପ୍ରାଣୀଟି ପ୍ରତି ଅନ୍ୟମାନଙ୍କର ହିଂସ୍ରଭାବ ବଢ଼ିଛି। ତା'ପରେ ସମସ୍ତେ ମିଶି ତାକୁ ମାରିଦେଇ ଖୁସିରେ ନାଚିଛନ୍ତି। ଆଲୋକ ଓ ଶବ୍ଦ ମାଧ୍ୟମରେ ସମସ୍ତେ ସିଲହଟ୍ ଭଳି ଦେଖା ଯାଉଛନ୍ତି।

କୋରସ୍ : ଆମେ ସେଇ ମଣିଷ। ପୃଥିବୀର ବିଚିତ୍ର ଜୀବ ମଣିଷ। ଅନେକ ବର୍ଷ, ଅନେକ ମାସ, ଅନେକ ଘଂଟା, ଅନେକ ମୁହୂର୍ତ୍ତ ହେଲା ଆମେ ଏଇଠି ଠିଆ ହେଇଛୁ।

(ବର୍ତ୍ତମାନ ଆଲୋକରେ ପରିବର୍ତ୍ତନ ଆସିଛି। ଚରିତ୍ରମାନେ ଧିରେ ଧିରେ ସ୍ପଷ୍ଟ ହେଲେ। ବର୍ତ୍ତମାନ ଚରିତ୍ରମାନଙ୍କର ନାମକରଣ କରା ଯାଇପାରେ। ପଲ୍ଟନ୍, ରାଜା, ତପନ, ଅବିନାଶ, କ୍ଷେତ୍ରବାସୀ ଓ ଜଗବନ୍ଧୁ।)

ରାଜା : ଗତକାଲି ଆମେ ଯୋଉଠିଥିଲୁ - ଆଜି ବି ସେଇଠି ଅଛୁ।

ତପନ	:	କିଛି ଘଟିଲାନି । କିଛି ପରିବର୍ତ୍ତନ ହେଲାନି ।
ଅବିନାଶ	:	ପ୍ରତି ମୁହୂର୍ତ୍ତରେ ଆମ ଆଖି ଆଗରେ ମାନବିକତାର ହତ୍ୟା ହେଉଛି । ଅପେକ୍ଷା କରିଛୁ ସେଇ ସୁନେଲୀ ସକାଳକୁ ।
ଜଗବନ୍ଧୁ	:	ରାତି ସରୁନି । ସକାଳ ହେଉନି । ଚାରିଆଡ଼େ କେବଳ ଅନ୍ଧାର । ରାସ୍ତା ସବୁ ଅସ୍ପଷ୍ଟ ଦିଶୁଛି ।
କ୍ଷେତ୍ରବାସୀ	:	ଘର ପରିବାରଠାରୁ ଦୂରେଇ ଗଲୁ । ଅସାମାଜିକ ହେଇଗଲୁ ।
ପଲ୍ଟନ୍	:	ଆମର ଲକ୍ଷ୍ୟ କଣ ଜାଣିନୁ । କେବଳ ଚାଲିଛୁ । କୁଆଡ଼େ ଯାଉଛୁ... କାହିଁକି ଯାଉଛୁ... ଜାଣିନୁ ।
ରାଜା	:	କିଏ କହିଦେବ ଆମ ଠିକଣା ? କିଏ ବତେଇଦେବ ଆମର ଲକ୍ଷ୍ୟସ୍ଥଳ । କିଏ ?
ପଲ୍ଟନ୍	:	ଜୀବନ କ'ଣ ଏମିତି ? ଛୁଆବେଳେ ବାପାଙ୍କର ଇଚ୍ଛା ଥିଲା - ମୁଁ ଡାକ୍ତର ହେବି । ଗରୀବ ଲୋକଙ୍କ ସେବା କରିବି । (ଦୀର୍ଘଶ୍ୱାସ) ଭାବିଲେ ସ୍ୱପ୍ନ ଭଳି ଲାଗୁଛି ।
କୋରଶ	:	ସ୍ୱପ୍ନ ଏକ ଚିରନ୍ତନ ସତ୍ୟ । ସ୍ୱପ୍ନ ଦେଖ.... ସ୍ୱପ୍ନ ଦେଖ... ସ୍ୱପ୍ନ ଦେଖ....
		(ଆଲୋକ ଓ ସଂଗୀତରେ ପରିବର୍ତ୍ତନ । ବର୍ତ୍ତମାନ ସମସ୍ତ ଚରିତ୍ର ଛୋଟ ଛୁଆ ଭଳି ଅଭିନୟ କରୁଛନ୍ତି । ଏବେ କ୍ଷେତ୍ରବାସୀ ବାପା ଭୂମିକାରେ ।)
କ୍ଷେତ୍ରବାସୀ	:	ମୁଁ କ୍ଷେତ୍ରବାସୀ ଦାସ । ଗୋଟିଏ ସରକାରୀ ସ୍କୁଲରେ ଶିକ୍ଷକ ଅଛି । ପରିବାର କହିଲେ ଏଇ ଗୋଟିଏ ବୋଲି ପୁଅ । ତା' ମା' ଚାଲିଗଲା ପରେ... ତାକୁ ମା' ବାପ' ଉଭୟଙ୍କର ସ୍ନେହ ଦେଇ ବଢ଼େଇଛି । ତାରି ଉପରେ ମୋର ଆଶା, ବିଶ୍ୱାସ ଆଉ ଭରସା । ଭାବିଛି ପଲ୍ଟୁ ବଡ଼ ହେଲେ ତାକୁ ଡାକ୍ତରଟିଏ କରି ଗଢ଼ିବି । ହେଲେ ଚଗଲାଟା ପଢ଼ାରେ ଆଦୌ ମନ ଦେଲାନି ।
		(ପଲ୍ଟୁ ଓ ଅନ୍ୟମାନେ ଖେଳୁଥାନ୍ତି ।)
		ପଲ୍ଟୁ... ସମୟ ହେଇଗଲାଣି ପରା...! ଆରେ ଏ ପିଲେ ଘରକୁ ଯାଅ... ସ୍କୁଲ ଟାଇମ୍ ହେଇଗଲାଣି ।
		(ସମସ୍ତେ ଚାଲିଯିବାକୁ ବାହାରୁଥିଲେ ।)

ପଲ୍ଟନ୍	:	ବାପା ! ଆମେ ଆଉ ଟିକେ ଖେଳିବୁ...
କ୍ଷେତ୍ରବାସୀ	:	ସ୍କୁଲ ଟାଇମ୍ ହେଇଗଲାଣି । ଚାଲ ବାହାରିପଡ଼.... ପଲ୍ଟୁକୁ ଛାଡ଼ି ଅନ୍ୟମାନେ ଚାଲିଗଲେ ।
ପଲ୍ଟୁ	:	ମୁଁ ଆଜି ସ୍କୁଲ ଯିବିନି ।
କ୍ଷେତ୍ର	:	କାହିଁକି ?
ପଲ୍ଟୁ	:	ଗୁରୁଜୀ କିଛି ପଢ଼ଉନାହାନ୍ତି । ଖାଲି ବେତରେ ମାରୁଛନ୍ତି ।
କ୍ଷେତ୍ର	:	ପାଠ ନ ପଢ଼ିଲେ ସାର୍ ମାରିବେନି ? ଭଲ ପଢ଼ିଲେ ସାର୍ ତମକୁ ଭଲ ପାଇବେ ।
ପଲ୍ଟୁ	:	ମୁଁ କେବେ ବଡ଼ ହେବି ବାପା ?
କ୍ଷେତ୍ର	:	ଭଲ ପଢ଼ିଲେ ଶୀଘ୍ର ଶୀଘ୍ର ବଡ଼ ହେଇଯିବ । ହୋଇବ ଯେବେ ଭଲ ଚାଟ...
ପଲ୍ଟୁ	:	ମନ ଲଗାଇ ପଢ଼ ପାଠ.... । (ହସିଛି) (ଯା ଭିତରେ ସ୍କୁଲ ଘଂଟି ବାଜିଛି । ଆଲୁଅ ଝାପ୍‌ସା ହେଇ ପୁଣି ଆଲୋକିତ ହେଲାବେଳକୁ ତାହା ଏକ ବିଦ୍ୟାଳୟରେ ପରିଣତ ହେଇଛି । ସବୁ ପିଲା ଖେଳ କୌତୁକରେ ମାତିଛନ୍ତି । ଅବିନାଶ ଗାଁ ବିଦ୍ୟାଳୟର ଶିକ୍ଷକ ଭୂମିକାରେ ଅଭିନୟ କରିବ । କ୍ଷେତ୍ରବାସୀ ସ୍କୁଲ ଘଂଟା ବଜେଇ ନିଜେ ଛାତ୍ର ଭୂମିକାରେ ଅଭିନୟ କରିବ । ଶିକ୍ଷକ ଅବିନାଶ ବୟସ୍କ ଓ ପାନ ଖାଆନ୍ତି ।)
କୋରଣ	:	ଗୁରୁଜୀ ପ୍ରଣାମ !
ଅବିନାଶ	:	ପ୍ରଣାମ । କିରେ ଆଜି କଣ ଏତେ କମ୍ ପିଲା ଆସିଛନ୍ତି ? ଅନ୍ୟମାନେ ସବୁ ଗଲେ କୁଆଡ଼େ ?
ପଲ୍ଟୁ	:	କେହି ଆସିନାହାନ୍ତି ଗୁରୁଜୀ । ସମସ୍ତେ ମେଳା ଦେଖି ଯାଇଛନ୍ତି ।
ଅବିନାଶ	:	ମେଳା ? (ପାନଖିଲ ପାଟିରେ ଜାକି) ଆଚ୍ଛା କାଲି ଆସନ୍ତୁ, ତାଙ୍କ ପିଠିରୁ ମୁଁ ଲୋଳା ବାହାର କରିଦେବି । ଚାଲରେ ପିଲେ ପ୍ରାର୍ଥନାଟା ଆଗ ସାରିଦିଅ । (ସମସ୍ତେ ଆଣ୍ଠେଇ ପଡ଼ି ହାତଯୋଡ଼ି, ଆଖି ବୁଜି 'ହେ ଆନନ୍ଦମୟ କୋଟି ଭୁବନ ପାଳକ' ପ୍ରାର୍ଥନାଟି ଗାଇଛନ୍ତି ।)

ଅବିନାଶ	:	ହୁଁ ... ଗଲା ଶ୍ରେଣୀରେ ମୁଁ କ'ଣ ପଢ଼େଇଥିଲି ?
କୋରଣ	:	ଗୁରୁଜୀ ଭାରତବର୍ଷ....
ଅବିନାଶ	:	ହଁ, ଭାରତବର୍ଷ। ଆମେ ସେହି ଦେଶର ଅଧିବାସୀ, ଯୋଉଠି ମହାତ୍ମାଗାନ୍ଧୀ, ଗୋପବନ୍ଧୁ, ଜଗବନ୍ଧୁ, ଦୀନବନ୍ଧୁ, ଏମିତି କେତେକେତେ ବନ୍ଧୁ ମହାପୁରୁଷ ମାନେ ଜନ୍ମ ଗ୍ରହଣ କରିଛନ୍ତି।
ତପନ	:	ଗୁରୁଜୀ... ମହାପୁରୁଷ ମାନେ କଅଣ ?
ଅବିନାଶ	:	ମହାପୁରୁଷ ମାନେ... ଏକ ବିରାଟ ପୁରୁଷ। ଏକ ମହାନ୍ ପୁରୁଷ। ଯେମିତି ମୁଁ ଏକ ମହାପୁରୁଷ। ବୁଝିହେଲା ? ସେଇ "ସୁଜଳା ସୁଫଳା ଶସ୍ୟ ଶ୍ୟାମଳା" ଦେଶର ପ୍ରତ୍ୟେକ ବୃକ୍ଷ ଡାଳରେ ସୁନାର ଚଢ଼େଇ ବାସ କରେ। ତାର ପ୍ରତ୍ୟେକ ନଦୀରେ ଦୁଗ୍ଧର ଗଙ୍ଗା ବହିଯାଏ... ତାର ପ୍ରତ୍ୟେକ...
ଜଗବନ୍ଧୁ	:	ଗୁରୁଜୀ, ଆମ ସାଇର ନଟିଆ ବାପା ନାଁ ଦୁଧ କିଲୋ ୪୫ଟଙ୍କା ନେଉଛି।
ଅବିନାଶ	:	ଆଉ କ'ଣ ମାହାଳିଆ ଦେଇଥାନ୍ତା ! ହ୍ୟାପ୍ ମୂର୍ଖଟେ... ହାଁ.. କୋଉଠି ରହିଲା ?
କୋରଣ୍	:	ଗୁରୁଜୀ, ଭାରତବର୍ଷ।
ଅବିନାଶ	:	ହଁ.. ଭାରତବର୍ଷ ଏକ ପବିତ୍ର ଦେଶ। ଯୋଉଠି କେତେ କେତେ ତପସ୍ୱୀ ଆଜିବି ଗୋଟିଏ ଗୋଡ଼ରେ ଠିଆ ହେଇ ତପସ୍ୟା ଜାରି ରଖିଛନ୍ତି।
କ୍ଷେତ୍ର	:	ଗୁରୁଜୀ... ତପସ୍ୱୀ ମାନେ କେଉଁଠି ରହନ୍ତି ?
ତପନ	:	ଗୁରୁଜୀ ତପସ୍ୱୀ ମାନେ କ'ଣ ବାବାଜୀ ମହାପୁରୁ ?
ଅବିନାଶ	:	ବାବାଜୀ ମହାପୁରୁ.... ! ତମ ଘର କୋଉଠି ? ଦକ୍ଷିଣ ?
ତପନ	:	(ନୀରବ ରହିଛି)
ପଲ୍ଟନ୍	:	ଗୁରୁଜୀ... ! ଆମ ଦେଶରେ ଭାରତବର୍ଷ କୋଉଠି ଅଛି ?
ଅବିନାଶ	:	ଅଛି। ଚୁପ୍‌ଚାପ୍ ବସିଯା....
କ୍ଷେତ୍ର	:	କୋଉଠି ଅଛି ଗୁରୁଜୀ ?
ଅବିନାଶ	:	କହିବି.... କହିବି... ଏତେ ଉଚ୍ଛନ୍ନ କିଆଁ ହଉଛୁ ? ହଁ... ମୁଁ କୋଉଠି ଥିଲି ?

ଜଗବନ୍ଧୁ	:	ଆପଣ ଆମ ଇସ୍କୁଲରେ ଅଛନ୍ତି ।
ଅବିନାଶ	:	ଓହୋଃ... ମୁଁ କୋଉଠି ପଢ଼ଉଥିଲି ?
କୋରଣ	:	ଭାରତବର୍ଷ ।
ଅବିନାଶ	:	ହଁ... ଆମ ଭାରତବର୍ଷର ଗୁଣ.. ମହିମା.... ସଂସ୍କୃତି ଅତି ପ୍ରାଚୀନ ।
ତପନ	:	ଗୁରୁଜୀ ଆମେ ଭାରତବର୍ଷକୁ ଦେଖିପାରୁନୁ । ସିଏ କୋଉଠି ଅଛି ?
ଅବିନାଶ	:	ପୂର୍ବ, ପଶ୍ଚିମ, ଉତ୍ତର, ଦକ୍ଷିଣ ସବୁଠି ଅଛି । ତେବେ ଯୋଉଠି ବି ଅଛି ଖୁବ୍ ଭଲରେ ଅଛି । ତୋର କ'ଣ ଭାସିଗଲା ? ସତେ ଯେମିତି ସେଇଠି ରହିବାକୁ ଯିବ । ହୁଁଃ... ମୂର୍ଖଟେ ! ତ... ଭାରତବର୍ଷ ଆମ ଓଡ଼ିଶା ଭଳି ଏକ ମହାନ୍ ଦେଶ । ଯାହାର ମେରୁଦଣ୍ଡ ହେଉଛ ତମେମାନେ ।
କ୍ଷେତ୍ର	:	ଗୁରୁଜୀ ଆପଣ କୋଉଦଣ୍ଡ ?
ଅବିନାଶ	:	ମନା କରିଥିଲି... ଅଧିକା ପ୍ରଶ୍ନ ପଚାରିବନି ।
ରାମ	:	ଗୁରୁଜୀ । ଆମେ ମେଳା ଦେଖିବାକୁ ଯିବୁ ?
ଜଗବନ୍ଧୁ	:	ଗୁରୁଜୀ ! ମୁଁ ସଉଦା ଆଣିବାକୁ ଯିବି । ନହେଲେ ମୋ ବା' ମାରିବ ।
ତପନ	:	ଆଜି ମଣ୍ଡପକୁ ନେତା ଆସି ଭାଷଣ ଦେବେ । ବିସ୍କୁଟ୍ ଖାଇବାକୁ ମିଳିବ ।
ଅବିନାଶ	:	ସମସ୍ତେ ତ ଚାଲିଯିବ, ମୁଁ କ'ଣ ଏଠି ବସି ଘଂଟ ବାଡ଼େଇବି ? ମୋର କଣ କିଛି କାମ ନାହିଁ ? ଯାଅ - ଆଜିପାଇଁ ସ୍କୁଲ ଛୁଟି । ଆରେ ନବଘନ... (ଭିତରକୁ ଚାହିଁ) ଘଂଟା ବଜାରେ....

(ସ୍କୁଲ ଘଂଟା ବାଜିଛି । ପିଲାମାନେ ପାଟିତୁଣ୍ଡ କରି ଖୁସିରେ ଯିବାକୁ ବାହାରିଛନ୍ତି । ସମସ୍ତେ "ଚକାଚକା ଭଉଁରୀ" କହି ଯୋଉ ଅଂଚଳରେ ପହଂଚିଲେ, ସେଇଠି ଆଲୋକ ତୀବ୍ର ହେଇଛି । ବର୍ତ୍ତମାନ ସେଇ ଇଲାକାଟି ମହାବିଦ୍ୟାଳୟରେ ପରିଣତ ହୋଇଛି । ରାଜା ଅଧ୍ୟାପକ ଭୂମିକାରେ ଓ ଅନ୍ୟମାନେ College Students ।)

ରାଜା	:	(ହାତରେ Register ଓ Pen ଧରି) Roll 32
ତପନ	:	Yes Sir !
ରାଜା	:	33
ଅବିନାଶ	:	Yes Sir !
ରାଜା	:	34
ପଲ୍ଟନ	:	Yes Sir !
ରାଜା	:	35
ଜଗବନ୍ଧୁ	:	Yes Sir !
ରାଜା	:	36, 37, 38... ସମସ୍ତେ absent. hopeless... ଏଥିରେ Class ଚାଲିବ କେମିତି ?
କ୍ଷେତ୍ର	:	Sir attendance short ହେଲେ ତ Exam ଦେଇ ପାରିବେନି ।
ତପନ	:	Election ରେ Contest ବି କରିପାରିବନି ।
ପଲ୍ଟନ	:	Sir, କାଲି ଆପଣ absent ଥିଲେ । ଆମର exam ପାଖେଇ ଆସିଲାଣି । ଏ ଯାଏଁ ଆମର course ବି ସରିନି, ଆମେ ପଢ଼ିବୁ କେବେ Sir ?
ରାଜା	:	Course ସରିନି ତ କୋଉ ନୂଆ କଥା ହେଇଛି ? ଏଇଟା ସ୍କୁଲ ନୁହଁ କଲେଜ । ଏଠି ଆମମାନଙ୍କ ପାଖରେ ସମୟ ନାହିଁ । ତମେମାନେ ଆମ Silver Coaching Centreରେ ଜଏନ୍ କରୁନା କାହିଁକି ?
ଅବିନାଶ	:	Coaching ନେବାପାଇଁ ସମସ୍ତେ afford କରି ପାରିବେନି ସାର୍ ।
ତପନ	:	ଆପଣ ଆଜି ନୋଟ୍ ଡାକିବି କହିଥିଲେ ।
ରାଜା	:	ଆଜି ? Sorry boys ମୋର ଆଜି ମାଡାମ୍‌ଙ୍କୁ ନେଇ ଟିକେ ହସ୍‌ପିଟାଲ୍ ଯିବାକୁ ହବ । ପ୍ରୋଫେସର ତ୍ରିପାଠୀଙ୍କୁ କହି ଦେଇଛି - ସିଏ କ୍ଲାସ୍‌ଟା ନେଇଯିବେ । ମୁଁ ଆସୁଛି । (ରାଜା ବାହାରିଯିବା ସମୟରେ ସ୍ୱାଭାବିକ ଆଲୁଅ ମଂଚକୁ ଆସିଛି ।)

ରାଜା	:	ସ୍କୁଲ ପରେ କଲେଜ୍ ଡିଗ୍ରୀ... ଆଉ ଶେଷରେ ବେକାର..।
ଅବିନାଶ	:	ଚାରିଆଡ଼େ ନୋ ଭେକେନ୍‌ସି ର ପୋଷ୍ଟର। ବେକାରୀ ବିରୁଦ୍ଧରେ ସ୍ଲୋଗାନ ଦିଅ, ତମେ ହେବ କମ୍ୟୁନିଷ୍ଟ, ବାମପନ୍ଥୀ ଚିନ୍ତାଧାରା।
ତପନ	:	ଅଥଚ ରାତିର ଅନ୍ଧକାର ଭିତରେ ଯେଉଁମାନେ ମୁଖାପିନ୍ଧି ଦେଶଟାକୁ ଲୁଣ୍ଠନ କରୁଛନ୍ତି, ସେମାନେ ଭଦ୍ର। ଏ ଦେଶର ବଡ଼ପଣ୍ଡା।
ପଲ୍ଟନ	:	ଏଇ ମୁଖାପିନ୍ଧା ମଣିଷମାନେ ହିଁ ଆମକୁ ପାନଖାଇ ଶିଠା ଫୋପାଡ଼ିଲା ଭଳି ନର୍ଦ୍ଦମାକୁ ଫୋପାଡ଼ିଦେଲେ।
ଜଗବନ୍ଧୁ	:	ଆମେ ସେଇ ନର୍ଦ୍ଦମା ଭିତରେ କେବଳ ସଢୁଛୁ... ଛଟପଟ ହେଉଛୁ।
ରାଜା	:	କେତେଦିନ ? କେତେଦିନ ଆମେ ଏମିତି ନିଜ ଛାତିରେ ବାରମ୍ବାର ଛୁରୀ ଚଳେଇ ବଂଚିରହିବା ?
କ୍ଷେତ୍ରବାସୀ	:	କେବଳ ହତ୍ୟା। ଆଜି ଯଦି ସେ ଦଲାଲ୍ ନ ମାନିଲା.. ତାକୁ...
ପଲ୍ଟନ	:	ସିଏ କୋଉଠି ଲୁଚିଛି କିଏ ଜାଣିଛ ?
ତପନ	:	କୋଉଠି ?
ପଲ୍ଟନ	:	ଓଭରବ୍ରିଜ୍ ତଳେ।
ରାଜା	:	ତା'ହେଲେ ଆଉ ଡେରି କାହିଁକି ? ଯାହାପାଇଁ ଆମକୁ ପୋଲିସ୍ ବାନ୍ଧି ନେଇଥିଲା, ତାକୁ ଏତେ ସହଜରେ ଛାଡ଼ିଦେବା ?
ଜଗବନ୍ଧୁ	:	No... Never... ଚାଲ - (ପୋଲିସ୍ ସାଇରନ୍ ଶୁଭିଛି। ସମସ୍ତେ ଦୌଡ଼ିବା ଆରମ୍ଭ କରିଛନ୍ତି। ପୋଲିସ୍‌ର ଯୋତା ଶବ୍ଦ ପାଖେଇ ଆସିଛି। ଝାପ୍‌ସା ଆଲୁଅ ଭିତରେ ଏମାନେ ଦୌଡ଼ି ଦୌଡ଼ି ଯାଇ ଯୋଉଠି ଅଟକିଗଲେ, ସେଇଟା ଗୋଟାଏ ଓଭରବ୍ରିଜ ତଳ। ସେଇଠି ତପନକୁ ସମସ୍ତେ ଘେରି ଯାଇଛନ୍ତି ଆଉ ମାରିଛନ୍ତି।)
ତପନ	:	ମତେ ମାରନି ପଲ୍ଟନ। ପ୍ଲିଜ୍.... ମୁଁ ସତ କହୁଛି ଭାଇ ମୁଁ କିଛି ଜାଣିନି।

ପଲ୍ଟନ : ଶଳା... ଭାବିଛୁ କେହି ଜାଣିପାରିବେନି ? କହ ସେ ମାରପିଟ୍ ବିଷୟରେ ପୋଲିସ୍‌କୁ କିଏ ଖବର ଦେଲା ?

ତପନ : ଜଗନ୍ନାଥ ରାଣ ଭାଇ, ପୋଲିସ୍‌କୁ ମୁଁ କହିନି ।

ରାଜା : ତୁ କହିନୁ ତ କିଏ କହିଲା ? ଜଗା ସାମନ୍ତର ଦଲାଲ୍ । (ମାରିଛି)

ତପନ : ମୁଁ ଜଗା ସାମନ୍ତର ଦଲାଲ୍ ନୁହଁ ।

ଅବିନାଶ : ଆଉ କାହାର ଦଲାଲ୍... ପୋଲିସ୍‌ର ନାଁ ମନ୍ତ୍ରୀର ?

ଜଗବନ୍ଧୁ : ଆମ ସାଙ୍ଗରେ ରହିବୁ... ଆଉ ଆମ ପଛରେ ଛୁରୀ ମାରିବୁ ?

ତପନ : ଶୁଣ... ଜଗାଭାଇ ବହୁତ ଭଲଲୋକ । କେବେ କେବେ ମୁଁ ତାଙ୍କ ଘରକୁ ଯାଏ ।

ପଲ୍ଟନ : ତା' ଘରକୁ ଯାଉଛୁ କାହିଁକି ? ତା' ପାଇଖାନା ସଫା କରିବାକୁ ?

ରାଜା : ଶୁଣ୍, ସତକଥା କହିଦେ, ଆମେ ଛାଡ଼ିଦେବୁ । ନ ହେଲେ କୋଉ ଜଗା ସାମନ୍ତ ତୋ' ପିଠିରେ ପଡ଼ିବନି ।

ଅବିନାଶ : ତାକୁ କହିଦେ... ଏ ଖୁଚୁରା ରାଜନୀତି ବନ୍ଦ କରୁ । ନ ହେଲେ ଆମକୁ ବି ରାଜନୀତି କରି ଆସେ ।

କ୍ଷେତ୍ରବାସୀ : ଜଗା ସାମନ୍ତକୁ ତୁ ଭଲ ଲୋକ କହୁଛୁ ? ପଲ୍‌ଟୁର ବାପା ତା ପାଖକୁ ଯାଇଥିଲେ । ରିଟାୟାର୍ଡ ପରେ ଚାକିରିରେ ଆଉ ଦୁଇବର୍ଷ extenstion ପାଇଁ ତାକୁ ବହୁତ request କରିଥିଲେ ।

ପଲ୍ଟନ : ହେଲେ ସେ ମାଦାର ଇଣ୍ଡିଆ ମୋ ବାପାଙ୍କୁ ଦୂର୍ ଦୂର୍ କରି ତା ଚାମ୍ବରରୁ ବାହାର କରିଦେଲା ।

ରାଜା : ତୁ ସେଇଠି ଥିଲୁ ନାଁ... ଶଳା ସବୁ ଦେଖିଛୁ । କହ ତାରି କଥାରେ ପଡ଼ି ତୁ ପୋଲିସ୍‌ରେ ଖବର ଦେଇଥିଲୁ ନାଁ.. ?

ତପନ : ନାଁ ... ମୁଁ ସତ କହୁଛି, ମୁଁ ପୋଲିସ୍‌ରେ ଖବର ଦେଇନି ।

ଅବିନାଶ : ନେତାମାନଙ୍କ ଚାମ୍‌ଚାଗିରି କରିବା ତୁ ଠିକ୍ ଜାଣିଛୁ ।

ତପନ : (ବିକଳ ହେଇ) ମତେ ଛାଡ଼ିଦିଅ । ପଲ୍ଟୁ... ତୋ' ଗୋଡ଼ଧରୁଛି, ଭାଇ ମତେ ଛାଡ଼ିଦେ.... ।

ପଲ୍ଟନ : କ'ଣ ପୋଲିସ୍‌ରେ ଯାଇ ଖବରଦେବାକୁ ଛାଡ଼ିଦେବି ? (ମାରିଛି)

ତପନ : ଜଗନ୍ନାଥ ରାଣ ପକେଇ କହୁଛି ଭାଇ....

ଜଗବନ୍ଧୁ : ଚୋପ୍ ! ଜଗନ୍ନାଥ କ'ଣ ତୋ ବାଡ଼ିତଳ ରଇତ ?

(ସମସ୍ତେ ମିଶି ତପନକୁ ମାରିଛନ୍ତି । ପୋଲିସ୍‌ର ସାଇରନ୍ ଶୁଭିଛି । ହୁଇସିଲ୍ ଶବ୍ଦ ଶୁଭିବା ସହିତ ପୋଲିସ୍ ବୁଟ୍ ଶବ୍ଦ ପାଖେଇଛି । ଏବେ ତପନକୁ ମାରି ଘୋଷାରି ନେଇ ଯାଇଛନ୍ତି । ପଲ୍ଟନ ଏକୁଟିଆ ଠିଆ ହୋଇଥାଏ ।)

(ଏକୁଟିଆ ଦର୍ଶକଙ୍କୁ ଚାହିଁଥାଏ । ବର୍ତ୍ତମାନ ମଂଚର ସମସ୍ତ ଅଂଶ ଅନ୍ଧକାର । କେବଳ ପଲ୍ଟନ ଉପରେ ଆଲୋକ ।)

ପଲ୍ଟନ : ମୁଁ ପଲ୍ଟନ ଦାସ । ସମାଜ ଆଖିରେ ଆଜି ମୁଁ ଅସାମାଜିକ । ଗୁଣ୍ଡା । ପାପ କ'ଣ, ପୁଣ୍ୟ କ'ଣ, ମୁଁ ବୁଝେନା । ପାରିବାରିକ ବନ୍ଧନରେ ଯୋଉ ଦଉଡ଼ିଟା ମୋ ବେକରେ ବାନ୍ଧି ମତେ ନୀତିଶିକ୍ଷା ଦେଇ କହୁଥିଲେ ଏଇଟା ଭଲ, ସେଇଟା ଖରାପ, ଏଇଟା କର, ସେଇଟା କରନା, ହୁଁ... ଆଜି ମୁଁ ସବୁ ଦଉଡ଼ି କାଟି ଦେଇଛି । ଏବେ ମୁଁ ଚାରିଦଉଡ଼ି କଟା - ପଲ୍ଟନ ଦାସ । ଆଜି ମୋର ଘର ନାହିଁ, କୌଣସି ବନ୍ଧନ ନାହିଁ । କିନ୍ତୁ ସେ ସମୟ ଗୁଡ଼ାକ... ସେ ମୁହୂର୍ତ୍ତଗୁଡ଼ାକ... ଯେତେ ଚେଷ୍ଟା କଲେ ବି ମନ ଭିତରୁ ଯାଉନି... ମନେ ପଡୁଛି ।

ଆଖିରେ ଲୁହ । କଣ୍ଠ ବାଷ୍ପରୁଦ୍ଧ ହେଇଯାଉଛି । ଆଲୋକ ଝାପ୍‌ସା ହେଇ ପୁଣି ତୀବ୍ର ହେଲା ବେଳକୁ ବାପା କ୍ଷେତ୍ରବାସୀଙ୍କ ଚିତ୍‌କାର ଶୁଭିଲା । ବର୍ତ୍ତମାନ ମଂଚରେ କେବଳ ପଲ୍ଟନ ଓ କ୍ଷେତ୍ରବାସୀ ।

କ୍ଷେତ୍ରବାସୀ / ବାପା : (ଚିତ୍କାର କରି) ମୁଁ ତତେ ଆଉ ପଢ଼ାଖର୍ଚ୍ଚ ଦେଇପାରିବିନି । ନିଜେ ରୋଜଗାର କରି ପାଠ ପଢ଼ । ନ ହେଲେ ଛାଡ଼ିଦେ ।

ପଲ୍ଟନ : ପଢ଼ା ଛାଡ଼ିଦେବି... ଏ କଥା ତମେ କହୁଛ ବାପା ?

ବାପା : ହଁ...ହଁ...ମୁଁ କହୁଛି । ରିଟାୟାର୍ଡ ହେଇ ମୁଁ ଛ'ମାସ ହେଇଗଲାଣି । ଯାହାଥିଲା ଏଯାଏଁ ଚଳିଗଲା । ଏଣିକି....

ପଲ୍ଟନ ଏଣିକି କ'ଣ ? ଆଉ ତିନିମାସ ପରେ ମୋର ଫାଇନାଲ୍ ଏକ୍‌ଜାମ । ଆଉ ତମେ କହୁଛ ମୁଁ ପଢ଼ା ଛାଡ଼ିଦେବି ! ମୋ' ଭବିଷ୍ୟତ କ'ଣ ହେବ ?

ବାପା : ବସ୍ତା ବାନ୍ଧି ରଖିଦେ, ତୋ ପାଠ ପଢ଼ାକୁ । ଆଜିକାଲି ପାଠର ମୂଲ୍ୟ କିଛି ନାହିଁ । ଯାଇ ଦେଖ୍ କେତେ ଏମ୍.ଏ., ବି.ଏ. ଇଂଜିନିୟରିଂ ପିଲା ମାଳମାଳ ହେଇ ବୁଲୁଛନ୍ତି । ତା'ଠୁ ଭଲ ଗୋଟେ ଚା' ଦୋକାନ କି ପାନଦୋକାନ କର । ଦି'ପଇସା ଘରକୁ ଆସିବ । ନିଜେ ବଂଚିଯିବୁ ।

ପଲ୍ଟନ : ପିଲାବେଳେ ତମେ ପରା ମୋର ଡାକ୍ତର ହେବା ସ୍ୱପ୍ନ ଦେଖୁଥିଲ ! ଆଜି ମତେ ପାନ ଦୋକାନ କରିବାକୁ କହୁଛ !

ବାପା : କହିବାକୁ ବାଧ ହେଉଛି । ମୋର ସ୍ୱପ୍ନ ସବୁ ମରିଗଲା ।

ପଲ୍ଟନ : ଏଇଟା କ'ଣ ତମର ଶେଷ ନିଷ୍ପତ୍ତି ?

ବାପା : ହଁ....

ପଲ୍ଟନ : ଠିକ୍ ଅଛି । ମୋର ବି ଶେଷ ନିଷ୍ପତ୍ତି ଶୁଣିନିଅ ବାପା, – ମୁଁ ପରୀକ୍ଷା ଦେବି । ପଇସା ପାଇଁ କୋଉଠି କୁଲିକାମ କରିବି ପଛକେ ତମ ଆଗରେ ଆଉ ହାତ ପାତିବିନି ।

ବାପା : ଆଉ ଏଠି ଖାଇବାଖର୍ଚ୍ଚ କଣ ତୋ ଶଶୁର ଦେବ ? ତୋ ଭଳି ଗୋଟେ ଚାରିଦଉଡ଼ି କଟାକୁ ମୁଁ ଘରେ ବସି ଖାଇବାକୁ ଦେଇପାରିବିନି ।

ପଲ୍ଟନ : (ଆଘାତ ପାଇ) ବାପା !

ବାପା : ଶୁଣ୍ ପଲ୍ଟୁ... ତୋରି କଥା ଚିନ୍ତା କରିକରି ମୁଁ ରାତିରେ ଭଲରେ ଶୋଇ ପାରୁନି । ଏଇ ବୟସରେ ମତେ କ'ଣ ଶାନ୍ତିରେ ମରିବାକୁ ବି ଦେବୁନି ?

ପଲ୍ଟନ : ମୋର ପରୀକ୍ଷା ଦେବା ସାଙ୍ଗରେ ୟାର କ'ଣ ସମ୍ପର୍କ ?

ବାପା : ସମ୍ପର୍କ ଅଛି.. ଘର କେମିତି ଚଲୁଛି, କେବେ ପଚାରି ବୁଝିଛୁ ?

ପଲ୍ଟନ : ଆବଶ୍ୟକ ପଡ଼ିନି ।

ବାପା : ବାପା ତୋର ରିଟାୟାର୍ଡ କଲାଣି, ନିଜେ ରୋଷେଇ କରି ତତେ ଖାଇବାକୁ ଦେଉଛି । ଘର ଖର୍ଚ୍ଚ, ମୋର ଔଷଧ ଖର୍ଚ୍ଚ, କୋଉଠୁ ଆସୁଛି... ଜାଣିବା ତୋର ଆବଶ୍ୟକ ପଡ଼ିନି ?

ପଲ୍ଟନ : ଆଉ ଅଳ୍ପଦିନ ବାପା । ମୁଁ ଚାକିରି କରିଗଲେ ସବୁ ସମସ୍ୟାର ସମାଧାନ ହେଇଯିବ ।

ବାପା : କେବେ ? କେବେ ତୁ ଚାକିରି ପାଇବୁ, କେବେ ଏ ଘରର

ଦୁଃଖ ଦୂର ହେବ... କେବେ ?

ପଲ୍ଟନ : ତମେ ଦିନେ କହୁଥିଲ, ମୁଁ ଡାକ୍ତର ହେଇ ଗରିବ ଲୋକଙ୍କ ସେବା କରିବି।

ବାପା : ତୁ ଗୋଟେ ଡାକ୍ତର ହେବୁ.. ଏ ସବୁ କଥା ମନେ ରଖିପାରିଲୁ, ଅଥଚ ମୁଁ ଶିଖେଇଥିବା, ସତ୍ୟ, ନ୍ୟାୟ, ଆଦର୍ଶ... ! ସବୁ ଭୁଲିଗଲୁ ?

ପଲ୍ଟନ : ହୁଁଃ.. ସତ୍ୟ... ନ୍ୟାୟ.... ଆଦର୍ଶ ! ହାତଗୋଡ଼ ବାନ୍ଧି ମଣିଷକୁ ଘୁଷୁରି କରିବା ପାଇଁ ଏଗୁଡ଼ା ସବୁ ଗୋଟେ ଗୋଟେ ପଘା। ଏଥିରେ କିଛି ଘଟେନା। ଆଦର୍ଶକୁ ନେଇ ବଂଚି ହୁଏନା ବାପା।

ବାପା : ଆଦର୍ଶକୁ ନେଇ ମୁଁ ତ ବଂଚିଛି। ମୁଁ କ'ଣ ମରିଯାଇଛି ? ଠିକ୍ ଅଛି, ମୋର ଆଦର୍ଶକୁ ପାଦରେ ଆଡ଼େଇ ଯଦି ତୁ ନିଜ ଇଚ୍ଛାରେ ବଂଚିବାକୁ ଚାହୁଁଛୁ, ତା'ହେଲେ ମୋ ଘରେ ରହିବା କ'ଣ ଦର୍କାର ? ଯା... ଅନ୍ୟ କୋଉଠି ରହିବା ବନ୍ଦୋବସ୍ତ କର। ଯା... ଚାଲିଯା...।

ପଲ୍ଟନ : ତମଭଳି ଗୋଟେ ମାନସିକ ରୋଗୀ ଆଉ ଦୁର୍ବଳ ବାପା ପାଖରୁ ଆଉ କ'ଣ ଆଶା କରାଯାଇପାରେ !

ବାପା : କ'ଣ କହିଲୁ ? (ଚାପୁଡ଼ାଏ ମାରିଛନ୍ତି)
(ଏକ ଦ୍ରୁତଗାମୀ ଟ୍ରେନ୍ ଯିବାର ଶବ୍ଦ ଭିତରେ ଅନ୍ଧାର ।)
(ଦୃଶ୍ୟ ପରିବର୍ତ୍ତନ। ରାଇଜର ଉପରେ ତପନ, ରାଜା ଅବିନାଶ ଗାନ୍ଧୀଙ୍କ ତିନି ମାଙ୍କଡ଼ ଭଳି କାନ, ଆଖି ଓ ପାଟି ବନ୍ଦ କରି ବସିଛନ୍ତି। ଆଲୋକ ସେମାନଙ୍କ ଉପରେ ପଡ଼ିଛି।)

ତପନ : ଭାଇ, ଆମେ ଏମିତି ଏକ ଅଜବ୍ ଦେଶରେ ଜନ୍ମ ନେଇଛନ୍ତି, ଯେଉଁଠି ଦିନରେ ଚୋରୀ, ରାତିରେ ଚୋରୀ, ଦିନ ଦ୍ୱିପହରେ ବି ଚୋରୀ।

ଅବିନାଶ : ନାଇଁ ଭାଇ ଶୁଦ୍ଧ ଭାଷାରେ କୁହ। ସମୁଦ୍ର ଏବଂ ପର୍ବତ ପରିବେଷ୍ଟିତ ଏକ ତସ୍କର ଅଧିକୃତ ଉପମହାଦେଶର ଆମେ ନାଗରିକ।

ରାଜା : (ମଝିରେ ବସିଥାଏ) estop ! estop ! !

ତପନ : କ'ଣ ହେଲା ଭାଇ - ମଝିରେ କାହିଁକି ବ୍ରେକ୍ ମାରିଲ ?

ରାଜା : (ଜଣେ ସାଧୁଭଳି ସ୍ମିତହାସ୍ୟ ମୁହଁରେ ଧରି ଠିଆହୋଇଛି) ବତ୍ସଗଣ !
(ଅନ୍ୟମାନେ ଭକ୍ତଭଳି ଅଭିନୟ କରିବେ।)
ଭକ୍ତଗଣ ! ଚୋର, ତସ୍କରଙ୍କ ଭଳି ବ୍ୟବହାର ତୁମଭଳି ଉଚ୍ଚ ଶିକ୍ଷିତ ମାନଙ୍କୁ ଶୋଭା ପାଉନି । ତୁମ୍ଭେମାନେ ବର୍ତ୍ତମାନ ମହାନ୍ ସାଧୁ ବାବା ପ୍ରେମାନନ୍ଦଙ୍କ ଆଶ୍ରମରେ ପ୍ରବେଶ କରି ସାରିଛ ।

ଅବିନାଶ : (ପରମଶିଷ୍ୟ ଭଳି) ଆହା... ବାବାଙ୍କ ପ୍ରବଚନ ଅତି ଚମତ୍କାର । ଆପଣଙ୍କ ପ୍ରବଚନ ଏଥର ପ୍ରତ୍ୟେକ ଟିଭି ଚ୍ୟାନେଲରେ ସକାଳୁ ପ୍ରସାରିତ ହେବ ବାବା !

ରାଜା : ବତ୍ସଗଣ ! ପ୍ରତିଦିନ ପ୍ରାତଃକାଳେ ମୁଁ ଟିଭି ଭିତରେ ବସି ଭକ୍ତମାନଙ୍କୁ ଯୋଗଶିକ୍ଷା ସହ ଧାର୍ମିକ ପ୍ରବଚନ ଦେବି। ଏଥିରେ ଭକ୍ତମାନଙ୍କର ଶରୀର, ମନ ଓ ଆତ୍ମାର ଅବଶ୍ୟ ବିକାଶ ଘଟିବ ।

ଅବିନାଶ : ମୁଁ ଆପଣଙ୍କ ସମସ୍ତ ପ୍ରକାର ଯତ୍ନ ନେବି ।

ରାଜା : ସାଧୁ.... ସାଧୁ.... ସାଧୁ... ।
ବତ୍ସଗଣ ! କବି ସମ୍ମିଳନୀକୁ ଗଲେ କ'ଣ ଦେଖିବ ?

ତପନ : କବି ଓ କବିମାନଙ୍କ ଭିତରେ ବାକ୍‌ଯୁଦ୍ଧ ମଣିମା ।

ରାଜା : ସାଧୁ....ସାଧୁ.... ସାଧୁ.... ।
ଜିମ୍‌ନାଜିୟମ୍‌କୁ ଗଲେ କ'ଣ ଦେଖିବ ?

ଅବିନାଶ : ସବୁ ବଡି ବିଲଡର ମାନେ ଲାଲ୍ ଲଙ୍ଗୋଠି ମାରି ଦର୍ପଣ ଆଗରେ ସିନେମା ନୃତ୍ୟ କରୁଛନ୍ତି ମହାପ୍ରଭୁ !

ରାଜା : କରେକ୍ଟ ।
ସ୍କୁଲ ଆଉ କଲେଜ୍‌ରେ କ'ଣ ଚାଲିଛି ?

ତପନ : କୁରୁକ୍ଷେତ୍ର ଯୁଦ୍ଧ ମହାରାଜ !

ରାଜା : ଡବଲ୍ କରେକ୍ଟ ।
ଆଉ ଯୁଦ୍ଧକ୍ଷେତ୍ରରେ କ'ଣ ଚାଲିଛି ?

ଅବିନାଶ : ହରିନାମ ସଂକୀର୍ତ୍ତନ ରାଜାବାବୁ ।

ରାଜା	:	ସାଧୁ.... ସାଧୁ.... ସାଧୁ....। ଏବଂ ସଂକୀର୍ତ୍ତନ ମଠ ଭିତରେ ?
ତପନ/	:	ମଧୁକୁଂଜ। ହରିନାମ ବ୍ୟତୀତ ଏ ସଂସାରରେ ଅଛି କଅଣ ? ମିଛେ ହେଉ ବାଇମନ କାହିଁକିରେ.... ଘଟ ଛୁଟିଯିବ ଜଣା ନାହିଁକି.... (କୀର୍ତ୍ତନିୟାଙ୍କ ଭଳି ତିନିହେଁ ନୃତ୍ୟ କରୁଥିବା ସମୟେ ବ୍ୟସ୍ତ ଓ ବିବ୍ରତ ହେଇ ପ୍ରବେଶ କରିଛି ପଲ୍ଟନ।)
ପଲ୍ଟନ	:	ଚୋପ୍ ! କରୁଥାଅ....। ଜୀବନସାରା ଏମିତି କୀର୍ତ୍ତନ କରୁଥାଅ।
ରାଜା	:	(ସାଧୁଭଳି) କଣ ହେଇଛି ବସ୍ ? ଆଜି ତମ କ୍ରୋଧଟା ଏକ୍‌ଦମ୍ ପଂଚମରେ... !
ପଲ୍ଟନ	:	ଘର ଛାଡ଼ିଦେଇ ଆସିଛି। ଛାଡ଼ି ଆସିଛି କ'ଣ, ଗେଟ୍‌ଆଉଟ୍ ହେଇଯାଇଛି। ରୋଜଗାର ନ କଲେ ମୋ ଖାଇବା ବନ୍ଦ। ଘର ଆଗରେ ବୁଢ଼ା ନୋଟିସ୍‌ବୋର୍ଡ ଟାଙ୍ଗି ଦେଇଛନ୍ତି।
ତପନ	:	No meals !
ଅବିନାଶ	:	ବୁଝିଲୁ ରାଜା, ଏ ବାପାଗୁଡ଼ାକ ଆଜିକାଲି ଆମଭଳି ହିରୋମାନଙ୍କ ପାଇଁ complete ଭିଲିଆନ୍ ପାଲଟି ଯାଇଛନ୍ତି।
ପଲ୍ଟନ	:	ଇଚ୍ଛା ହେଉଛି ନିଜେ ମରିବି, ନହେଲେ ସମସ୍ତଙ୍କୁ ମାରିଦେବି।
ରାଜା	:	ଛାଡ଼ନା ୟାର୍... ବସ୍ ! (ବସେଇଦେଇ) କଣ ହେଇଛି ଏବେ ସଂକ୍ଷିପ୍ତରେ କହ।
ପଲ୍ଟନ	:	ହବ ଗୋଟିଏ କ'ଣ ? ଘଟଣାଟି ହେଲା ଏ ବର୍ଷ ମୁଁ Final Exam ଦେଇ ପାରିବିନି। ବାପା ଆଡ୍‌ଭାଇସ୍ କରିଛନ୍ତି କୋଉଠି ଗୋଟେ ଚା' ଦୋକାନ କରିବାକୁ।
ତପନ	:	(ଷ୍ଟେସନ୍ ଚା' ଦୋକାନୀ ଭଳି)ଏୟ... ଚାଏ.. ଗରମ ଚାଏ...
ଅବିନାଶ	:	ଭାଇ, ମୋର ସଜେସନ୍ ହେଲା ଏଇ ବାପାମାନଙ୍କ କବଳରୁ ମୁକ୍ତ ହୋଇ ଆଜିଠାରୁ ଅନ୍ନସଂସ୍ଥାନ ଯୋଗାଡ଼ରେ ଲାଗିପଡ଼।

ପଲ୍ଟନ : (ଖତେଇହେଇ) ଲାଗିପଡ଼ । ସମସ୍ତେ ଲାଗିପଡ଼ । କୁଲି କାମ କରିପାରିବୁ ? ନାଁଇ .. ହବନି । ପ୍ରେଷ୍ଟିଜ୍ ଚାଲିଯିବ ।

ତପନ : ପଲ୍ଟୁ.... ଆଜି ପେପର୍‌ରେ ଗୋଟେ advertisement ବାହାରିଛି ।

ରାଜା : କି ଚାକିରି ?

ଅବିନାଶ : ଯୋଉ ଚାକିରୀ ହେଉ । ଇଂଟରଭିୟୁ ଦେଲେ କ୍ଷତି କ'ଣ ?

ପଲ୍ଟନ : କିଛି ଫାଇଦା ନାହିଁ ।

ରାଜା : ହତାଶ୍ ହେଇ କିଛି ଲାଭ ନାହିଁ ।

ତପନ : ଲାଭ କ୍ଷତିର ହିସାବ ବେପାରୀ ରଖନ୍ତି ।

ଅବିନାଶ : ଆବେ କିଛି prepare ନ ହେଇ ଡାଇରେକ୍ଟ ଇଂଟରଭିୟୁ ଦେବା ?

ତପନ : ଆଉ ଯାହା ପଇସା ଖର୍ଚ୍ଚ ହେବ - ଜଗାଭାଇକୁ ମାଗିବା । ସେ ଦାୟିତ୍ୱ ମୋର ।

ରାଜା : Good idea. Three cheers for Tapan.. Hip... Hip...

କୋରଶ୍ : ହୁର୍ରେ.... ।

ମଂଚ ଅନ୍ଧାର

୨ୟ ଦୃଶ୍ୟ

(ଅନ୍ଧାର ଭିତରେ ଭିତରଲୋକର ଗୁରୁଗମ୍ଭୀର ସ୍ୱର ଶୁଭିଲା ।)

ଭିତରଲୋକ : Here is an interview, out of five hundred applications. We asserted only forty among which one person will be selected. Now all the candidates are requested to come for viva.

ଆଲୁଅ ଆସିଛି ଗୋଟାଏ Office Cabin କୁ, ଯୋଉଠି ଅବିନାଶ ଅଫିସର୍ ଭୂମିକାରେ ଅଭିନୟ କରିବ ଏବଂ ଅନ୍ୟମାନେ ଇଂଟରଭିୟୁ ଦେବା ପାଇଁ ଆସିବେ । ଅଫିସ୍ ଗେଟ୍ ପାଖରେ ଚୌକିଦାର ଭୂମିକାରେ କ୍ଷେତ୍ରବାସୀ ବସିଥାଏ ।

ଚୌକିଦାର : ତପନ ମହାନ୍ତି...

ତପନ : (ଦରଜା ଖୋଲି ଭିତରକୁ ଆସିଛି)

ଅବିନାଶ : Your Name ?

ତପନ : ତପନ ମହାନ୍ତି ।

ଅବିନାଶ : Education ?

ତପନ : M.A. in Odia ।

ଅବିନାଶ : Well Mr. Mohanty.. ନାରୀର କୋଉ ଜିନିଷଟି ତମକୁ ବେଶି ଆକର୍ଷଣ କରେ ?

ତପନ : ସାର୍... ମାନେ... !

ଅବିନାଶ : Yes ...

ତପନ : ଆଖି ।

ଅବିନାଶ : Nonsense, I want the right answer. OK lifeboy ସାବୁନ୍ ତିଆରି କରିଥିବା କମ୍ପାନୀର ନାଁ କ'ଣ ?

ତପନ : ସାର୍, ମୁଁ Lifeboy ସାବୁନ୍ use କରେନା । I am sorry.

ଅବିନାଶ : ବାଇ-ସାଇକେଲ୍‌ର ନିର୍ମାତା କିଏ ?

ତପନ : ସାର୍ ! ସାଇକେଲ୍ ସହିତ

ଅବିନାଶ : "ମୋଗଲ ଏ ଆଜମ୍" ଫିଲ୍ମର ଡାଇରେକ୍ଟର କିଏ ଥିଲେ ?

ତପନ : Sorry Sir....

ଅବିନାଶ : (ବଡ଼ ପାଟିରେ)next ... (ତପନ ନିରାଶରେ ଚାଲିଗଲା) ଚୌକିଦାର ପାଟି କଲା ।

ଚୌକିଦାର/କ୍ଷେତ୍ରବାସୀ : ରାଜା ଚୌଧୁରୀ....

ରାଜା : (ଦରଜା ଖୋଲି ଆସିଛି) Good Morning Sir ...

ଅବିନାଶ : Very Good Morning ... ଆଚ୍ଛା ଗାନ୍ଧିଜୀଙ୍କ ପୂରା ନାଁଟା ତମର ମନେ ଅଛି ?

ରାଜା : Yes... very easy... ବାପୁଜୀଙ୍କ ପୂରା ନାଁ... ମହାତ୍ମାଗାନ୍ଧି...

ଅବିନାଶ : Good.

ରାଜା : Sorry Sir ... ମୋହନ ଦାସ କରମ ଚାନ୍ଦ ଗାନ୍ଧି ।

ଅବିନାଶ : ହୁଁ, ଆଚ୍ଛା କ୍ରିକେଟ୍ ଦେଖ ?

ରାଜା : ଇଣ୍ଡିଆ ପାକିସ୍ଥାନ ମ୍ୟାଚ ତ ମୁଁ ନିଶ୍ଚୟ ଦେଖେ ।

ଅବିନାଶ : କ୍ରିକେଟ୍ ବ୍ୟାଟ୍ ଆଉ ବଲ୍ କେଉଁ କାଠରେ ତିଆରି, କହି ପାରିବ ?

ରାଜା : ନାଁ ସାର.... କହି ପାରିବିନି।

ଅବିନାଶ : ଇତିହାସରେ... ଶିବାଜୀଙ୍କ ଦାଢ଼ୀର ଲମ୍ୱ କେତେ ଥିଲା ?

ରାଜା : ସାର୍...

ଅବିନାଶ : Sorry Gentle man... (ବଡ଼ପାଟିରେ) Next.

ଚୌକିଦାର : ପଲ୍ଟନ ଦାସ....

॥ ରାଜା ଚାଲିଯାଇଛି ॥

ପଲ୍ଟନ : (ଦରଜା ଖୋଲି) ପଲ୍ଟନ ଦାସ। I am a Engineering student.

ଅବିନାଶ : Smart boy. any experience ?

ପଲ୍ଟନ : No Sir ....

ଅବିନାଶ : (ଫୁସ୍‌ଫୁସ୍ କରି) can you pay... (ନ କହି) ଯାଅ ପିଅନ ତମକୁ ବୁଝେଇ ଦେବ।

(ପଲ୍ଟନ ଯାଇ ଚୌକିଦାର ପାଖରେ ଠିଆ ହୋଇଛି।)

ଚୌକିଦାର: ଶୁଣ... ତମ ଚାକିରି ନିଶ୍ଚୟ ହେଇଯିବ। କିନ୍ତୁ ସତୁରୀ ହଜାର ଡୋନେଶନ୍ ଦରକାର। ଦେଇପାରିବ ?

ପଲ୍ଟନ : ଏତେ ଟଙ୍କା ମୁଁ କୋଉଠୁ ଆଣିବି ?

ଚୌକିଦାର: (ହାତ ଦେଖେଇ) ତମେ ଏବେ ଆସିପାର –

(ପଲ୍ଟୁ ବିରକ୍ତ ହୋଇ ବାହାରକୁ ଚାଲିଯାଇଛି।)

(ବାହାରୁ ଜଣେ ଝିଅ ଆସିଛି।)

(ନଚେତ୍ ଝିଅର voice ଦିଆଯାଇପାରେ)

ଝିଅ : May I come in Sir...?

ଅବିନାଶ : Welcome... Name please ?

ଝିଅ : I am only sixteen above.

ଅବିନାଶ : What's your age now ?

ଝିଅ : I am below nineteen.

ଅବିନାଶ : Any experience ?

ଝିଅ : 36, 24, 36. As you like Sir.

ଅବିନାଶ : I like you. and you are the suitable candidate for me. And you are selected. Come on... lets enjoy.

କୋରଶ : ଆହା ଭାଇ ଚାକିରି.. ଆହାରେ ଭାଇ ଚାକିରି
ଚାକିରି ପାଇଁ ଦୁଆର ଦୁଆର
ବୁଲି ବୁଲି ଆମେ ଭିକାରୀ.
ଆହାରେ ଭାଇ ଚାକିରି... (୦)
ପାଠପଢ଼ି ଆମେ ବୁଲୁଛୁ ହେଇ ବେକାରୀ
ନେତା କହିଛନ୍ତି ଜିତିଲେ ଦେବେ ନୌକରୀ
ଆହା ଭାଇ ଚାକିରି....
(ବାହାରେ ଗୋଟାଏ କାର୍ ଆସି ଅଟକିବାର ଶବ୍ଦ ଶୁଭିଲା ଗୀତ ଭିତରୁ ସମସ୍ତଙ୍କ ଧ୍ୟାନ ବାହାରକୁ ଯାଇଛି।)

ପଲ୍ଟନ : ସୁ... (ନୀରବ ରହିବାକୁ ଇଶାରା ଦେଇଛି)

ରାଜା : ଆରେ ବାଃ... ହଠାତ୍ ଏ ଅସମୟରେ ମହାମନ୍ତ୍ରୀ ଜଗବନ୍ଧୁ ସାମନ୍ତଙ୍କର ଆବିର୍ଭାବ !

ତପନ : ଜଗାଭାଇ.. ! କାହାନ୍ତି ? କୋଉଠି ? (ବାହାରକୁ ଚାଲିଗଲା)

ଅବିନାଶ : ବିଚରା ! ଆଜି ତା'ର ଦଶା ଖରାପ ପଡ଼ିଲାରେ...

କ୍ଷେତ୍ରବାସୀ : ଚୁ..ଚୁ..ଚୁ.. ଘରୁ ଆଜି କାହା ମୁହଁ ଦେଖି ବାହାରିଚି କେଜାଣି...

ରାଜା : ଅଟକାଅ ଶଳାକୁ..। ଇଲେକ୍‌ସନ୍ ଆଗରୁ ତ ବହୁତ ଭାଷଣ ମାରୁଥିଲା।

ପଲ୍ଟନ : ଆଉ ଜିତିବାର ଦୁଇମାସ ପରେ ବାବୁଙ୍କର ଆଜି ଦର୍ଶନ ମିଳୁଚି !

ଅବିନାଶ : ଆରେ ତା'ର ପେଟ ବଢ଼ିଗଲାଣି। ଭିଡ଼ିଆଣବେ ତାକୁ....। ଭିତରୁ ତପନର ପାଟି ଶୁଭିଲା।

ତପନ : ଜଗାଭାଇ ଜିନ୍ଦାବାଦ୍... ଜଗବନ୍ଧୁ ଭାଇ ଜିନ୍ଦାବାଦ୍... ଜିନ୍ଦାବାଦ୍...

ଅବିନାଶ : ଶ୍ୟଃ... ଭାଷଣ ମାରୁଥିଲା। ଆଜି ଯଦି ତା'ର ଚଉଦ ପୁରୁଷ ବଖାଣି ନ ଦେଇଛି...

କ୍ଷେତ୍ର : ହେଇ... ଗାଡ଼ିରୁ ପରା ଓହ୍ଲେଇଲେଣି...

ପଲ୍ଟନ : ଦେଖରେ... ନ ଦେଖିଲା ଲୋକ ଦେଖ... ଜନ ହିତୈଷି ଜଗବନ୍ଧୁ ସାମନ୍ତ ଖଣ୍ଡିନେତାଙ୍କର ଖଦଡ଼ ଖୋଳକୁ ଦେଖ...

ରାଜା : ଆଜି ଶଳା ଏପଟ ନ ହେଲେ ସେପଟ...।

(ତପନ ଜଗାଭାଇଙ୍କୁ ପାଛୋଟି ଆଣିଛି। ମୁହଁରେ ସ୍ମିତହାସ୍ୟ, ଦେହରେ ଖଦଡ଼ କୁର୍ତ୍ତା, ବେକରେ ଫୁଲମାଳ, ମଥାରେ ସିନ୍ଦୁର ଲଗାଇ ପ୍ରବେଶ କଲେ ଜଗବନ୍ଧୁ ସାମନ୍ତ।)

କୋରଶ : ନମସ୍କାର !

ଜଗବନ୍ଧୁ : ନମସ୍କାର ! କଣ ହୋଇଛି ବାପା... ତମେମାନେ ଏ ବିଚ୍ ରାସ୍ତାଟା ଉପରେ କ'ଣ କରୁଛ ?

ରାଜା : ହାତରେ ତ ଆଉ କିଛି କାମଧନ୍ଦା ନାହିଁ, ତେଣୁ ଏଠି ଠିଆହେଇ ଦେଶ ଚିନ୍ତା କରୁଥିଲୁ।

ଜଗବନ୍ଧୁ : ଉତ୍ତମ। ଅତି ଉତ୍ତମ। ଆରେ ତମେମାନେ ତ ଏ ଦେଶର ମେରୁଦଣ୍ଡ।

ଅବିନାଶ : ଆପଣ କୋଉଦଣ୍ଡ ଜଗାଭାଇ ? ମାନଦଣ୍ଡ ନା ପାଣିଧଣ୍ଡ ?

ଜଗବନ୍ଧୁ : (ହସି) ତମର ଏଇ ଗମାତ କରିବା ବୁଦ୍ଧି ଏ ଯାଏଁ ଗଲାନି। ଭଲ।

ତପନ : ଜଗାଭାଇ ଆମ ଚାକିରି ବିଷୟରେ କ'ଣ ବୁଝିଲେ ?

ଜଗବନ୍ଧୁ : ଚାକିରି ? କି ଚାକିରି ?

ରାଜା : କ'ଣ ଆମକୁ ଭୁଲିଗଲେ ?

ଜଗବନ୍ଧୁ : ନାଁ.. ନାଁ... ଭୁଲିଯିବି କେମିତି ? କିନ୍ତୁ...

ଅବିନାଶ : ହଁ..ଆପଣମାନେ ଭୁଲିଯିବାଟା କୋଉ ନୂଆ କଥା ହେଇଛି ? ଆମର କାମ ହେଲା ଠିକ୍ ସମୟରେ ମନେ ପକାଇବା। ପଲ୍ଟୁ....

ପଲ୍ଟନ : ଜଗବନ୍ଧୁ ବାବୁ ! ମତେ ଭଲକରି ଦେଖନ୍ତୁ। ସବୁ ଗୋଟି ଗୋଟି କରି ମନେ ପଡ଼ିଯିବ ଫିଲ୍ମ ଭଳି....

ଜଗବନ୍ଧୁ : (ପଲ୍ଟୁକୁ ଦେଖି ଟିକେ ନରମି ଯାଇ) ହଁ... ହଁ... ମନେ ପଡ଼ିଲା.. ଆରେ ତମେମାନେ ଏତେ ଛାନିଆ କାହିଁକି ହଉଛ ? ଏଇ ଏଇତ ଗାଦିରେ ବସିଲି। ଆହୁରି ୫ବର୍ଷ ବସିବି। ଚିନ୍ତା କରନି।

ପଲ୍ଟନ	:	ତମେ ୫ବର୍ଷ ବସ କି ୧୦ବର୍ଷ ବସ, ଆମର କିଛି ଯାଏ ଆସେନି। ହେଲେ ଏପଟେ Father's Association ଆମର Kitchen ରେ Closure notice ଟଙ୍ଗେଇ ସାରିଲେଣି।
ଜଗବନ୍ଧୁ	:	ଜଗାଭାଇ ତମେ ଟିକିଏ ଚେଷ୍ଟା କଲେ ଆମ ଚାକିରି ହୋଇଯାଆନ୍ତା।
ଜଗବନ୍ଧୁ	:	ହଁ... ହଁ.... ନିଶ୍ଚୟ ଚେଷ୍ଟା କରିବା। ସୁବିଧା ଦେଖି ଅଫିସ୍ ଆଡ଼େ ଆସ। ସବୁ ଠିକ୍ ହେଇଯିବ। ଆଚ୍ଛା ଏବେ ମୋର ସମୟ ହେଇଗଲାଣି। କୋଳଥପୁରରେ ମୋର ଗୋଟେ ଜରୁରୀ ମିଟିଂ ଅଛି। ମୁଁ ଆସେ -
ପଲ୍ଟନ	:	ରାଜା - ପାଦେ ବି ଆଗେଇବାକୁ ଦେବୁନି। (ରାଜା ଆସି ଜଗବନ୍ଧୁଙ୍କ ସାମ୍ନାରେ ଠିଆ ହେଇଛି।)
ଜଗବନ୍ଧୁ	:	ଇଏ କ'ଣ ? ତମେମାନେ ମେଳ ବାନ୍ଧି ମୋ ଉପରେ....
ରାଜା	:	ମେଳବାନ୍ଧି ଆପଣଙ୍କୁ ଇଲେକ୍‌ସନ୍‌ରେ ଜିତେଇଥିଲୁ ଯେତେବେଳେ....
ଜଗବନ୍ଧୁ	:	ଅବଶ୍ୟ। ତମେମାନେ ସାହାଯ୍ୟ କରି ନଥିଲେ ମୋର ଅଳ୍ପ ଅସୁବିଧା ନିଶ୍ଚୟ ହେଇଥାନ୍ତା
ଅବିନାଶ	:	ଅଳ୍ପ ଅସୁବିଧା ନାଇଁ ମ... ଘରେ ହାରକିନୀ ଲଗେଇ ବସିଥାନ୍ତ, ବୁଝିଲ ?
ପଲ୍ଟନ	:	ଇଲେକ୍‌ସନ ବେଳେ ପାଖରେ ବସଉଥିଲ, ନ ମାଗିଲେ ବି, ଅଣ୍ଡା, କୁକୁଡ଼ା, ମଦ ଆଦରରେ ଦେଉଥିଲେ। ଏବେ ଚାକିରି ମାଗିଲା ବେଳକୁ ଜାକି ହଉଛ !
ଜଗବନ୍ଧୁ	:	ଚାକିରି ତ ବାପା ଆଉ ଗଛରେ ଫଳୁନି ଯେ ତୋଳି ଆଣି ତମକୁ ଖଣ୍ଡେ ଖଣ୍ଡେ ଧରେଇଦେବି !
କ୍ଷେତ୍ର	:	ଇଲେକ୍‌ସନ୍ ଆଗରୁ ତ ଏମିତି କରୁଥିଲ, ସତେ ଯେମିତି ଚାକିରି ଗୁଡ଼ାକ ତମ ବାକ୍‌ସ ଭିତରେ ଅଛି, ଲଜେନ୍‌ସ ଭଳି କାଢ଼ି ଗୋଟେ ଗୋଟେ ବାଂଟିଦବ।
ଜଗବନ୍ଧୁ	:	ବୁଝୁଛି। ତମମାନଙ୍କ ଦୁଃଖ ମୁଁ ବୁଝୁଛି। ଆଜି ରାଜ୍ୟରେ ବେକାରିମାନଙ୍କ ସଂଖ୍ୟା ଯେଭଳି ହୁ... ହୁ... ହେଇ ବଢ଼ି

		ଚାଲିଛି, ଶୀଘ୍ର ଯାର କିଛି ଗୋଟେ ପ୍ରତିକାର ନ କଲେ ଦେଶରେ ଅରାଜକତା ବଢ଼ିଚାଲିବ। ଏବଂ...
ଅବିନାଶ	:	ଏବଂ ଏଇଟା କୌଣସି ସଭା ମଂଚ ନୁହେଁ। ଭାଷଣ ବନ୍ଦକର। ଇଲେକ୍‌ସନ୍ ବେଳେ ବହୁତ ଭାଷଣ ମାରି ଲୋକଙ୍କୁ ଭୋକୁଆ ବନେଇଛ। ଆମ ହାତୀ ଦେବୁ, ଘୋଡ଼ା ଦେବୁ...। କୁଆଡ଼େ ଗଲା ସେ ପ୍ରତିଶ୍ରୁତି ? ରାଜଧାନୀରେ ବସି କ'ଣ ମାଛି ମାରୁଛ ?
ଜଗବନ୍ଧୁ	:	ଦେଖ ମତେ ଉତ୍ତେଜିତ କରାଅନି କହିଦେଉଛି। ଆରେ ବାବୁ ମୁଁ ତ କହୁଛି - ଏସେମ୍ଳିକୁ ଗଲେ ଏ ବେକାରୀ ସମସ୍ୟା ନେଇ ନିଶ୍ଚୟ ମୁଁ ଫାଇଟ୍ କରିବି।
ପଲ୍ଟୁନ	:	ଏସେମ୍ଳିକୁ ତ ଆପଣମାନେ ଚଉକି, ଟେବୁଲ୍, ମାଇକ୍‌ଷ୍ଟାଣ୍ଡ ଭାଙ୍ଗିବା ପାଇଁ ଯାଉଛନ୍ତି। ଅନ୍ଧଭଳି ହାତ ଟେକିବାକୁ ଯାଉଛନ୍ତି। ଏସେମ୍ଳିକୁ ପରା ତମେମାନେ ମାଛବଜାର କରି ସାରିଲଣି।
ଅବିନାଶ	:	ହୁଁଃ... ଏମାନେ କୁଆଡ଼େ ଜନତାର ନିର୍ବାଚିତ ପ୍ରତିନିଧି !
ଜଗବନ୍ଧୁ	:	ଦେଖ... ମାନେ... ମତେ ଉତ୍ତେଜିତ ହେବାକୁ ଡାକ୍ତର ମନା କରିଛନ୍ତି।
ରାଜା	:	ନହେଲେ କ'ଣ କରି ପକେଇବ ? ପୋଲିସ୍ ମାମୁଁଙ୍କୁ ଡାକିବ ? ଡାକ... ଆମର କାହାକୁ ଭୟ ନାହିଁ।
ତପନ	:	ରାଜା ! କାହିଁକି ଜଗାଭାଇଙ୍କୁ ହଇରାଣ କରୁଛ ? ଛାଡ଼ିଦିଅ।
ପଲ୍ଟୁ	:	ଚୋପ୍ ! ଶୁଣନ୍ତୁ ମିଷ୍ଟର ଜଗବନ୍ଧୁ ସାମନ୍ତ ମହାମନ୍ତ୍ରୀ -ଚାକିରି ଯଦି ଦେଇପାରୁଛ ଭଲ କଥା। ନହେଲେ ଏ ସହରରେ ଚୋରି ଡକେଇତି, ହାଣକାଟ୍ ବଢ଼ିଯିବ। ସେତେବେଳେ ଆମକୁ ଦୋଷ ଦେବନି। ପ୍ରଥମେ ତମ ଘର ଜାଳିବୁ।
ଜଗା	:	ଏଁ..! ତମେମାନେ ମୋ ଘର ଜାଳିଦେବ, ତମର ଏତେ ସାହସ ?
ରାଜା	:	ଆପଣମାନେ ବାରମ୍ବାର ଇଲେକ୍‌ସନ୍ କରି ରାଜକୋଷ ଶୁନ୍ୟ କରିବେ... ଆଉ ଗରିବ ଜନତା ? ଭୋକିଲା ପେଟରେ ଡକେଇତି କରିବନି ତ ତମର ନାମ କୀର୍ତ୍ତନ କରିବ ?

ଜଗବନ୍ଧୁ	:	(ହସି) ଏଇ କୀର୍ତ୍ତନ କଥାରୁ ମନେ ପଡ଼ିଲା । କୋଳଥପୁର କୀର୍ତ୍ତନ ମଣ୍ଡଳୀର ଆଜି ଶୁଭ ଉଦ୍‌ଘାଟନ । ମୁଁ ପରା ଫିତା କାଟିବି । ଆଚ୍ଛା ମୁଁ ଆସେ.... । (ଚାଲିଗଲେ)
ଅବିନାଶ	:	ଏ...ଶୁଣ...
ପଲ୍ଟନ	:	ସିଏ ଯାଉ ଅବିନାଶ । ଗୋଟେ ମାଘରେ ଶୀତ ଯାଏନି ।
ତପନ	:	ହଁ... ହଁ... ସିଏ ଯାଆନ୍ତୁ । କିଛି ଗୋଟେ ଅଘଟଣ ହେଇଗଲେ ମାମୁଁମାନେ ଫୌଜ ନେଇ ଆସିଯିବେ ।
ଅବିନାଶ	:	ଭାଗ୍ ଶାଳା ଚାମ୍‌ଚା.... ମୁଁ କାହାକୁ ଖାତିର କରେନା । ଏ ଭଳିଆ ନେତା ମାନଙ୍କୁ ବିଚ୍ ରାସ୍ତାରେ ସୁଟ୍ କରିଦେବା କଥା ।
ରାଜା	:	ଜଣକୁ ମାରିଦେଲେ ସମସ୍ୟାର ସମାଧାନ ହେଇଯାଏନି ଅବିନାଶ । ଆମକୁ ଦୁର୍ନୀତିର ଚେର ଓପାଡ଼ି ଆଣିବାକୁ ହେବ ।
ପଲ୍ଟନ	:	ରାଜା ଠିକ୍ କହୁଛି । ଜଗା ସାମନ୍ତ ଭଳି ଦୁର୍ନୀତିଗ୍ରସ୍ତ ନେତା ଏ ଦେଶରେ ଜଣେ ନାହିଁ । ଏଭଳି ଅସଂଖ୍ୟ ନେତା ମିଶି ଦେଶଟାକୁ ଖୋଳ କରି ସାରିଲେଣି । ନିରୀହ ଜନତାଙ୍କୁ ବ୍ୟବହାର କରି ଖୁବ୍ ସହଜରେ ନିଜେ ଖସିଯିବା ଖେଳଟା ଏମାନଙ୍କୁ ବେଶ୍ ଜଣା । ଅସଲ କଥା ହେଲା ସିଷ୍ଟମ୍ । ଏ ସିଷ୍ଟମ୍‌କୁ କେମିତି ପରିବର୍ତ୍ତନ କରାଯିବ – ସେଇଟା ସବୁଠୁ ବଡ଼ ସମସ୍ୟା ।
ତପନ	:	ହେଲେ ଆମେ ୫ଜଣ ମିଶି କଣ ଦେଶର ସିଷ୍ଟମ୍‌କୁ ବଦଳେଇ ପାରିବା ?
ରାଜା	:	ଆମ ସହିତ ସମସ୍ତେ ଏକମତ ହେବେ । ଆମେ ଲୋକଙ୍କ ପାଖକୁ ଯିବା । ଏ ଭ୍ରଷ୍ଟ ନେତାମାନଙ୍କ ଗୁମର କଥା ସବୁ କହିଦେବା ।
ଅବିନାଶ	:	ଆଜି ମହଙ୍ଗା ବଜାରରେ ଦରଦାମ ହୁ...ହୁ... ହୋଇ ବଢ଼ିଚାଲିଛି । ଭେଜାଲ ଅଟାର ରୁଟି ଖାଇ ତିନିଶହ ଲୋକ ଅସୁସ୍ଥ । କଣଟେ ବଦଳେଇବୁ ? ଦରଦାମ ବୃଦ୍ଧିକୁ ରୋକି ଦେଇ ପାରିବ ?

ତପନ	:	ଅଭାବୀ ଲୋକ ଭାବୁଛି, ଏ ମହଙ୍ଗା ବଜାରରେ ସେ ବଂଚିବ କେମିତି ? ହେଲେ ଭୋକ ଅଭାବ ବୁଝେନି। ପେଟ ଭିତରେ ନିଆଁ ଜାଳେ।
କ୍ଷେତ୍ରବାସୀ	:	ଅଭାବ ଆଉ ଭୋକର ଯନ୍ତ୍ରଣାରେ ପେଟ ଭିତରେ ଯେତେବେଳେ ନିଆଁ ଜଳିବ, ତାକୁ କେହି ଲିଭେଇ ପାରିବେନି। କେହି ନୁହଁ...।
ପଲ୍ଟନ	:	ପ୍ରଥମ କଥା ହେଲା- ଆମେ ଆମର ନିର୍ଦ୍ଦିଷ୍ଟ ଲକ୍ଷ୍ୟ ଭୁଲିଯିବା ଉଚିତ୍ ନୁହଁ।
ରାଜା	:	ଲକ୍ଷ୍ୟ ଆମର କ'ଣ ଆମେ ଜାଣିନୁ। ଏ ଜୀବନରେ ମୁକ୍ତି ଅଛି ନା ଶାନ୍ତି ! କେବଳ ମୁଠା ମୁଠା ଯନ୍ତ୍ରଣା।
ତପନ	:	ସମସ୍ତେ କହନ୍ତି ଭାରତ ଏକ ସ୍ୱାଧୀନ ଦେଶ। ସତରେ ଆମେ କ'ଣ ସ୍ୱାଧୀନ ? ଦେଶକୁ ସ୍ୱାଧୀନ କରି ଅମର ହେଇ ଯାଇଥିବା ମହାପୁରୁଷ ମାନେ... ଦେଖ... ଏଠି କିଏ ସ୍ୱାଧୀନ ? କିଏ ମୁକ୍ତି ପାଇଛି ?
କ୍ଷେତ୍ରବାସୀ	:	ମତେ ତ ସବୁ ଅନ୍ଧାର ଦେଖାଯାଉଛି।
ପଲ୍ଟନ	:	ଗୁଡ଼ାଏ ହତାଶାକୁ ମୁଣ୍ଡରେ ବୋହି ଆଖିବୁଜି ବାଟ ଚାଲିଲେ, ଜଗତଟା ଅନ୍ଧାର ହିଁ ଦିଶିବ।
ଅବିନାଶ	:	ଆଉ ଆଖି ଖୋଲି ଦେଖ ତ ଦେଶଟାକୁ କିଏ ଟୁକୁଡ଼ା ଟୁକୁଡ଼ା କରିବାକୁ ଚାହୁଁଛି ତ କିଏ ବିଭାଜନ କରିବାକୁ ସ୍ଲୋଗାନ ଦେଉଛି।
ରାଜା	:	ଗୁଡ଼ାଏ ଦଳ ସୃଷ୍ଟି କରି, ଜାତିଆଣ ଭାବ ଆଣି, ଧର୍ମ ପ୍ରଚାର କରିଦେଲେ କ'ଣ ରାମରାଜ୍ୟ ଫେରି ଆସିବ ?
ପଲ୍ଟନ	:	ସିଏ କହୁଛି ତା' ଧର୍ମ ବଡ଼ - ଯେ କହୁଛି ଯା ଧର୍ମବଡ଼। ହେଲେ ମୁଁ କହୁଛି.... ଧର୍ମନାହିଁ ଭାଇ ଧର୍ମନାହିଁ ଧର୍ମ ନାହିଁ ଦୁନିଆରେ କିଲୋ ଦରରେ ବିକ୍ରି ହେଉଛି ଧର୍ମ ଆଜି ବଜାରରେ।

ତପନ : ଧର୍ମ ବଜାରରେ ଭାଇ ପାପୀଙ୍କର ଭିଡ଼
କା' ଧରମ ଛୋଟ ଆଉ କା' ଧରମ ବଡ଼
ଧର୍ମ ନାହିଁ ଭାଇ....

ଅବିନାଶ : ଶୁଣଶୁଣ ଭକ୍ତଜନ ଦେଇମନ କର୍ଣ୍ଣ
ଧରମର ମହିମା ମୁଁ କରିବି ଗାୟନ
ଏ ଧରାରେ ଧରମ ଯେ ଅନେକରେ ଭାଇ
ସବୁଠାରୁ ଶ୍ରେଷ୍ଠ ଅଟେ ମୋ ଧରମ ଭାଇ ।।

ରାଜା : ଚୋପ୍ !
ପାପୀ ଆଉ ମହାପାପୀ ଶୁଣ ମୋର ଭାଇ
ସବୁଠାରୁ ଶ୍ରେଷ୍ଠ ମୋର ଧରମ ଅଟଇ
ମୋ' ଧରମେ ରହିପାର ମଦମାଂସ ଖାଇ
ତିନିଚାରି ନାରୀ ତମେ ରଖିପାର ଭାଇ ।।

ତପନ : ଆରେ ହେ ମୂର୍ଖ ! ଆମ ଧର୍ମ ସବୁଠୁ ପୁରୁଣା ।
ଆଗ ଆମେ ତା'ପରେ ତମେ ।
ଆମ ଧର୍ମ ପବିତ୍ର । ତମେ ବିଧର୍ମୀ, ପାପୀ ।

ଅବିନାଶ : ଆରେ ଯା... ଆମ ଧର୍ମରେ ପ୍ରାୟଶ୍ଚିତ କରି
ପାପ ସବୁ ଆମେ ଧୋଇଦେବୁ । କେହି ପାପୀ ରହିବେନି ।

ତପନ : ତୋ' ଗୋଡ଼ ଭାଙ୍ଗିଦେବି ।

ଅବିନାଶ : ତୋ' ଆଖି ଫୁଟେଇ ଦେବି ।

ତପନ : ତୋ ଦାନ୍ତ ଝଡ଼େଇ ଦେବି ।

ଅବିନାଶ : ତକେ କୁକୁର ଲଗେଇଦେବି ।

ତପନ : ଆବେ ଯା... ତମେ ସବୁ ଭଗବାନଙ୍କ ନାଁରେ ଲୋକଙ୍କୁ
ଶୋଷଣ କରୁଛ ।

ଅବିନାଶ : ଆଉ ତମେ ? ଧର୍ମ ନାଁରେ ଟୋକୀ ଧନ୍ଦା କରୁଛ ।

ତପନ : ଚୋପ୍ ! !
ଏ ଦୁହେଁ ସ୍ଥିର ହେଇ ରହିଗଲେ ।

ଭିତରଲୋକ : ଧର୍ମ ସହିତ ଧର୍ମର ଯୁଦ୍ଧ - ମୃତ୍ୟୁ ସହିତ ଜୀବନର ସଂଗ୍ରାମ ।

(ମଂଚ ଅନ୍ଧାର)

୩ୟ ଦୃଶ୍ୟ

(ଯେ କୌଣସି ଏକ ନିରୋଳା ସ୍ଥାନ। ସେଇ ଛ'ଜଣ ଚରିତ୍ର ହତାଶାରେ ଗଞ୍ଜେଇ ଟାଣୁଛନ୍ତି। ପଲ୍ଟନ ବସିଥାଏ ଟିକିଏ ଦୂରରେ।)

ପଲ୍ଟନ : ମରିଯିବ.... ବିଷଗୁଡ଼ାକ କାହିଁକି ଖାଉଛ ?
(ଅନ୍ୟମାନେ ମିଳିତ ହୋଇ ଗଂଜେଇ ସେବନ କରୁଛନ୍ତି।)

ରାଜା : ମରିଯିବୁ! କୋଉ ନୂଆ କଥା କହିଲୁ? ମରିବା ପାଇଁ ତ ଆମେ ବଂଚିଛୁ।

ଅବିନାଶ : ଆରେ ବାଃ... ଏଇ ତ କବିତା ହେଇଗଲା!
ହମ୍ ଜିନ୍ଦା ହୈ ସବ୍ ମରନେ କେ ଲିୟେ (୨ଥର)
ଦୋ ଘଡ଼ି ଔର ଭି ବାକି ହୈ ମେରେ ଦୋସ୍ତ
ୟେ ଭି କୋଇ ଜୀନା ହୈ ?

ତପନ : (ତାଳିମାରି) ବାଃ... ବାଃ...

ପଲ୍ଟନ : ହାରିଯିବା ଲୋକ ମୁହଁରୁ ହିଁ ଏମିତି ଜୀବନ ମୃତ୍ୟୁର କବିତା ବାହାରେ।

ରାଜା : ଯୁଦ୍ଧ ନ ଥାଇ ହାରଜିତ୍‌ର ପ୍ରଶ୍ନ କାହିଁକି ଉଠୁଛି ବନ୍ଧୁ!

ଅବିନାଶ : ହବ। ଯୁଦ୍ଧ ହବ। ଅନ୍ୟାୟ ବିରୁଦ୍ଧରେ... ଶୋଷଣ ବିରୁଦ୍ଧରେ, ସିଷ୍ଟମ୍ ବିରୁଦ୍ଧରେ... ଆଉ ଏକ ବିଶ୍ୱଯୁଦ୍ଧ ଅଲ୍‌ବତ୍ ହେବ।

ପଲ୍ଟନ : ଆଚ୍ଛା! ଏଭଳିଆ ମଦ ଗଂଜେଇ ଖାଇ ଯୁଦ୍ଧ କରିବ ? ଆରେ ବାବୁ ସେମାନେ ତ ଚାହୁଁଛନ୍ତି ଆଜିର ଯୁବଶକ୍ତି ନିଶାଖାଇ ଦୁର୍ବଳ ହେଇଯାଉ। ଅକାମୀ, ବିକଳାଙ୍ଗ ହେଇଯାଉ।

ରାଜା : ଦେଖ୍ ଭାଇ... ଯୋଉ ଦେଶରେ ମନ୍ତ୍ରୀ ତା'ର ଭାଇ, ପୁତୁରା, ଭଣଜାମାନଙ୍କୁ ବିନା ଲାଇସେନ୍‌ସରେ ମଦଭାଟି, ଗଞ୍ଜେଇ ଆଡ୍ଡା ଖୋଲିବାକୁ ପରମିଟ୍ ଦେଉଛି, ସେଠି ତୋର ମୋର ଗୁହାରୀ ଶୁଣିବ କିଏ ?

ତପନ : ଭାବିଥିଲି ଜଗାଭାଇ ଆମ ନିଜ ଲୋକ। ଆମ କଥା ବୁଝିବନି ?

ଅବିନାଶ : ହୁଁ...! ଆରେ ଏବେ କ'ଣ ସେ ଆଉ ମନ୍ତ୍ରୀ ହେଇକି ଅଛି ?

ତପନ : ଆଉ... ?

ଅବିନାଶ : ମହାରାଜ୍। ନିଜକୁ ଭାବୁଛି... ଏ ସାମ୍ରାଜ୍ୟର ମହାରାଜା।

ତପନ : ଆହା...ହା... ମହାରାଜା ତାଙ୍କ ଦରବାରରେ ଆମକୁ କଟୁଆଳ କ ରାଣୀଟିଏ କରିଦେଇ ପାରନ୍ତାନି ?

ପଲ୍ଟନ : ଯାଉନୁ ତାକୁ ତେଲ ମାରିବୁ... ତା'ର ଘୁଅ ଖାଇବୁ ଯା'...

ତପନ : ଆରେ ଭାଇ ଆମେ ନଗଲେ ଆଉ କିଏ ଚାଲିଯିବ ! ଏ ଦେଶରେ କ'ଣ ବେକାର ଯୁବକ/ଯୁବତୀଙ୍କ ଅଭାବ ଅଛି ?

ରାଜା : ହଁ... ତା' ପାଖରେ କୁଆଡ଼େ ସମ୍ମୋହନ ଶକ୍ତି ଅଛି। ଯିଏ ସାମ୍ନାକୁ ଆସିବ....

(ଆଲୋକ ଓ ସଂଗୀତରେ ପରିବର୍ତ୍ତନ। ହଠାତ୍ ଜଗବନ୍ଧୁ ସାମନ୍ତ ଏକ ଯାଦୁକର ବେଶରେ ହାତରେ କାଉଁରୀ କାଠି ଧରି ପ୍ରବେଶ କରିଛି ଏକ ବିଚିତ୍ର ନୃତ୍ୟ ମୁଦ୍ରାରେ। ସମସ୍ତଙ୍କୁ ସମ୍ମୋହିତ କରି ଏକ ଉଚ୍ଚ ଆସନରେ ବସିଛି।)

କୋରଶ୍ : ଜୟ ମହାରାଜାଙ୍କର ଜୟ ହେଉ।

ଅବିନାଶ : ମହାରାଜ ! ଆମ ରାଜ୍ୟରେ ବେକାରୀ ସମସ୍ୟାର ସମାଧାନ ହେଇଗଲା ?

ରାଜା : ଅବଶ୍ୟ ଜନଗଣ ମନର ଭାଗ୍ୟ ବିଧାତା ରୂପେ ଆପଣ ସିଂହାସନ ଗ୍ରହଣ କଲାପରେ ଆପଣଙ୍କର ବନ୍ଧୁବାନ୍ଧବ, ଜ୍ଞାତିକୁଟୁମ୍ବ, ପାଖଲୋକ, ନିଜଲୋକ, ଦୂରଲୋକ ଏପରିକି ମୋ ଭଣଜା, ପୁତୁରା, ଶଳା, ସଢୁ ସମସ୍ତେ ଚାକିରି ପାଇ ଯାଇଛନ୍ତି।

ଜଗବନ୍ଧୁ : ଭେରି ଗୁଡ୍... ତେବେ ଆମ ରାଜ୍ୟରେ ବେକାର ହେଇ ଆଉ କେହି ନାହାନ୍ତି ?

ତପନ : ଏଇ ordinary people. ସାଧାରଣ ଜନତାଙ୍କୁ ଛାଡ଼ିଦେଲେ, ଆଉ କେହି ବେକାରୀ ନାହାନ୍ତି ମହାରାଜ।

(ପଲ୍ଟନ ଶ୍ରମମନ୍ତ୍ରୀ ଭୂମିକାରେ ପହଂଚିଛି ।)

ଅବିନାଶ : ମହାରାଜ ! ଶ୍ରମମନ୍ତ୍ରୀ ବାହାରେ ଠିଆ ହୋଇଛନ୍ତି।

ଜଗବନ୍ଧୁ : ଶ୍ରମମନ୍ତ୍ରୀଙ୍କୁ ସସମ୍ମାନେ ମୋ ସମ୍ମୁଖରେ ଉପସ୍ଥିତ କରାଅ।

(ଅବିନାଶ ପଲ୍ଟନକୁ ପାଛୋଟି ଆଣିଛି।)

ହାଲୋ ! ଶ୍ରମମନ୍ତ୍ରୀ How are you ?

ପଲ୍ଟନ : ମୋର ଅଭିବାଦନ ଗ୍ରହଣ କରନ୍ତୁ ମହାରାଜ୍ !

ଜଗବନ୍ଧୁ : ମହାମନ୍ତ୍ରୀ ! ଶ୍ରମମନ୍ତ୍ରୀଙ୍କ ଅଭିବାଦନକୁ ସୁରକ୍ଷିତ ଭାବେ ମୋ ପାଖକୁ ନେଇ ଆସ....

ରାଜା : ମନ୍ତ୍ରୀ ମହୋଦୟ ! ଆଉ ଥରେ ଅଭିନନ୍ଦନ ଜଣାନ୍ତୁ...

ପଲ୍ଟନ : ମୋର ଅଭିନନ୍ଦନ ଗ୍ରହଣ କରନ୍ତୁ ମହାରାଜ...

(ସମସ୍ତେ ଏକ ଅଦ୍ଭୁତ ମୁଦ୍ରାରେ ଶ୍ରମମନ୍ତ୍ରୀଙ୍କ ଅଭିବାଦନକୁ ଆଞ୍ଜୁଳାରେ ଆଣି ମହାରାଜଙ୍କୁ ପ୍ରଦାନ କରିଛନ୍ତି ଏବଂ ମହାରାଜ ତାକୁ ଆନନ୍ଦରେ ଗ୍ରହଣ କରିଛନ୍ତି ।)

ଜଗବନ୍ଧୁ : ଧନ୍ୟବାଦ ଶ୍ରମମନ୍ତ୍ରୀ ।

ପଲ୍ଟନ : ମହାରାଜ ! ମୁଁ ରାଜ୍ୟର ସମସ୍ତ ଶ୍ରମିକମାନଙ୍କର ରକ୍ତ ଶୋଷଣ କରି ରାଜଧାନୀରେ ଏକ ବିରାଟ Blood Bank ସ୍ଥାପନ କରିଛି । ଯାହାଦ୍ୱାରା ରାଜ୍ୟରେ ଆଉ blood ର ଅଭାବ ରହିବନି । ଏବଂ ଆଜି ତାର ଶୁଭ ଉଦ୍‌ଘାଟନ ପାଇଁ ଆପଣଙ୍କୁ ନିମନ୍ତ୍ରଣ କରିବାକୁ ଆସିଛି ।

ଜଗବନ୍ଧୁ : (ଆନନ୍ଦରେ) କେବେ ? କେବେ ଶ୍ରମମନ୍ତ୍ରୀ ?

ପଲ୍ଟନ : ଆସନ୍ତା ଫାଲ୍‌ଗୁନ ଏବଂ ଚଇତ୍ର ମାସ ମଝାମଝିରେ ।

ଜଗବନ୍ଧୁ : ଯିବା ! ଅବଶ୍ୟ ଯିବା ।

କୋରସ୍ : ଯିବା.... ଅବଶ୍ୟ ଯିବା ...

ପଲ୍ଟନ : ମୋର ଏହି ଛୋଟ ଉପହାରଟି ଗ୍ରହଣ କରନ୍ତୁ ମହାରାଜ୍ ।

ଜଗବନ୍ଧୁ : ଉପହାର ?

(ପଲ୍ଟନ ନିଜ ଅଂଟାରୁ ଏକ କାଞ୍ଚନିକ ହାର ବାହାର କରିଛି । ଏବଂ ରାଜାକୁ ଦେଇଛି । ରାଜା ତପନକୁ ବଢ଼େଇ ଦେଇଛି । ତପନ ଅବିନାଶକୁ । ଏବଂ ଅବିନାଶ ମହାରାଜାଙ୍କୁ ବଢ଼େଇ ଦେଇଛି । ମହାରାଜ ଆନନ୍ଦରେ ଗଦ୍ ଗଦ୍ ହେଇ ହାରଟିକୁ ଧରିଛନ୍ତି ।)

Wonderful ଏହା କେଉଁ ବସ୍ତୁ ଓ ପଦାର୍ଥରେ ନିର୍ମିତ ଶ୍ରମମନ୍ତ୍ରୀ ?

ପଲ୍ଟନ : ଶ୍ରମଜୀବୀମାନଙ୍କ କଙ୍କାଳରେ ନିର୍ମିତ ମହାରାଜ !

ଜଗବନ୍ଧୁ	:	ମହାମନ୍ତ୍ରୀ !
ରାଜା	:	ଆଦେଶ ମହାରାଜ ।
ଜଗବନ୍ଧୁ	:	ମୋର ଆଦେଶ, ରାଜ୍ୟର ସମସ୍ତ ଶ୍ରମିକମାନଙ୍କୁ ମାରିଦିଅ । ଆମେ ସେମାନଙ୍କ କଙ୍କାଳରେ ସୁନ୍ଦର ସୁନ୍ଦର ହାର ଓ ଖେଳନାମାନ ତିଆରି କରି ବିଦେଶକୁ ରପ୍ତାନୀ କରିବା । ହାଃ... ହାଃ.. ।
ଅବିନାଶ	:	You are wrong Sir ! ..
ଜଗବନ୍ଧୁ	:	My dear P.A. ..ତମେ କହିବାକୁ କିଏ ? ଏହା ମୋର ଏକାନ୍ତ ନିଷ୍ଠୁର ଆଦେଶ ।
ତପନ	:	ମହାରାଜ ! ଶ୍ରମିକମାନଙ୍କୁ ମାରିଦେଲେ... କଳ କାରଖାନା, କ୍ଷେତବାଡ଼ି, ଏସବୁ ଚାଲିବ କେମିତି ?
ରାଜା	:	ମହାରାଜ ! ମୋର ସଜେଶନ୍ ହେଲା ବରଂ ସେମାନେ ବଂଚିଥିବା ଅବସ୍ଥାରେ ତାଙ୍କ ଶରୀରରୁ ରକ୍ତ ଶୋଷଣ କରି ରକ୍ତ ଭଣ୍ଡାରରେ ଗଚ୍ଛିତ କରି ରକ୍ତଭଣ୍ଡାରକୁ ସମୃଦ୍ଧ କଲେ ଆମରାଜ୍ୟ, ଆମଦେଶ, ପୃଥିବୀରେ ଏକ ମହାନ୍ ଦେଶ ଭାବେ ସର୍ବତ୍ର ବିବେଚିତ ହେବ ।
ପଲ୍ଟନ	:	ଅବଶ୍ୟ... ମହାମନ୍ତ୍ରୀ କିଛି ଭୁଲ କହୁନାହାନ୍ତି ।
ଅବିନାଶ	:	He is right Sir ! ..
ତପନ	:	ମୁଁ ଏଥିରେ ଏକମତ ହଜୁର୍ ।
କ୍ଷେତ୍ର	:	ଆମେ ସେମାନଙ୍କ ପାଇଁ ମହାରାଜ । ସେମାନେ ଜନତା ।
ଜଗବନ୍ଧୁ	:	(ମୁହଁ ବୁଲେଇ) Who is Janata ?
ଅବିନାଶ	:	ମହାରାଜ ! ସେମାନଙ୍କ କରୁଣାରୁ ତ ଆପଣଙ୍କୁ ଏ ସିଂହାସନ ମିଳିଛି ।
ରାଜା	:	ଆଉ ମତେ ଆପଣଙ୍କ ମହାମନ୍ତ୍ରୀ ପଦବୀ..
ଅବିନାଶ	:	ମତେ ଆପଣଙ୍କ ପି.ଏ. ପଦବୀ..
ତପନ	:	ମତେ ଆପଣଙ୍କ ଆସିଷ୍ଟଂାଟ୍ ।
କ୍ଷେତ୍ର	:	ମତେ ଆପଣଙ୍କ ପ୍ରହରୀ ।
ପଲ୍ଟନ	:	ଆଉ ମତେ ଶ୍ରମମନ୍ତ୍ରୀ ପୋଷ୍ଟ ମିଳିଛି । ସେମାନେ ଯଦି ଚାହିଁବେ...

କୋରଶ୍ : ସେମାନେ ଯଦି ଚାହିଁବେ.. ?

ଜଗବନ୍ଧୁ : (ଆତଙ୍କରେ)ସେମାନେ.... ଯଦି ଚାହିଁବେ ?

ପଲ୍ଟନ : ସେମାନେ ଯଦି ଚାହିଁବେ, ଅନ୍ୟ କାହାକୁ ଏ ସିଂହାସନରେ ବସେଇ ଆପଣଙ୍କୁ କିକ୍‌ଆଉଟ୍ କରିଦେଇ ପାରନ୍ତି । (ପଲ୍ଟନ ଗୋଡ଼ରେ ଲାତ ମାରିଲାଭଳି ଭଙ୍ଗି କରିଛି, ଏବଂ ଜଗବନ୍ଧୁ ସିଂହାସନରେ ହଲିଗଲା ଭଳି ମୁଦ୍ରା କରିଛନ୍ତି ।)

ତପନ : ହଁ ମହାରାଜ, ଜନତା କହୁଛନ୍ତି ମାତ୍ର ୨ବର୍ଷ ପରେ ଆପଣଙ୍କୁ ଗାଦିରୁ ଖସେଇ ଦେବେ ।

ଜଗବନ୍ଧୁ : Impossible ଅସମ୍ଭବ । ମୁଁ ମହାରାଜ୍ । ମୁଁ ଯାହାକହେ ତାହା ବେଦର ଗାର । I want their kankala .. ହାଃ.. ହାଃ.. ହାଃ...
(ହାରଟିକୁ ଦେଖି)

କୋରଶ୍ : ମହାରାଜାଙ୍କ ଜୟ ହେଉ... ।

ମଂଚ ଅନ୍ଧାର

୪ର୍ଥ ଦୃଶ୍ୟ

(ଆଲୁଅ ଆସିଲାବେଳକୁ ସେଇ ଛ'ଜଣ ଚରିତ୍ର ସ୍ତମ୍ଭ ଭଳି ଠିଆ ହୋଇଛନ୍ତି ।)

ପଲ୍ଟନ : ଏ ଘଟଣା କେବଳ ମୋର କି ଆପଣମାନଙ୍କ ନୁହେଁ, ଏହା ଆମ ଦେଶର ପ୍ରତ୍ୟେକ ବେକାର ଯୁବକମାନଙ୍କର ଘଟଣା ।

ରାଜା : କେତେବେଳେ ଆମ ଶିକ୍ଷା ବ୍ୟବସ୍ଥା ପାଇଁ ତ କେତେବେଳେ ବେକାରି ଜୀବନ ପାଇଁ ।

କ୍ଷେତ୍ର : କେତେବେଳେ ରାଜନୀତି ପାଇଁ ତ କେତେବେଳେ ପରିବାରର ଆର୍ଥିକ ପରିସ୍ଥିତି ପାଇଁ ଆମେ ପେଶି ହେଇ ଯାଉଛୁ ।

ତପନ	:	ମଣିଷ ଦିନକୁ ଦିନ ହିଂସ୍ର ଆଉ ସ୍ୱାର୍ଥପର ହୋଇଯାଉଛି । ଲାଗୁଛି ସତେ ଯେମିତି ଜଣେ ଅନ୍ୟଜଣକର ଗୋଡ଼କୁ ପଛରୁ ଟାଣି ଧରିଛି । କେହି ଜଣେ ବି ଆଗକୁ ବଢ଼ିପାରୁନି ।
ଅବିନାଶ	:	ମୁଖା ପିନ୍ଧି ଅଭିନୟ କରିବା ସତେ ଯେମିତି ସେମାନଙ୍କର ବେଉଷା । ଯିଏ ଭଲ ଅଭିନୟ କରି ପାରିଲା - ସେ ଠିକ୍ ବଂଚି ପାରିଲା ।
ଜଗବନ୍ଧୁ	:	ନିଜ ପାଇଁ ବଂଚିବା ? ନିଜ ପରିବାର ପାଇଁ ବଂଚିବା, ନା ଜାତି ପାଇଁ, ସମାଜ ପାଇଁ ବଂଚିବା ?
ପଲ୍ଟନ	:	କେତେଦିନ ? କେତେଦିନ ଆମେ ଅନ୍ଧାରକୁ ପିଇ, ଅନ୍ଧାରକୁ ସାଥି କରି ଆଲୁଅର ସ୍ୱପ୍ନ ଦେଖୁଥିବା ?
ରାଜା	:	ଏ ସଭ୍ୟତା, ଆମ ଭିତରୁ ସାହାସ ଟିକକ ବି କାଢ଼ି ନେଲାଣି । ଆମେ ଦୁର୍ବଳ ହେଇଗଲେଣି । ଆମେ ଯାହା ଚାହୁଁଛୁ କିଛି କରିପାରୁନୁ ।
ତପନ	:	ଏ ସଭ୍ୟତା, ଏ ସମାଜ ଆଉ ଏଇ ଅନ୍ଧାରର ପାଚେରୀକୁ ଚାଲ ଆମେ ଭାଙ୍ଗି ଦେବା ।
କ୍ଷେତ୍ର	:	ପଚାସଢ଼ା ଆଇନ୍ ଆଉ ବ୍ୟବସ୍ଥାକୁ ବଦଳେଇ ଦେବା ।
ଜଗବନ୍ଧୁ	:	ଦେଶରୁ ଶୋଷଣ, ଅତ୍ୟାଚାରକୁ ନିଃଶେଷ କରି, ସମାଜ ପାଇଁ ଏକ ନୂତନ ଆଲୋକର ଦୀପ ଜାଳିବା ।
କୋରଶ୍	:	ଚାଲ ଆମେ ଆଲୋକ ଖୋଜିବା । (ଆଲୋକର ସନ୍ଧାନରେ ସମସ୍ତେ ଚାଲିବା ଓ ପରେ ଦୌଡ଼ିବା ଆରମ୍ଭ କରିଛନ୍ତି । ମୁହଁରେ ଉପରୋକ୍ତ ସଂଳାପ କହିକହି ଗୋଟିଏ ଜାଗାରେ ଠିଆ ହେଇ ଦୌଡ଼ିଛନ୍ତି । ଆବହ ସଂଗୀତରେ କୋଳାହଳ, ବୋମାଫୁଟିବା ଶବ୍ଦ, ଗୁଳି ଫୁଟିବା ଶବ୍ଦ । ସମଗ୍ର ମଂଚ ଧୂଆଁମୟ ହେଇଯାଇଛି । ଏମାନେ କେବଳ ଦୌଡୁଛନ୍ତି । ସତେ ଯେମିତି ସାମ୍ନାରେ ଆସୁଥିବା ସବୁ ପାଚେରୀକୁ ଭାଙ୍ଗି ଚାଲିଛନ୍ତି । ଏକ ନିର୍ଦ୍ଦିଷ୍ଟ ସ୍ଥାନରେ ପହଂଚିବା ହୁଏତ ସେମାନଙ୍କର ଲକ୍ଷ୍ୟ । ଲକ୍ଷ୍ୟସ୍ଥଳ କିନ୍ତୁ ଅସ୍ପଷ୍ଟ । ଦୌଡ଼ିଦୌଡ଼ି ସମସ୍ତେ ଥକି ପଡ଼ିଛନ୍ତି । ମୁହଁରେ ନିରାଶାର ଭାବ ସ୍ପଷ୍ଟ ଦିଶୁଛି । କିନ୍ତୁ କହି ଚାଲିଛନ୍ତି 'ଚାଲ

ଆମେ ଆଲୋକ ଖୋଜିବା'... ତାରି ଭିତରେ କ୍ଷେତ୍ରବାସୀ ନିଜ ସ୍ଥାନରୁ ବାହାରି ଟିକେ ଦୂରକୁ ଚାଲିଯାଇ ପାଟି କରିଛି।)

କ୍ଷେତ୍ର : (ଦୂରରୁ) ପଲ୍ଟୁ... ଏ ପଲ୍ଟୁ.... କୋଉଠି ଅଛୁ ବାପ... ଫେରିଆ...

(କ୍ଷେତ୍ରବାସୀ ଗହଳି ଭିତରେ ପଲ୍ଟନକୁ ଖୋଜୁଛି।)

ଏ - ତମେମାନେ ମୋ' ପଲ୍ଟୁକୁ ଦେଖିଛ ? ରାଗିକି କ'ଣ ଟିକେ କହିଦେଲି ଯେ ପାଗଳଟା ଘର ଛାଡ଼ି କୁଆଡ଼େ ପଳେଇଯାଇଛି.. ଶୁଣ...

(କ୍ଷେତ୍ରବାସୀଙ୍କ କଥା ଯେମିତି ଏମାନଙ୍କୁ ଶୁଭୁନାହିଁ। ଲକ୍ଷ୍ୟ ସ୍ଥଳରେ ପହଂଚିବା ପାଇଁ ପଡ଼ିଉଠି କେବଳ ଦୌଡ଼ି ଚାଲିଛନ୍ତି। ଗୋଡ଼ ଆଉ ଆଗକୁ ବଢୁନି। ରହିରହି ଅତି ଅସ୍ପଷ୍ଟ ଭାବେ କେବଳ କହୁଥାନ୍ତି- "ଚା...ଲ.. ଆ...ମେ... ଆ....ଲୋ...କ ଖୋଜିବା।")

ଚାରିଆଡ଼େ ଖୋଜିଲିଣି.. କୋଉଠି ପାଉନି। ସମସ୍ତେ କହୁଛନ୍ତି ଶହଶହ ଯୁବକ ଯୁବତୀ ଏକ ମୁହାଁ ହେଇ ଦୌଡୁଛନ୍ତି। କୁଆଡ଼େ ଯାଉଛନ୍ତି... କେହି କହି ପାରୁନାହାନ୍ତି। (ଦୂରକୁ ଚାହିଁ) ପଲ୍ଟୁ... ଫେରିଆ ବାପ... ତତେ ଆଉ କେବେ କିଛି କହିବିନିରେ... ଫେରିଆ... ପଲ୍ଟୁ....

କୋରଶ୍ : ଶିକ୍ଷା.... କ୍ଷମତା.... ରକ୍ତ.... ମଣିଷ....

କ୍ଷେତ୍ର : ଆଜି ମୁଁ ଏତେ ଦିନପରେ ଅନୁଭବ କରୁଛି... ପଲ୍ଟୁ ଯାହା କହୁଥିଲା, ଠିକ୍ କହୁଥିଲା। ଗୁଡ଼ାଏ ଫମ୍ପା ଆଦର୍ଶକୁ ଦେହ ଆଉ ମୁଣ୍ଡରେ ବୋଳି, ସମାଜର ସବୁ ବ୍ୟବସ୍ଥା, ନିୟମକୁ ଆଖିବୁଜି ମାନିନେବା କାପୁରୁଷର ପରିଚୟ।

କୋରଶ୍ : ଶିକ୍ଷା... କ୍ଷମତା.... ରକ୍ତ.... ମଣିଷ...

କ୍ଷେତ୍ର : ହଁ.. ତମେମାନେ ଠିକ୍ କହୁଛ... ସିଷ୍ଟମ୍‌କୁ ବଦଳେଇବା କଥା ସିଏ କହୁଥିଲା। ଆଉ ଏ ପରିବର୍ତ୍ତନ କେବଳ ତୁମଭଳି ଯୁବଶକ୍ତି ହିଁ ଆଣିପାରିବ। ଶୁଣ... ଶୁଣ ପିଲାମାନେ ମୁଁ ତମ ସାଙ୍ଗରେ ଅଛି। ଯୁବଶକ୍ତିକୁ ପ୍ରେରଣା ଦେବାପାଇଁ

ଆମେ ଅଛୁ । ମୁଁ ତୁମମାନଙ୍କୁ ରାସ୍ତା ଦେଖେଇବି.... ଲକ୍ଷ୍ୟ ସ୍ଥଳ ଦେଖେଇଦେବି ।

କୋରଶ୍ : ଶିକ୍ଷା... କ୍ଷମତା... ରକ୍ତ.... ମଣିଷ...
(ଧୀରେ ଧୀରେ ସେମାନଙ୍କ କଥା ଅସ୍ପଷ୍ଟ ହେଇ ଯାଇଛି । ଚାଲିବାକୁ ଦେହରେ ଶକ୍ତିନାହିଁ । ଚାଲି ନ ପାରି ବସିଯିବା... ତା'ପରେ ଶୋଇବା... ତା'ପରେ ପେଟେଇବା ଭଳି ମୁଦ୍ରା କରି ସରୀସୃପ ଭଳି ତଳେ ଘୋଷାରି ହେଇ ଯନ୍ତ୍ରଣାରେ ଯେମିତି ଛଟପଟ ହେଉଥାନ୍ତି ।)

କ୍ଷେତ୍ର : (ଏମାନଙ୍କର ଏଇ ଦୟନୀୟ ଅବସ୍ଥା ଦେଖି ଆଶ୍ଚର୍ଯ୍ୟ ହେଇଛନ୍ତି) ଆରେ ଏ କ'ଣ ? ଆଜିର ଯୁବଶକ୍ତି ଦୌଡ଼ିପାରୁନି... ଥକି ପଡୁଛି... । ତମେମାନେ ଲାଙ୍ଗୁଡ଼ିଆ ପୋକଭଳି ଘୋଷାରି ହେଉଛ କାହିଁକି ? ତମେମାନେ ତ ମେରୁଦଣ୍ଡ ବିହୀନ ପ୍ରାଣୀ ହେଇଯାଇଛ । ଉଠ... ଏ ଦେଶ ତମଭଳି ଯୁବକମାନଙ୍କୁ ଚାହୁଁଛି... ଏ ଦେଶ ପାଇଁ ତମମାନଙ୍କର ଆବଶ୍ୟକତା ଅଛି । ଉଠ...
(କୌଣସି ଉତ୍ତର ନ ପାଇ କ୍ଷେତ୍ରବାସୀ ରାଗି ଯାଇଛନ୍ତି ।)

କ୍ଷେତ୍ର : ସତରେ ତମେ ଗୁଡ଼ାକ ଭୀରୁ କାପୁରୁଷ ହେଇଗଲଣି । ତମ ଶରୀରର ରକ୍ତ ସବୁ ନୀଳବର୍ଣ୍ଣ ହେଇଗଲାଣି । ତମେମାନେ ପଙ୍ଗୁ, ଶକ୍ତିହୀନ ହେଇଗଲଣି ।
(ଚରିତ୍ରମାନେ ବାରମ୍ବାର ଉଠିବାକୁ ଚେଷ୍ଟା କରି ବିଫଳ ହେଉଛନ୍ତି ।)

କୋରଶ୍ : ରାମ୍ ନାମ୍ ସତ୍ୟ ହେ... ରାମ ନାମ୍ ସତ୍ୟହେ... ରାମ ନାମ୍ ସତ୍ୟହେ....

କ୍ଷେତ୍ର : ନିଜର ଶବ ନିଜେ ବହନ କରି ବଂଚିବାର ଅଭିନୟ କରିଚାଲ । ଜୀବନ ଯୁଦ୍ଧରେ ତମେମାନେ ହାରିଯାଇଛ । ହେଲେ ମନେରଖ, ଯିଏ ହାରିଯାଏ... ସିଏ ସବୁଦିନ ପାଇଁ ହାରିଯାଏ । ତମେମାନେ ପରା ସିଷ୍ଟମ୍‌କୁ ବଦଳେଇ ପରିବର୍ତ୍ତନ ଆଣିବ ! ଉଠ... ଏ ସମାଜ ପାଇଁ ତମର ଦାୟିତ୍ୱ... ତମର କର୍ତ୍ତବ୍ୟ ସରିନି । ଉଠ... ମୁଁ ପୁଣି ତମ

ଭିତରେ ଶକ୍ତି ଜାଗ୍ରତ କରିବି। ଉଠ... ମନରେ ସାହାସ ବାନ୍ଧ... ଆତ୍ମବିଶ୍ୱାସ ରଖ - ଆଉ ଉଠାଅ ତମ ସାମ୍ନାରେ ପଡ଼ିଥିବା ସେଇ କାଳ୍ପନିକ-ଅମୋଘ ଅସ୍ତ୍ର, ଆଉ ଭାଙ୍ଗିଦିଅ ଟିକ୍ ଟିକ୍ କରି ସେଇ କଳାପାହାଡ଼ଟାକୁ। ଉଠ...

(ବହୁ ଚେଷ୍ଟା କରି ମଧ୍ୟ ସେଇ କାଳ୍ପନିକ ଅସ୍ତ୍ରଟିକୁ ସେମାନେ ଉଠେଇ ପାରୁନାହାନ୍ତି। ସମସ୍ତେ ଅଲଗା ଅଲଗା ହେଇ ଅସ୍ତ୍ରଟିକୁ ଉଠେଇବାକୁ ଚେଷ୍ଟା କରି ବିଫଳ ହେଉଛନ୍ତି।)

ଉଠାଅ... ଏକତା ହିଁ ତମର ବଡ଼ଶକ୍ତି। ଭାଙ୍ଗିଦିଅ ସେ କଳାପାହାଡ଼ ଟାକୁ। ପାହାଡ଼ ସେପଟେ ସତ୍ୟ, ନ୍ୟାୟ ଆଉ ମୁକ୍ତି ଅଛି। ଏକ ନୂତନ ଆଲୋକ ଅଛି। ସମସ୍ତେ ଏକ୍‌ଜୁଟ୍ ହେଇ ଉଠାଅ ସେ ଅମୋଘ ଅସ୍ତ୍ର... ଉଠାଅ।

(ଆଲୋକ ଓ ସଂଗୀତରେ ଏକ ଅପୂର୍ବ ଶିହରଣ ଏମାନଙ୍କ ଶରୀରରେ ପ୍ରବାହିତ ହେଇଛି। ଭୟଙ୍କର ଶବ୍ଦ କରି ରଣହୁଙ୍କାର ଦେଇ ଏକ ନିର୍ଦ୍ଦିଷ୍ଟ ଦିଗ ଆଡ଼କୁ ସମସ୍ତେ ଆକ୍ରମଣାତ୍ମକ ଭଙ୍ଗୀରେ ଅସ୍ତ୍ର ଉଠେଇ ସ୍ଥିର ହେଇ ଯାଇଛନ୍ତି। କ୍ଷେତ୍ରବାସୀ ସେଇ ଦିଗକୁ ଆଙ୍ଗୁଠି ଦେଖେଇଛନ୍ତି। ସମ୍ପୂର୍ଣ୍ଣ ମଂଚଟି ଲାଲ୍ ଓ ସବୁଜ ରଙ୍ଗରେ ଆଲୋକିତ ହୋଇଛି।)

- ସମାପ୍ତ -

ମାଂସର ବିଳାପ

ମୂଳ ଗଳ୍ପ :
କାଳିନ୍ଦୀ ଚରଣ ପାଣିଗ୍ରାହୀ

ନାଟ୍ୟରୂପ :
କୈଳାସ ପାଣିଗ୍ରାହୀ

ଉପୋଦ୍‌ଘାତ

ଓଡ଼ିଶାର ନାଟ୍ୟଜଗତରେ ନାଟ୍ୟକାର, ନିର୍ଦ୍ଦେଶକ ଓ ଅଭିନେତା ଶ୍ରୀ କୈଳାସ ପାଣିଗ୍ରାହୀ ଏକ ସ୍ୱର୍ଦ୍ଧିତ ଉଚ୍ଚାରଣ। ଦୀର୍ଘ ଚାରିଦଶନ୍ଧିରୁ ଉର୍ଦ୍ଧ୍ୱକାଳ ନିରବଚ୍ଛିନ୍ନ ଭାବରେ ନାଟ୍ୟକଳାର ସମୃଦ୍ଧି ନିମନ୍ତେ ବିଭିନ୍ନ ଭୂମିକାରେ ଅବତୀର୍ଣ୍ଣ। ମଂଚ ନାଟକର ବିଭିନ୍ନସ୍ତର ଅତିକ୍ରମକରି ପ୍ରାୟତଃ ଦୁଇ ଦଶନ୍ଧି ହେଲା ଚଳଚ୍ଚିତ୍ର ଓ ସିରିଏଲ୍‌ରେ ମଧ୍ୟ ଜଣେ ଆଗଧାଡ଼ିର କଳାକାର ଭାବରେ ସର୍ବଜନବିଦିତ। ନାଟକ ସଂକ୍ରାନ୍ତୀୟ ଯେଉଁ କାର୍ଯ୍ୟରେ ବି ସେ ନିଜକୁ ସମର୍ପିତ କରିଥାନ୍ତି, ସେ ନିଶ୍ଚିତ ସଫଳତାର ଶୀର୍ଷସ୍ଥାନରେ ପହଂଚି ପାରନ୍ତି ଏବଂ ଦୀର୍ଘ ବର୍ଷର ସାଧନାର ଫଳସ୍ୱରୂପ "ସୁପ୍ତ ଆକାଶର ଜହ୍ନ", "ଅଥଚ ଆମେ କ୍ରୀତଦାସ", "କାନ୍ଥ ସେପଟେ", "ଶୃଙ୍ଖଳା ଲୁହର ଚିହ୍ନ" ପ୍ରଭୃତି ନାଟକ ରଚନା କରି ଯଶସ୍ୱୀ ହୋଇଛନ୍ତି।

ବର୍ତ୍ତମାନ ଆମେ ଆଲୋଚନା କରିବା ଶ୍ରୀଯୁକ୍ତ ପାଣିଗ୍ରାହୀଙ୍କ ରଚିତ 'ମାଂସର ବିଳାପ' ନାଟକ ସମ୍ପର୍କରେ। ପାଠକ ନିଶ୍ଚିତ ଜାଣିଛନ୍ତି ଏହା ଓଡ଼ିଶାର ଜଣେ ସଫଳ ଗାଳ୍ପିକ ଶ୍ରୀ କାଳିନ୍ଦୀ ଚରଣ ପାଣିଗ୍ରାହୀଙ୍କ ଏକ ବହୁଚର୍ଚ୍ଚିତ ଗଳ୍ପ। ଶ୍ରୀଯୁକ୍ତ ପାଣିଗ୍ରାହୀ କେବଳ ଯେ ଗଳ୍ପ ଲେଖନ୍ତି ତା' ନୁହେଁ ସାହିତ୍ୟର ବିଭିନ୍ନ ବିଭାଗରେ କଲମ ଚାଳନା କରି ଜଣେ ଉଚ୍ଚକୋଟୀର ସାରସ୍ୱତ ସାଧକ ଭାବରେ ପରିଚିତ। ତାଙ୍କ ରଚିତ ଗଳ୍ପମାନ ବାସ୍ତବଧର୍ମୀ କଥାବସ୍ତୁ ସହିତ ମାନବୀୟ ସହାନୁଭୂତିର ଚିର ସମୁଜ୍ଜ୍ୱଳ। ତାର ସାର୍ଥକ ନମୁନା ହେଉଛି 'ମାଂସର ବିଳାପ', ଏବଂ ସେଇ ଗଳ୍ପକୁ ନାଟ୍ୟରୂପ ପ୍ରଦାନ କରିବାରେ ଶ୍ରୀ କୈଳାସ ପାଣିଗ୍ରାହୀ ଜଣେ ସମର୍ଥ ନାଟ୍ୟପୁରୁଷ। 'ମାଂସର ବିଳାପ' ଗଳ୍ପର ନାଟ୍ୟରୂପକୁ ପଠନ କଲେ ପ୍ରତ୍ୟେକ ପାଠକଙ୍କ ସମ୍ମୁଖରେ ଝଲସିଯାଏ ନାଟ୍ୟମଂଚର ଅଦ୍ଭୁତ ମାୟା। ନାଟକର ଶାସ୍ତ୍ରୀୟ ମର୍ଯ୍ୟାଦାକୁ ପୁଙ୍ଖାନୁପୁଙ୍ଖ ଭାବରେ ଅନୁସରଣ କରି ମୁଖ୍ୟ ଚରିତ୍ର ମାନଙ୍କର ସ୍ଥିତିକୁ

ଅବତାରଣା କରିବା ସହିତ ନାଟକକୁ ରସାଳ ଓ ଭାବପୂର୍ଣ୍ଣ କରିବା ନିମନ୍ତେ ନାଟ୍ୟକାର ଆଉ କେତେକ କାଳ୍ପନିକ ଚରିତ୍ର ଚିତ୍ରଣ କରି, ନାଟକକୁ ଜୀବନ୍ତ କରି ଉପସ୍ଥାପିତ କରିଛନ୍ତି। ଯାହାଫଳରେ ଆରମ୍ଭରୁ ଶେଷ ପର୍ଯ୍ୟନ୍ତ ଏକ ନାଟକୀୟ ଉତ୍କଣ୍ଠା ପାଠକଙ୍କୁ ମୋହିତ କରିବ। ଜ୍ୟାମିତିକ ଦୃଶ୍ୟସଜ୍ଜା ସହିତ ଚରିତ୍ର ମାନଙ୍କର ସାଂଗୀତିକ ଉପସ୍ଥାପନା ଅତ୍ୟନ୍ତ ଭାବୋଦ୍ଦୀପକ। କେବଳ ସେତିକି ନୁହେଁ ନାଟକର ମୁଖ୍ୟ ଚରିତ୍ର ଜଲ୍ଲି ଓ ଡୋରାର ସମ୍ବେଦନାପୂର୍ଣ୍ଣ ସଂଳାପ ସହିତ ଜମିଦାରଙ୍କ ଅସହାୟତାବୋଧ ତଥା ଡି.ଆଇ.ଜି. ସାହେବଙ୍କ ଶାବ୍ଦିକ ଉଚ୍ଚାରଣ ତତ୍‌କାଳୀନ ସମାଜର, ସାମାଜିକ ପ୍ରତିଚ୍ଛବିର ଜ୍ୱଳନ୍ତ ନିଦର୍ଶନ। ଆରମ୍ଭରୁ ବ୍ୟାଖ୍ୟାକାର ଅବା ସୂତ୍ରଧରଙ୍କ ନାଟକୀୟ ଶୈଳୀ ହିଁ ଦର୍ଶକଙ୍କୁ ବାନ୍ଧି ରଖିବାର ସାମର୍ଥ୍ୟ ରଖିବ। ନାଟକରେ ଡୋରା ଏବଂ ଜଲ୍ଲି ଦୁଇଟି ଚରିତ୍ର ପଶୁ ହେଲେ ମଧ୍ୟ ସେମାନଙ୍କ ଭିତରେ ଯେଉଁ ମାନବୀୟ ପ୍ରେମ, ଅନ୍ତରଙ୍ଗତା, ଭଲ ପାଇବା, ତାହା ସାମ୍ପ୍ରତିକ ସମାଜର ଚରିତ୍ରମାନଙ୍କୁ ମଧ୍ୟ ଅଙ୍ଗୁଳି ନିର୍ଦ୍ଦେଶ କରେ। କାରଣ ସେଇ ଆପଣାପଣ ଆଜି ସମାଜରେ ଆମ୍ଭେ ଦେଖିବାକୁ ପାଉନା। ସବୁଠାରୁ ବଡ଼ କଥା ହେଲା - ଯେତେବେଳେ ଜମିଦାର ନିଜର ପାପବୋଧକୁ ଯେମିତି ଡୋରା ଆଗରେ ପ୍ରଦର୍ଶିତ କରିଛନ୍ତି, ଏବଂ ଡୋରା ସେତେବେଳେ ନିଜର ନୀରବତାମୟ ପ୍ରତିରୋଧକୁ ଅତି ସୁନ୍ଦର ଭାବରେ ଦର୍ଶାଇଛନ୍ତି ନାଟ୍ୟକାର, ତାହା ବାସ୍ତବିକ ଅତ୍ୟନ୍ତ ମାର୍ମିକ। ନାଟ୍ୟକାର "ମାଂସର ବିଳାପ" କାହାଣୀକୁ ଅତ୍ୟନ୍ତ ସତର୍କତାର ସହିତ ନାଟ୍ୟରୂପ ପ୍ରଦାନ କରିଛନ୍ତି। କାହାଣୀ ପ୍ରତି ଦର୍ଶକର ଉତ୍କଣ୍ଠାକୁ ଉଜ୍ଜୀବିତ କରି ରଖିବା ଉଦ୍ଦେଶ୍ୟରେ ନାଟକର ବିଭିନ୍ନ ଦୃଶ୍ୟକୁ କୁଶଳତାର ସହିତ ଅଳଙ୍କୃତ ଓ ସନ୍ନିବେଶିତ କରିଛନ୍ତି। ଦୃଶ୍ୟରୁ ଦୃଶ୍ୟାନ୍ତରକୁ ଯିବାବେଳେ ନାଟ୍ୟକାର ଶ୍ରୀ ପାଣିଗ୍ରାହୀ କୌଶଳକ୍ରମେ ସଂଳାପ, ଘଟଣା ଅଥବା ଚରିତ୍ର ମାଧ୍ୟମରେ ଗୋଟିଏ ଦୃଶ୍ୟକୁ ପରବର୍ତ୍ତୀ ଦୃଶ୍ୟ ସହିତ ସୁନ୍ଦର ଭାବରେ ସଂଯୋଜିତ କରିଛନ୍ତି।

ମୋଟାମୋଟି ଭାବରେ "ମାଂସର ବିଳାପ" ଗଳ୍ପର ଏହି ନାଟକୀୟ ଅଭିବ୍ୟକ୍ତି ସାମ୍ପ୍ରତିକ ସମାଜ ପାଇଁ ଏକ ବଳିଷ୍ଠ ନିଦର୍ଶନ। ଯାହାକୁ ଶ୍ରୀଯୁକ୍ତ କୈଳାସ ପାଣିଗ୍ରାହୀ ଅତି ସୁନ୍ଦର ଓ ସାବଲୀଳ ଢଙ୍ଗରେ ଏହି ନାଟକରେ ଅନୁରଣିତ କରିଛନ୍ତି।

ଏହି ନାଟକ ପାଠକଙ୍କ ନିମନ୍ତେ ତଥା ପ୍ରଯୋଜିତ ମଂଚ ନାଟକ ଦର୍ଶକଙ୍କ ପାଇଁ ଗ୍ରହଣୀୟ ହୋଇପାରିବ; ଏହ ନିଃସନ୍ଦେହ॥

ରାଜୀବ ପାଣି

ସଦସ୍ୟ, ଓଡ଼ିଶା ସାହିତ୍ୟ ଏକାଡେମୀ

- ନାଟକ -

ମାଂସର ବିଳାପ

"The Cry of Flesh"

ମୂଳଗଳ୍ପ : ୰ କାଳିନ୍ଦୀ ଚରଣ ପାଣିଗ୍ରାହୀ

ନାଟ୍ୟରୂପ / ଅଭିକଳ୍ପ / ନିର୍ଦ୍ଦେଶନା : କୈଳାସ ପାଣିଗ୍ରାହୀ

ସର୍ବଭାରତୀୟ ମେଜରପୋର୍ଟ ପାରାଦ୍ୱୀପ ପୋର୍ଟ ଟ୍ରଷ୍ଟ ଦ୍ୱାରା ଆୟୋଜିତ ଏବଂ
ପାରାଦ୍ୱୀପ ପୋର୍ଟ କଳାକାରଙ୍କ ଦ୍ୱାରା ମଂଚସ୍ଥ

ସ୍ଥାନ : ନିୟୁ ମାଙ୍ଗାଲୋର ପ୍ରେକ୍ଷାଳୟ

ତାରିଖ : ୦୧.୦୯.୨୦୨୧

ଅଭିନୟରେ:

ଏକ	:	ଜମିଦାର	:	ପ୍ରଦୀପ୍ତ ଦାସ
ଦୁଇ	:	DIG ସହେବ	:	ନୃସିଂହ ଶତପଥି
ତିନି	:	ଗୁମାସ୍ତା	:	ହେମନ୍ତ ମାଝି
ଚାରି	:	ମାଧିଆ	:	ମୃତ୍ୟୁଞ୍ଜୟ ପାଣ୍ଡବ
ପାଂଚ	:	ଖାନ୍‌ସାମା	:	ଶ୍ରୀକାନ୍ତ ନାୟକ
ଛଅ	:	ବ୍ୟାଖ୍ୟାକାର / ବେଠିଆ	:	ସଚ୍ଚିକାନ୍ତ ବିଶ୍ୱାଳ
ସାତ	:	କନ୍ୟା	:	କଣ୍ଢେଇ
ଆଠ	:	ଡୋରା	:	ପ୍ରକାଶ ନାୟକ
ନଅ	:	ଜଳି	:	ଲାଲି
କୋରଶ	:	୫ ଜଣ		
		ସଂଗୀତ ପରିଚାଳନା	:	ମନୋଜ ସୁତାର
		ଆଲୋକ	:	ମନୋଜ ଖଟୁଆ
		ରୂପସଜ୍ଜା	:	କ୍ୟାନ୍‌ମାସ୍ ପାରାଦ୍ୱୀପ

ପ୍ରଥମ ଦୃଶ୍ୟ

(ମଂଚର ସମ୍ମୁଖ ପରଦା ଖୋଲିବା ପୂର୍ବରୁ ଶୁଭୁଛି ଲମ୍ବା ସ୍ୱରରେ ଗୋଟିଏ କୁକୁରର ବିଳାପ। ସାଧାରଣତଃ ଏଭଳି କୁକୁରର ବିଳାପକୁ ଅଶୁଭ ସୂଚନା ବୋଲି ମନେ କରାଯାଏ। କେହି କେହି କହନ୍ତି କିଛି ଗୋଟାଏ ଅଘଟଣ ଘଟିବା ପୂର୍ବରୁ ପଶୁପକ୍ଷୀ ମାନେ ମଣିଷକୁ ଆଗୁଆ ସତର୍କ କରିଦିଅନ୍ତି।)

(ଏଯାବତ୍ ସମ୍ପୂର୍ଣ୍ଣ ଆଲୁଅ ମଂଚକୁ ଆସିନାହିଁ। କିନ୍ତୁ ସାମ୍ନା ମଂଚର ଠିକ୍ ବାମପଟେ ଛାଇ ଛାଇଆ ଆଲୁଅ ଭିତରେ ଅସ୍ପଷ୍ଟ ହେଇ ଦୃଶ୍ୟ ହେଉଛି ଗୋଟିଏ ଘର। ଏବଂ ପଛପଟେ ଅର୍ଥାତ୍ ପଛ ମଂଚରେ ଏକ ସରୁ ପାଦଚଲା ରାସ୍ତାଟିଏ ଲମ୍ବିଯାଇଛି, ଯାହା ଗଛ ଓ ଲତା ଦ୍ୱାରା ଆଚ୍ଛାଦିତ ହୋଇ ସହଜରେ ଜଣା ପଡୁନାହିଁ ଯେ ତାହା ଏକ ରାସ୍ତା। ଦୂରରେ ନଦୀଟିଏ ବହିଯିବାର ଆଭାଷ ମିଳୁଛି।)

(ସାମ୍ନା ମଂଚର ଡାହାଣ ପଟୁ ପ୍ରବେଶ କଲେ ବ୍ୟାଖ୍ୟାକାର।)

ବ୍ୟାଖ୍ୟାକାର : ଆଜ୍ଞା ନମସ୍କାର! ମତେ ଆପଣମାନେ ନାଟକର ବ୍ୟାଖ୍ୟାକାର ବୋଲି କହି ପାରନ୍ତି। ଚରିତ୍ରମାନଙ୍କୁ ଆପଣମାନଙ୍କ ସହ ପରିଚୟ କରେଇବା ସହ ନାଟକର ଗତିକୁ ବଢ଼େଇବା ହେଲା ମୋର କାମ। ନାଟକ 'ମାଂସର ବିଳାପ' The Cry of Flesh। ଏ କାହାଣୀ 'ଡୋରା' ଓ 'ଜଲି' କୁ ନେଇ। 'ଡୋରା' ଲଣ୍ଡନ ନଗରୀରୁ ଆସିଥିବା ଗୋଟିଏ ଗ୍ରେ ହାଉଣ୍ଡ୍ କୁକୁର। ଆଉ 'ଜଲି' ଗଡ଼ଜାତ ଜଙ୍ଗଲର କୃଷ୍ଣସାର ହରିଣ। ଜଲି ଏବଂ ଡୋରା ଆବାଲ୍ୟ ପରମ ସାଥୀ। କ୍ଷଣେ ଏକ ଅପରକୁ ଛାଡ଼ି ରହିବାକୁ ସହଜରେ ରାଜି ହୁଅନ୍ତି ନାହିଁ। ସେମାନଙ୍କୁ ଡାକିବା ? ଡ଼ୋରା....

ମଂଚକୁ ଦୌଡ଼ି ଆସିଛି ଡୋରା ଏବଂ ଏଣେ ତେଣେ ଶୁଙ୍ଘିଛି ।

(ବଡ଼ ପାଟିରେ) ଜଲି....

ଜଲି ଅନ୍ୟ ଦିଗରୁ ଖୁସିରେ ଦୌଡ଼ିଆସି ଡୋରା ସହ ଖେଳିଛି । ବ୍ୟାଖ୍ୟାକାର ହସିଦେଇଛି ।

ବ୍ୟାଖ୍ୟାକାର : ଡୋରା ଓ ଜଲି ଦୁହେଁ ପଶୁ ହେଲେ ବି ମଣିଷମାନଙ୍କ ଭଳି ସବୁ ଜାଣି ପାରନ୍ତି ଏବଂ ମନକଥା ବୁଝିପାରନ୍ତି ।

(ଏଇଠି ବ୍ୟାଖ୍ୟାକାର ଚରିତ୍ର ପାଲଟି ଯାଇଛି । ଏବଂ ଜଲି ଓ ଡୋରା ସହ ଖେଳିଛି । ଯେତେବେଳେ ସେ ଜଲିକୁ ଧରିବା ପାଇଁ ଯାଏ... ଡୋରା ତା ଉପରକୁ କୁଦିପଡ଼ି ଭୁକେ । ଖେଳ ଭିତରେ ବ୍ୟାଖ୍ୟାକାର ବାହାରକୁ ଦୌଡ଼ି ଚାଲିଯାଇଛି । 'ଜଲି' ସେଇଠି ଶୋଇପଡ଼ିଛି । ଡୋରା ତାକୁ ଉଠେଇବା ପାଇଁ ବହୁତ ଚେଷ୍ଟା କରିଛି । ଜଲି ଉଠିନି । ଡୋରା ଭୟ ପାଇ ଘର ବାରଣ୍ଡାକୁ ଯାଇ ଭୂକିଛି । ଭିତରୁ କନ୍ୟା ଦୌଡ଼ି ଆସିଛି ।)

କନ୍ୟା : ଆରେ... ଆରେ... କ'ଣ ହେଇଛି ଡୋରା ? ତୁ ଏମିତି ପାଟି କାହିଁକ କରୁଛୁ ?

ଡୋରା ଜଲି ପାଖକୁ ଆସି ଭୂକିଛି । କୁଁ.. କୁଁ... ହେଇଛି । କନ୍ୟା ଜଲି ପାଖକୁ ଆସିଛି ।

ଜଲି ଏଠି କାହିଁକି ଶୋଇଛି ? (ତାକୁ ଆଉଁସେଇ) ଜଲି... କଣ ହେଇଛି ତୋର ?

(ଜଲି କନ୍ୟାର ହାତ ପରଶ ପାଇ ଉଠି ପଡ଼ିଛି ।)

ବଦ୍‌ମାସ ! ମୋ ସହିତ ଖେଳୁଛୁ ? ରହ ଦଉଛି ତତେ...

(ତିନିଜଣ ମିଶି ଖେଳିଛନ୍ତି । ଏଇ ଖେଳ ଭିତରେ ମଂଚ ଅନ୍ଧାର ହେଇଛି ।)

ମଂଚ ଅନ୍ଧାର

ଦ୍ୱିତୀୟ ଦୃଶ୍ୟ

(ଶୂନ୍ୟ ମଂଚ। ପ୍ରବେଶ କଲେ ବ୍ୟାଖ୍ୟାକାର।)

ବ୍ୟାଖ୍ୟାକାର : ଏଇ ଘରଟି ହେଉଛି ଜମିଦାର ବାବୁଙ୍କର। ଜମିଦାର ବାବୁ ଜଣେ ଆଧୁନିକ ଓ ଶୃଙ୍ଖଳିତ ମଣିଷ। ଆମ ଭଳି ଗାଁ ଲୋକଙ୍କ ସହ ଗାଉଁଲୀ ଆଉ ବିଦେଶୀଙ୍କ ସହ ପୁରା ସାହେବ ଭଳି ଲାଗନ୍ତି। ଭାରି ମିଷ୍ଟଭାଷୀ। ପରକୁ ଆପଣାର କରିବା ବିଦ୍ୟାଟି ତାଙ୍କୁ ବେଶ୍ ଜଣା। ସନ୍ଧ୍ୟା ହେଲାଣି। ଏଇଟା ଜମିଦାର ବାବୁଙ୍କ ସାନ୍ଧ୍ୟ ଭ୍ରମଣର ସମୟ। ଜମିଦାର ବାବୁ ଯୁଆଡ଼େ ବି ଯାଆନ୍ତି ତାଙ୍କର ଅତି ପ୍ରିୟ 'ଡୋରା' ଓ 'ଜଲି'କୁ ସାଙ୍ଗରେ ନେଇକି ଯାଆନ୍ତି।

(ପଛମଂଚ ଦେଇ ଜମିଦାରବାବୁ ଆସିଛନ୍ତି। ତାଙ୍କର ଦୁଇପଟେ କିମ୍ବା ଆଗପଛ ହୋଇ ଚାଲିଥାନ୍ତି ଜଲି ଓ ଡୋରା। ଜଲି ଜମିଦାରଙ୍କ ହାତକୁ ସ୍ନେହରେ ଚାଟି ପକାଉଛି। ଡୋରା ପଛରେ ରହିଗଲେ ଜଲି ଜମିଦାରଙ୍କ ଆଗରେ ଠିଆ ହେଇ ପଥରୋଧ କରିଦିଏ। ଡୋରା ଲାଙ୍ଗୁଡ଼ ହଲେଇ ଜଲିକୁ ଗେଲ କରିଦିଏ। ବର୍ତ୍ତମାନ ବ୍ୟାଖ୍ୟାକାର ଚରିତ୍ର ପାଲଟିଯାଇଛି।)

ବ୍ୟାଖ୍ୟାକାର : ଜୁହାର ସାଆନ୍ତେ !

ଜମିଦାର : ଜୁହାର। ଆଉ କେମିତି ଅଛ ? ସବୁ କୁଶଳ ମଙ୍ଗଳ ତ ?

ବ୍ୟାଖ୍ୟାକାର : ସବୁ ଆପଣଙ୍କ ଦୟା ସାଆନ୍ତେ...

ଜମିଦାର : ହଉ, କେତେବେଳେ ସୁବିଧା ଦେଖି ଘରଆଡ଼େ ଆସିବ...

ବ୍ୟାଖ୍ୟାକାର : ହଉ ସାଆନ୍ତେ... (ପ୍ରସ୍ଥାନ)

ବିପରୀତ ଦିଗରୁ କିଛି ଲୋକ ଆସୁଥିଲେ। ଜମିଦାରଙ୍କୁ ଦେଖି ଜୁହାର ହେଲେ। ଜମିଦାର ଜୁହାର କରି ଚାଲିଗଲେ। ପଛେ ପଛେ ଜଲି ଓ ଡୋରା।

(ଗ୍ରାମବାସୀମାନେ କଥା ହେଲେ)

୧ମ ଲୋକ : ତୁ' ଯା କହ, ସାଆନ୍ତଙ୍କର ମତିଗତି ମତେ କିଛି ଭଲ ଲାଗୁନି।

୨ୟ ଲୋକ : ସୁ... ଧିରେ କହ ଭଗିଆ ! ଏଠି ଗଛପତ୍ର ବି ଜମିଦାରଙ୍କ ଇଚ୍ଛାରେ ବଂଚିଛନ୍ତି । ଆମେ ସବୁ ମୂରୁଖ ଲୋକ । ଆମେ କିଏ ସାଆନ୍ତଙ୍କୁ ଭଲମନ୍ଦ କହିବାକୁ ?

୩ୟ ଲୋକ : ଇଂଗିଲିଶି ସାଇବ ମାନଙ୍କ ସାଥିରେ ମିଶି ଖାଲି ହାଏ... ବାଏ... ହଉଛି । ମଦ ପିଉଛି... ଛିଃ...

୨ୟ ଲୋକ : ହଉ ଚାଲ ଏବେ ଏଇଠୁ ପଳେଇ ଚାଲ –

ସେମାନେ ପଛମଂଚ ରାସ୍ତା ଦେଇ ଚାଲିଯିବେ ।। ଘର ଭିତରୁ ମାଧିଆ ଆସିଛି ଏବଂ ଘରକାମ ଓ ଅଗଣା କାମ କିଛି କରୁଛି । ବାହାରୁ ଜମିଦାର ବାବୁ ଆସିଛନ୍ତି ।

ଜମଦାର : ମାଧିଆ... ଏ ମାଧିଆ...

ମାଧିଆ : ଆଜ୍ଞା ସାଆନ୍ତେ.... ?

ଜମିଦାର : ଜଲି ଆଉ ଡୋରା ପାଇଁ ଖାଇବା ଆଣ... ଭୋକ ହବଣି....

ମାଧିଆ : ଆଣୁଛି ସାଆନ୍ତେ...(ଭିତରକୁ ଯାଇଛି)

ଜମିଦାର : ତମେ ଦି'ଜଣ ଏଇଠି ଖେଳୁଥାଅ । କୁଆଡ଼େ ଯିବନି । ମାମା.... ମାମା....

ଡାକି ଡାକି ଘର ଭିତରକୁ ଗଲେ । ମାଧିଆ ଗୋଟେ ପ୍ଲେଟରେ ଡୋରା ପାଇଁ ଆଉ କିଛି ଡାଳପତ୍ର ଜଲି ପାଇଁ ନେଇକି ଆସିଛି ।

ମାଧିଆ : ଡୋରା.... ଜଲି... ଆସ ଆସ ଖାଇବା ବଢ଼ାହେଲାଣି.... ଜଲି ଓ ଡୋରା ଖାଇବା ଯାଗା ପାଖକୁ ଯାଇଛନ୍ତି । କିନ୍ତୁ.. ଖାଇ ନାହାନ୍ତି ।

ଜମିଦାର ବାବୁଙ୍କ ହାତ ବାଡ଼ିଟି ଧରି ଭିତରୁ ଆସିଛି କନ୍ୟା ।

କନ୍ୟା : (ଆସି) ମାଧକକା ! ଏମାନେ ଆହୁରି ବ୍ରେକ୍‌ଫାଷ୍ଟ କରିନାହାନ୍ତି ?

ମାଧିଆ : ନାହିଁ ପରା... ଡୋରା ଖାଉନି ବୋଲି ଜଲିବି ଖାଉନି । ଏମାନେ ବହୁତ ଦୁଷ୍ଟ ହେଇଗଲେଣି ମା... ।

କନ୍ୟା : ମୁଁ ତମମାନଙ୍କ ଦୁଷ୍ଟାମୀ ଏବେ ଛଡ଼ଉଛି । (ବାଡ଼ିଟି ଧରି) ଏ... ଶୁଣ... ଶୀଘ୍ର ଶୀଘ୍ର ଖାଇଦିଅ, ନ ହେଲେ ମୋଠୁ ମାଡ଼ ଖାଇବ କହିଦେଉଛି ।

ମାଧିଆ : ଦେଖିଲେ ତ ମା'... କେମିତି ଜିଦି କରୁଛନ୍ତି ?

କନ୍ୟା : ଜଲି... ! ଏ କ'ଣ ? ତୁ ଖାଉନୁ କାହିଁକି ?

ଜଲି : (ଡୋରାକୁ ଚାହିଁଛି । ଡୋରା ଟିକିଏ ଦୂରକୁ ଚାଲିଯାଇଛି)

କନ୍ୟା : ହୁଁ... ବହୁତ ଗେହ୍ଲା ହେଇଯାଇଛି ନା ! ଡାକିବି ବାପାଙ୍କୁ ? ବାପା....

ସେମାନେ ଖାଇବା ସ୍ଥାନକୁ ଦୌଡ଼ି ଆସିଲେ । ହେଲେ ନଖାଇ କେବଳ କନ୍ୟାକୁ ଚାହିଁଲେ ।

କନ୍ୟା : କ'ଣ ହେଲା ? ଓହୋ... ଗୀତ ଶୁଣିବ ନା... ଆଚ୍ଛା...(ଗାଇଛି)

ଜଲି ଜଲି... ଜଲି ଆଉ ଡୋରା
ତମେ ମୋ best friend ପରା । (୦)
ଜଲି ଆଉ ଡୋରା ବିନା ଦିନରେ ହୁଏନା ଖରା (୨ଥର)
ରାତିରେ ଫୁଟେନି ତାରା
ତମେ ମୋ best friend ପରା

(ଏଇ ଗୀତ ଭିତରେ ଜଲି ଓ ଡୋରା ଖାଇବା ସହ କନ୍ୟା ଓ ମାଧିଆ ସହ ଖେଳିଛନ୍ତି)

(ଏଇ ସମୟେ ଜମିଦାର ପ୍ରବେଶ କରି statue ବୋଲି କହିଛନ୍ତି । ଯିଏ ଯୋଉଠି ସ୍ଥିର ହୋଇ ରହିଗଲେ)

- ମଂଚ ଅନ୍ଧାର -

ତୃତୀୟ ଦୃଶ୍ୟ

(ପଛ ମଂଚରେ ଆଲୋକ ଆସିଛି । ଗାଁ ଲୋକେ କଥାଭାଷା ହେଇ କାମରେ ବାହାରିଛନ୍ତି । ବେଠିଆ କାନ୍ଧରେ ଗୋଟିଏ ଚାଉଳ ବସ୍ତା ବୋହି ଘର ବାରଣ୍ଡାରେ ରଖିଛି । ଆଉ ଡାକିଛି)

ବେଠିଆ : ମାଧିଆ... ଏ ମାଧିଆ...

ମାଧିଆ : (ଆସି) କ'ଣ ହେଲା ?

ବେଠିଆ : ବସ୍ତାଟା ଭିତରକୁ ନେଇଯା ।

ମାଧିଆ : ହଉ । (ବସ୍ତା ନେଇକି ଭିତରକୁ ଯାଇଛି) (ବେଠିଆ ବାହାରକୁ ଚାଲିଗଲା)

ଏଇ ସମୟରେ ଜମିଦାରଙ୍କ ପାଟି ଶୁଭିଲା। ହାତରେ ଚିଠି ଖଣ୍ଡେ ଧରି ବ୍ୟସ୍ତ ହେଇ ଆସିଲେ। ପୋଷାକରେ ସାମାନ୍ୟ ପରିବର୍ତ୍ତନ।

ଜମିଦାର : ଗୁମାସ୍ତାଏ... ହୋ ଗୁମାସ୍ତାଏ...

ଗୁମାସ୍ତା : (ଘର ପଛପଟ ରାସ୍ତାରୁ ଦୌଡ଼ି ଆସିଲେ) ଆଜ୍ଞା ସାଆନ୍ତେ ?

ଜମିଦାର : ବିପଦ ଆସିଗଲା ଗୁମାସ୍ତାଏ...

ଗୁମାସ୍ତା : (ଆଶ୍ଚର୍ଯ୍ୟରେ) ବିପଦ ?

ଜମିଦାର : ସହରରୁ ଡିଆଇଜି ସାହେବଙ୍କ ଚିଠି ଆସିଛି।

ଗୁମାସ୍ତା : (ଖୁସିହୋଇ) ଡିଆଇଜି ସାହେବ ? ସେ'ତ ଆପଣଙ୍କ ପରମ ବନ୍ଧୁ ସାଆନ୍ତେ।

ଜମିଦାର : ସେ ମୋର ପରମବନ୍ଧୁ, ସେ ଭିନ୍ନ କଥା ଗୁମାସ୍ତାଏ। କଥାଟି ହେଲା ଡିଆଇଜି ସାହେବ ଶିକାର ଉଦ୍ଦେଶ୍ୟରେ ଆସୁଛନ୍ତି। ଆମ ଅତିଥି ଭବନରେ ସେ ଆତିଥ୍ୟ ଗ୍ରହଣ କରିବେ ବୋଲି ଚିଠି ଲେଖି ପଠେଇଛନ୍ତି। ହେଇ ଦେଖ –

ଗୁମାସ୍ତା : ଦେଖିବି କ'ଣ ସାଆନ୍ତେ.. ଆପଣ କ'ଣ କେବେ ମିଛି କହନ୍ତି !

ଜମିଦାର : ଆଉ ଚାରିଦିନ ପରେ, ମାନେ ଏଇ ଶନିବାର ଦିନ ସାହେବ ଆସି ପହଂଚିଯିବେ। ଶୁଣ ଗୁମାସ୍ତାଏ, ତମେ, ମାଧିଆ, ଖାନ୍‌ସାମା, ବେଠିଆ, ଆଉ କେତେ ଜଣକୁ ନେଇ କାମରେ ଲଗେଇଦିଅ। ଅତିଥି ଭବନକୁ ଟିପ୍‌ଟାପ୍ କରିଦିଅ। ଡିଆଇଜି ସାହେବ ମୋର ବନ୍ଧୁ ହେଲେ ବି, ସେ ଜଣେ ଟାଣୁଆ ଇଂରେଜ ପୋଲିସ୍ ଅଫିସର। ତାଙ୍କ ଆତିଥ୍ୟରେ ଯେମିତି କୌଣସି ଅଭାବ ନ ରହେ।

ଗୁମାସ୍ତା : ଆଜ୍ଞା ସାଆନ୍ତେ।

ଜମିଦାର : (ବାହାରକୁ ଦେଖି) ଡ୍ରାଇଭର.... ଗାଡ଼ି ଷ୍ଟାର୍ଟ୍ କର..

ଜମିଦାର ବାହାରକୁ ଚାଲିଗଲେ। ଗାଡ଼ି ଷ୍ଟାର୍ଟ୍ ହେଇ ଯିବାର ଶବ୍ଦ ଶୁଭିଛି।

ଗୁମାସ୍ତା : ମଲା ମଣିଷ ! ଜମିଦାର ସାଆନ୍ତେ.... ମଟର ଗାଡ଼ିରେ ବସି ଚାଲିଗଲେ। ହେଲେ ସାଆନ୍ତଙ୍କର ଏଇ ଯୋଉ ବିଲାତି

ବନ୍ଧୁ... ଇଲୋ ବାପ, ତାଙ୍କର ସେବା କରି କରି ମୋର ଅବସ୍ଥା ବାର ବାଜିଯିବ। ମଲା ମଣିଷ.. ଏ ରକ୍ତମୁଖା ଇଂରେଜ ସାଇବ ଗୁଡ଼ାକ କି ଜନମ ପାଇଛନ୍ତି କେଜାଣି... ଖାଲି ପେଟେ ପେଟେ ମାଉଁସ ଗେଫିବେ, ଆଉ ବୋତଲ ବୋତଲ ମଦ ପିଇବେ.... ମଲା ମଣିଷ। ଆରେ ଏ ମାଧିଆ.... ଏ ଖାନ୍‌ସାମା... ବେଠିଆ.. କୁଆଡ଼େ ଗଲରେ... ବେଇଗି ଆସ....

ପ୍ରବେଶ କଲେ ମାଧିଆ, ବେଠିଆ, ଖାନ୍‌ସାମା, ବ୍ୟାଖ୍ୟାକାର ଓ ଅନ୍ୟ ଦୁଇଜଣ ନଇଁ ନଇଁ କୋରଶ ଦଳ ଭଳି ଆସିଲେ।

କୋରଶ : ଆଜ୍ଞା ମଣିମା... ଆଜ୍ଞା ମଣିମା... ଆଜ୍ଞା ମଣିମା...

ଗୁମାସ୍ତା : (ପାଲା ଗାୟକ ଭଳି) ଶୁଣ, ଏଇ ଶନିବାର ଦିନ ଇଂରେଜ ଡିଆଇଜି ସାହେବ ଶିକାର କରିବାକୁ ଆସୁଛନ୍ତି....

କୋରଶ : ହଁ....

ଗୁମାସ୍ତା : ଦେଖୁଛ... ହାତରେ ଆଉ ବେଶି ଦିନ ନାହିଁ...

କୋରଶ : ନା... ହିଁ...

ଗୁମାସ୍ତା : ତମେମାନେ ଯାଇ ଅତିଥିଶାଳା ସଫା ଦଫା କର....

କୋରଶ : ଆଜ୍ଞା ହଜୁର... ଆଜ୍ଞା ହଜୁର... ଆଜ୍ଞା ହଜୁର...

ଗୁମାସ୍ତା : ମଲା ମଣିଷ ! ଯାହା ସବୁ ଜିନିଷପତ୍ର ଦରକାର କଟକ ଯାଇ ବେଇଗି ଆଣ...

କୋରଶ୍ : ବେଇଗି ଆଣ... ବେଇଗି ଆଣ.... ବେଇଗି ଆଣ...

ଗୁମାସ୍ତା : ଏଇ ଚାରିଦିନ ଏବେ ମରିବାକୁ ବି ତର ମିଳିବନି ରେ.... ଏ... ଏ....

କୋରଶ୍ : ଏଏ...ଏଏ... ଏଏ....

ଗୁମାସ୍ତା : ଚାଲ ବେଇଗି କାମରେ ଲାଗିପଡ଼....

କୋରଶ୍ : ହଁ... ଚାଲ ଚାଲରେ.... ଚାଲ ଚାଲରେ... ଚାଲ ଚାଲରେ....

ଉପରୋକ୍ତ ସଂଳାପକୁ ପାଲାର ପାଳିଆ, ଗାୟକ ଭଳି କହିବେ।

ତାଙ୍କରି ଭିତରୁ ବ୍ୟାଖ୍ୟାକାର ଅଲଗା ହେଇ ରହିଯିବ ଏବଂ ଅନ୍ୟମାନେ ଚାଲିଯିବେ।

ବ୍ୟାଖ୍ୟାକାର : ଡିଆଜି ସାହେବଙ୍କୁ ପାଛୋଟି ଆଣିବାକୁ ଜମିଦାର ବାବୁ ଓ ଅନ୍ୟମାନେ ଖଣ୍ଡେ ଦୂର ମଟର ଗାଡ଼ିରେ ଯାଇଥିଲେ। କାରଣ ସାହେବ ଖୁସିହେଲେ ସମସ୍ତେ ଖୁସି। (ଦୂରକୁ ଦେଖି) ଏଇ ତ... ସାହେବଙ୍କୁ ନେଇ ସେମାନେ ଆସୁଛନ୍ତି।

ଭିତରୁ କୋରଶ୍ ରେ ଶୁଭୁଥାଏ ।

କୋରଶ : (ଗୀତ ଭଳି) ଚାଲ ଚାଲରେ.... ଟିକେ ବେଇଗି ଚାଲ.... ଚାଲ ଚାଲରେ....

ମଂଚ ପ୍ରବେଶ କଲେ ଜମିଦାର, ଡିଆଇଜି ସାହେବ ଏବଂ ଅନ୍ୟମାନେ। ଡିଆଇଜି ସାହେବଙ୍କୁ ଏକରକମ ଭାର କରି ଆଣିଛନ୍ତି। ସାହେବଙ୍କ ବେକରେ ଫୁଲମାଳ।

ବ୍ୟାଖ୍ୟାକାର : ଆସନ୍ତୁ ସାଆନ୍ତେ.... ଏଠି ସବୁ ବନ୍ଦୋବସ୍ତ ହେଇଯାଇଛି।

ଜମିଦାର : ଭେରି ଗୁଡ୍.... ଯାଅ କାମରେ ଲାଗିପଡ଼।

(ବ୍ୟାଖ୍ୟାକାର ଓ ଅନ୍ୟମାନେ ଚାଲିଯାଇଛନ୍ତି)

ଡିଆଇଜି ସାହେବ : Thank You... Thank You ....ଜମିଦାର ସାର୍! ପୁଣି ଥରେ ଆପନଙ୍କ ଓଡ଼ିଶାକୁ ଆସି ମୁଁ ବହୁତ Good feel କରୁଛି, I am happy।

ଜମିଦାର : ଡିଆଇଜି ସାହେବ ଆଜି ରାତିରେ ଆପଣ Guest house ରେ rest କରନ୍ତୁ। କାଲି morning ରେ break-fast ସାରି hunting କରିବା ପାଇଁ ଆମେ ଜଙ୍ଗଲକୁ ବାହାରିଯିବା।

ଡିଆଇଜି ସାବେହ : Oh, Yes, that's not bad idea. But ଜମିଦାରା ସାର୍ ଆଜି night ରେ dinner ପାଇଁ ଆପନ୍ କନ୍ arrange କଡ଼ିଛନ୍ତି ?

ଜମିଦାର : ସେ କଥା ଆଉ ପଚାରିବାର ଅଛି ? ଡିଆଇଜି ସାହେବ ଆପଣ Meat ନ ଖାଇଲେ Dining ରେ ବସନ୍ତିନି। ଆଉ ଦିନଟିଏ ଶିକାର ନ କଲେ ରାତିରେ ଆପନ୍ଙ୍କୁ ନିଦ ହୁଏନି। I know that, So ମୁଁ ଗୋଟାଏ ଜଙ୍ଗଲୀ ବାରହାକୁ ଆଣି ତାକୁ ଖୁଆଇ ପିଆଇ Guest House ରେ ରଖିଛି। ଆପଣ ତାକୁ ଗୁଳିକରି ଶୀକାର କଲାପରେ ମୋ ଖାନ୍‌ସାମା ତାକୁ ready କରି ଆପଣଙ୍କୁ serve କରିବ।

ଡିଆଇଜି ସାହେବ : Oh, Great ଜମିଦାରା ସାର୍ । I am delighted.

ଜମିଦାର : Please come...

ଦୁହେଁ ଯାଉ ଯାଉ ରହିଗଲେ ।

ମଂଚ ଅନ୍ଧାର

ଚତୁର୍ଥ ଦୃଶ୍ୟ

(ସମୟ ସକାଳ । ପଛ ମଂଚରେ କିଛି ଲୋକ ବିଭିନ୍ନ କାମରେ ଯିବା ଆସିବା କରୁଛନ୍ତି । ମାଧିଆ ଘରୁ ଡୋରାକୁ ନେଇ ଆସିଛି । ଡୋରା ଘର ଆଡ଼କୁ ମୁହଁ କରି ଭୁକୁଥାଏ, କାରଣ ଜଲି ଘର ଭିତରେ ଅଛି । କିଛି ସମୟ ପରେ ଭିତରୁ ଦୌଡ଼ି ଆସିଛି ଜଲି । ଡୋରା ପାଖକୁ ଆସି ସେ ଖେଳିଛି । ମାଧିଆ ମଝିରେ ମଝିରେ ସେମାନଙ୍କୁ ଆକଟ କରୁଥାଏ । ବର୍ତ୍ତମାନ ଜମିଦାର ବାବୁ ଶିକାରୀ ପୋଷାକରେ ହାତରେ ବନ୍ଧୁକ ଧରି ପ୍ରବେଶ କରିଛନ୍ତି ।)

ଜମିଦାର : ମାଧିଆ !

ମାଧିଆ : ଆଜ୍ଞା ସାଆନ୍ତେ....

ଜମିଦାର : ଆରେ କାହାର ଦେଖାନାହିଁ । କୁଆଡ଼େ ଗଲେ ସବୁ ?

ମାଧିଆ : ସମସ୍ତେ ଜିନିଷପତ୍ର ନେଇ ଆସୁଛନ୍ତି ସାଆନ୍ତେ ।

ଜମିଦାର : ଏ ଗୁମାସ୍ତା କୁଆଡ଼େ ଗଲେ ?

ମାଧିଆ : ଏଇଠି ତ ଥିଲେ... । କୁଆଡ଼େ ଗଲେ କେଜାଣି...

ଭିତରୁ କନ୍ୟା ଦୌଡ଼ି ଆସିଛି ।

କନ୍ୟା : ବାବା.... ବାବା...

ଜମିଦାର : କ'ଣ ହେଲା ମାମା... ?

କନ୍ୟା : ବାବା, ଆପଣ କ'ଣ ଜଲିକୁ ବି ଶିକାରକୁ ନେଇକି ଯାଉଛନ୍ତି ?

ଜମିଦାର : ହଁ ।

କନ୍ୟା : ଜଲି କାହିଁକି ଯିବ ? ତା'ର ସେଠି କି କାମ ?

ଜମିଦାର : ଆରେ ମା' ଶିକାରରେ ଜଲିର କିଛି କାମ ନାହିଁ ଯେ.. ହେଲେ ଜଲି ଯଦି ନଯାଏ... ଡୋରା ବି ଯିବାକୁ ରାଜି ହବନି । ତା'ଛଡ଼ା ଜଲିକୁ ଛାଡ଼ି ଡୋରା କ'ଣ ରହିପାରିବ ?

କନ୍ୟା : ଆଉ ମୁଁ ଜଲିକୁ ଛାଡ଼ି କେମିତି ରହିବି ଯେ ?

ଜମିଦାର : ତୁ କାହିଁକି ବ୍ୟସ୍ତ ହଉଛୁ ? ଆମେ ପରା ଦୁଇଦିନ ଭିତରେ ଫେରି ଆସିବୁ ।

କନ୍ୟା : ଦୁଇଦିନ ? ନାଇଁ ବାବା ଦୁଇଦିନ ମୁଁ ସେମାନଙ୍କୁ ଛାଡ଼ି କେମିତି ରହିବି ?

ଜମିଦାର : ଦେଖୁ ଦେଖୁ ଦୁଇଦିନ କୁଆଡ଼େ ଚାଲିଯିବ...

କନ୍ୟା : ଦେଖନ୍ତୁ ବାବା, ଆପଣ ଜମ୍ମା ବେଶିଦିନ ରହିବେନି । ଦୁଇଦିନ ମାନେ ଦୁଇଦିନ । ନ ହେଲେ ମୁଁ ଆପଣଙ୍କ ସହ କଥା ହେବିନି । କଟି ପକେଇ ଦେବି ।

ଜମିଦାର : OK my dear.. ଶୀଘ୍ର ଆସିଯିବି ।

କନ୍ୟା : ଡୋରା.... ଜଲି ତେତେ ଲାଗିଲା । ତାର କେୟାର ନେବୁ ।
(ଡୋରା କନ୍ୟା କଥାରେ ଦୁଇଗୋଡ଼ରେ ଠିଆ ହୋଇଗଲା)
ଅନ୍ୟ ଦିଗରୁ ଡିଆଇଜି ସାହେବ ଓ ତାଙ୍କ ଅର୍ଦ୍ଦଳି ଜିନିଷ ପତ୍ର ଧରି ଆସିଛି । ଡିଆଇଜି ସାହେବ ପୁରା Hunting getup ରେ ଅଛନ୍ତି । ତାଙ୍କ ହାତରେ ବନ୍ଧୁକ ଓ ଟୋପି ।

ଡିଆଇଜି ସାହେବ : Let's go ଜମିଦାର ସାର୍....

ଜମିଦାର : Oh yes... ଗୁମାସ୍ତାଏ...

ଗୁମାସ୍ତା : (ଦୂରରେ ଥାଇ) ଆଜ୍ଞା ସାଆନ୍ତେ... ଆସରେ....
ମାଧିଆ, ଖାନ୍‌ସାମା, ବେଠିଆ, ବ୍ୟାଖ୍ୟାକାର ଓ ଅନ୍ୟ ତିନିଜଣ ସମସ୍ତେ ଆସିଛନ୍ତି । ସମସ୍ତଙ୍କ ହାତରେ ଠେଙ୍ଗା ଓ ଶିକାର ଜିନିଷ ପତ୍ର । ସାଙ୍ଗରେ ଗୋଟିଏ ବଡ଼ ଛତା, tent, ପାଣି ଇତ୍ୟାଦି ।

କୋରଶ : ଚାଲ ଚାଲରେ.. ଟିକେ ବେଇଗି ଚାଲ... ଚାଲ ଚାଲରେ....
(ସମସ୍ତେ ମିଶି ଠେଙ୍ଗା ଦ୍ୱାରା ତିଆରି ପାଲିଙ୍କିରେ ଡିଆଇଜି ସାହେବଙ୍କୁ ବସେଇ ନେଇ ଚାଲିଲେ । ଆଗରେ ଜମିଦାର ବାବୁ, ଡୋରା ଓ ଜଲି ଚାଲିଛନ୍ତି । ସେମାନେ ସାମ୍ନାମଂଚରୁ ବାହାରି ପୁଣି ପଛ ମଂଚ ଦେଇ ଅନ୍ୟ ରାସ୍ତା ଦେଇ ସାମ୍ନା ମଂଚକୁ ଆସିବେ ।)
(ମଂଚରେ ଏକୁଟିଆ ରହିଯାଇଥିବା କନ୍ୟା ମନ ଦୁଃଖରେ

ଘରୁ ଫେରିଯାଇଛି । ଆଖିରେ ତା'ର ଲୁହ । 'ହାକା' ଅର୍ଥାତ୍ ଶିକାରକୁ ଯିବାବେଳେ ଯେଉଁ ବାଜା ବାଜେ, ସେଇ ବାଦ୍ୟ ବାଜୁଥାଏ ।)

ଜମିଦାର : ଆସନ୍ତୁ ଡିଆଇଜି ସାହେବ ।

ଡିଆଇଜି ସାହେବ : Wou ! beautiful location ! ଜମିଦାର ସାର୍, ମତେ ଲାଗୁଛି..ଏଇ forest ଭିତରେ tiger, elephant ନିଶ୍ଚୟ ଥିବେ ?

ଜମିଦାର : ନିଶ୍ଚୟ ଥିବେ । ହେଲେ ସେମାନଙ୍କ ପାଖରୁ ଆମେ ଦୂରେଇ ରହିବା ଉଚିତ୍ ।

ଡିଆଇଜି ସାହେବ : Yes... Yes...I know ତା' ନହେଲେ ସେମାନେ ଆମକୁ hunting କରିଦେବେ ।

ଦୁହେଁ ହସିଛନ୍ତି ।

ଜମିଦାର : ଡିଆଜି ସାହେବ - ଆମେ ତା'ହେଲେ ବାହାରିଯିବା ।

ଡିଆଇଜି ସାହେବ : Let's go ..

ଜମିଦାର : ଗୁମାସ୍ତାଏ... (ଦୁହେଁ ବାହାରିଗଲେ)

ଗୁମାସ୍ତା : ଆଜ୍ଞା ସାଆନ୍ତେ... (ଆସି ଦେଖୁଛି, ପାଇନି) ପଳେଇଗଲେଣି ! ମଲା ମଣିଷ....

କୋରଶ୍ : ମଲା ମଣିଷ... ମଲା ମଣିଷ.... ମଲା ମଣିଷ....

ସମସ୍ତେ ଜମିଦାର ଯିବା ରାସ୍ତାରେ ଯାଇଛନ୍ତି ।

(ତାଙ୍କରି ଭିତରୁ ବ୍ୟାଖ୍ୟାକାର ରହିଯାଇଛି)

ବ୍ୟାଖ୍ୟାକାର : ମନେ ହେଉଛି, ଆଜି ବେଳା ଖରାପ । ବହୁତ ଚେଷ୍ଟା କଲାପରେ ବି ସେମାନେ ପକ୍ଷୀଟିଏ ବି ଶିକାର କରି ପାରିଲେନି । କଥାରେ ଅଛି ପରା... ବହୁ ଲୋକରେ ମୂଷା ମରେନି । ଏତେ ଲୋକ ସିନା ସାଙ୍ଗରେ ଯାଇଛନ୍ତି- ହେଲେ ଶିକାର କାହା ହାତକୁ ବି ଆସିଲାନି ।

ମାଧିଆ : (ଭିତରୁ) ଓ ବାକିଆ ବାବୁ.. କୋଉଠି ରହିଗଲ ?

ବ୍ୟାଖ୍ୟାକାର : ଆସୁଛି... ଆସୁଛି ଆଜ୍ଞା... (ଚାଲି ଯାଇଛି)

(ପଛ ମଂଚରେ ଦୃଶ୍ୟ ହେଲେ ଜମିଦାର ବାବୁ । ସେ ବନ୍ଧୁକ ଫୁଟେଇଛନ୍ତି ।)

ଜମିଦାର : ଆଃ ! ଛନ୍‌ଛନିଆ ବାରହାଟା... ମଲାନି । ଖସିକି ଚାଲିଗଲା ।

ଡିଆଇଜି ସାହେବ : My foot, I will go mad. କନ୍ କରିବି ? ଶିକାର ନ କଲେ ମୁଁ ପାଗଲ ହେଇଯିବି ।

ଜମିଦାର : ଆପଣଙ୍କୁ ମୁଁ ପାଗଳ ହେବାକୁ ଦେବିନାହିଁ ଡିଆଇଜି ସାହେବ । ଆସନ୍ତୁ ଆମେ ସେଇ ପଟକୁ ଯିବା । ନିଶ୍ଚୟ ଶିକାର ମିଳିବ ।

(ଜମିଦାର ଓ ଡିଆଇଜି ସାହେବ ଏକରକମ ମାର୍ଚ୍ଚ କଲାଭଳି ମଂଚରୁ ବାହାରିଗଲେ । ପରେ ପରେ ଅତି ସନ୍ତର୍ପଣ ସହ ଆସିଛନ୍ତି ଅନ୍ୟମାନେ । ପଛରେ ଆସୁଥାନ୍ତି ଗୁମାସ୍ତା । ଆଲୋକ ମାଧ୍ୟମରେ ସନ୍ଧ୍ୟା ହେଇଯିବାର ସୂଚନା ।)

ଗୁମାସ୍ତା : ଓହୋ, ମଲା ମଣିଷ...

କୋରଶ୍ : ମଲା ମଣିଷ... ମଲା ମଣିଷ... ମଲା ମଣିଷ...

ଗୁମାସ୍ତା : (ବିରକ୍ତ ହେଇ) ଏୟ ଚୋପ୍ ! ତୀର୍ଥ କରି ଯାଉନ ମଁ – ଶିକାରକୁ ଯାଉଛ.. ଏମିତି ଧପେଇ ଧପେଇ ଚାଲିଲେ ଶିକାର କେମିତି ପାଇବ ? ପାଦ ଚିପି ଚିପି ଚାଲ... ନ ହେଲେ ଶିକାର ହାତରେ ଲାଗିବନି । ସନ୍ଧ୍ୟା ହେଲାଣି ବୋଲି ଜାଣି ପାରୁଛ ତ ? ଚାଲ...

କୋରଶ : ଚାଲ... ଚାଲ... ଚାଲ ଚାଲରେ... ଚାଲ ଧିଇରି ଚାଲ... ଚାଲ ଚାଲରେ....

ଖାନ୍‌ସାମା : ହଇଓ ଗୁମାସ୍ତା ବାବୁ... ଏ ଜମିଦାର ବାବୁ ଆଉ ଡିଆଇଜି ସାହେବ ତ ସେଇପଟେ ଗଲେ । ଆମେ କୋଉପଟେ ଯିବା ?

ଗୁମାସ୍ତା : ଆରେ ଜମିଦାରଙ୍କ ପିଛା କରିବା କିଛି ଦରକାର ନାହିଁ । ଆଖି ଖୋଲା ରଖ । ଏଇଠି କୋଉଠି ଆମେ ନିଶ୍ଚୟ ଶିକାର ପାଇଯିବା ।

ବେଠିଆ : ଗୁମାସ୍ତା ବାବୁ ! ଗୋଡ଼ କାଟିଲାଣି ହେ... ଟିକେ ଥକ୍କା ମାରିଲେ ହୁଅନ୍ତାନି ?

ଗୁମାସ୍ତା : ଥକ୍କା ମାରିବ ଯଦି ସାଙ୍ଗରେ ଆସୁଥିଲ କାହିଁକି ? ଆରେ ବାବୁ... ଶିକାର କରିବାକୁ ଆସିଛ – ଥକ୍କା ମାରିଲେ କଥା ସରିଯିବ । ଦେଖୁଛ.. ସନ୍ଧ୍ୟା ହେଲାଣି ପରା... ।

ମାଧିଆ : ହେଲେ କୋଉଠି ତ କିଛି ମିଳୁନି ।

କୋରଶ : କିଛି ମିଳୁନି... କିଛି ମିଳୁନି.. କିଛି ମିଳୁନି...

ଗୁମାସ୍ତା : କିଛି ମିଳୁନି ବୋଲି କହିଦେଲେ କେମିତି ହେବ ? ଆରେ ପଶୁପକ୍ଷୀ ଯଦି ନ ମିଳୁଛି... ପୋକ, ଜୋକ, ମାଛି, ମଶା, ବେଙ୍ଗ, ମୂଷା, କିଛି ଗୋଟେ ତ ଶିକାର କର।

ଗ୍ରାମବାସୀ : ଓଃ ! ମଣିଷ ବଡ଼ ହଇରାଣ ହେଇଗଲା। ସେ ପଟେ ଡିଆଇଜି ସାହବଟା ଶିକାର ନ ପାଇ ପଗଳା ହେଇଯିବ ବୋଲି କହିଲାଣି।

ଗୁମାସ୍ତା : ଆରେ ସାହିବ କ'ଣ ପଗଳା ହେବ ? ଆମେ ସବୁ ପଗଳା ହେଇଯିବା। ଛିଃ...

କୋରଶ : ଛିଃ... ଛିଃ... ଛିଃ...

ଗୁମାସ୍ତା : ହଇରେ ମାଧିଆ ! ଗୁଣ୍ଡିପତ୍ର ଟିକେ ବାହାର କଲୁ। ଏଇଠି ବସିପଡ଼ି ଟିକେ ଦଳିଦେବା।

ମାଧିଆ : ହେଲେ ଗୁମାସ୍ତା ବାବୁ ! ଆମକୁ ପରା ଜମିଦାରବାବୁ ଶିକାର ଖୋଜିବାକୁ କହିଛନ୍ତି। ଏମିତି ବସିବା ଦେଖିଲେ - ଆମକୁ ଦଳି ଦେବେ ଯେ...

ଗୁମାସ୍ତା : ହେଃ... ଯାଉନୁ...। ଆମର କ'ଣ ଭାସି ଯାଉଛି ? ଆରେ ତାଙ୍କ ହାତରେ ବନ୍ଧୁକ ଅଛି। ଦରକାର ହେଲେ ଗୋଟେ ଦି'ଟା ଫୁଟେଇ ଦେବେନି ନା ? ଆମ ପାଖେ ତ ଖାଲି ଠେଙ୍ଗା ବାଡ଼ି ଅଛି। ବସୁନୁ ଏଇଠି।

(ସମସ୍ତେ ଗୋଲ ହେଇ ବସି ଯାଇଛନ୍ତି। ଜଣେ ଗୁଣ୍ଡିପତ୍ର ଦଳୁଛି। ଅନ୍ୟମାନେ ଖଇନି ଭଳି ଗୁଣ୍ଡପତ୍ରକୁ ବ୍ୟବହାର କରିଛନ୍ତି। ତାଙ୍କ ଭିତରୁ ବ୍ୟାଖ୍ୟାକାର ବାହାରି ଆସିଛି।)

ବ୍ୟାଖ୍ୟାକାର : ସେମାନେ ସେପଟେ ଶିକାରକୁ ଗଲେ - ଆଉ ଏପଟେ ଏମାନେ ବସି ଗୁଣ୍ଡିପତ୍ର ମକଚି ଖାଇଲେ। ହେଲେ ଏମାନେ ବୁଝି ପାରୁନାହାନ୍ତି ଯେ ଆଜି ଶିକାର ନ ପାଇଲେ ଡିଆଇଜି ସାହେବ ପୁରା ବିଗିଡ଼ିଯିବେ। ସେ ସାଇବଟା ପରା non-veg ନ ଖାଇଲେ ରକ୍ତମୁଖା ହେଇଯାଏ।

ଗୁମାସ୍ତା : ହେ।' ବାକିଆ ବାବୁ ! କାହା ସହିତ କଥା ହଉଛ ? ଏଠିକୁ ଆସ...

ବ୍ୟାଖ୍ୟାକାର : ଗଲିପରା....

(ବ୍ୟାଖ୍ୟାକାର ପୁଣି ଚରିତ୍ର ପାଲଟି ଯାଇ ସେମାନଙ୍କ ସହ ସାମିଲ ହେଇଯାଇଛି । ସମସ୍ତେ ଗୁଣ୍ଡିପତ୍ର ଖାଇ ନିଶାରେ ଟଳମଳ ହେଲେଣି । ଖୁସିରେ ଆତ୍ମହରା ହୋଇ ନାଚିଛନ୍ତି । ଦୂରରେ ବାଘର ଗର୍ଜନ ଶୁଭିଛି । ଡୋରା ଭୁକିଛି । ହଠାତ୍ ବାଘଟି ମଂଚକୁ କୁଦାମାରି ଆସିଛି ଜଲିକୁ ଖାଇବା ପାଇଁ । ଏବେ କୋରଶ ଦଳ ହା.. ହା.. କରି ବାଘକୁ ତଡ଼ି ଦେଇଛନ୍ତି । ଡୋରା ଭୁକି ଭୁକି ବାଘ ପଛରେ ଗୋଡ଼େଇଛି । ଜଲି ଭୟ ପାଇ ଯାଇଛି । ଦୂରରେ ବନ୍ଧୁକ ଶବ୍ଦ ହେଇଛି । ପୁଣି ଆକାଶରେ ଘଡ଼ଘଡ଼ି ଶବ୍ଦ ସହିତ ବିଜୁଳି ଚମକିଛି । ବର୍ଷାର ଆଗମନ । କୋରଶ୍ ଦଳ ଆକାଶକୁ ଦେଖି ସତର୍କ ହେଇଗଲେ । ସମସ୍ତେ ଅଂଟାରୁ ଗାମୁଛା ଖୋଲି ମୁଣ୍ଡରେ ଘୋଡ଼େଇ ଏଣେ ତେଣେ ଦୌଡ଼ିଛନ୍ତି ।)

ମାଧିଆ : ଗୁମାସ୍ତା ବାବୁ... ସେ ପଟେ ବନ୍ଧୁକ ଫୁଟିଲାଣି... ଉପରେ ଘଡ଼ଘଡ଼ି ଶୁଭିଲାଣି । କ'ଣ କରିବା ?

ଖାନ୍‌ସାମା : ଆରେ ଜମିଦାର ବାବୁ କୋଉଠି ରହିଗଲେ ?

ବେଠିଆ : କିସ କରିବା ଗୁମାସ୍ତା ବାବୁ.. ଆମ ହାତକୁ ତ ଗୋଟେ ବି ଶିକାର ଆସିଲାନି ।

ଗୁମାସ୍ତା : ହେଇ ପରା ବାଘଟା ଆସିଥିଲା, ତାକୁ ମାରିଦେଲନି ? ଡିଆଇଜି ସାହବ ତାକୁ କଡ଼ମଡ଼ କରି ଖାଇଥାନ୍ତା ! ତମେ ଗୁଡ଼ାକ କୋଉ କେନ୍ଦ୍ରରୁ ଆଇଛ କେଜାଣି ?

ଖାନ୍‌ସାମା : ସେ ସବୁ ଠିକ୍ ଯେ ଗୁମାସ୍ତା ବାବୁ.. ଆମେ ସିନା ଫଳମୂଳ ଖାଇ ରହିଯିବା, ହେଲେ ଡିଆଜି ସାଇବ ! ସିଏ ତ ମାଉଁସ ନ ଖାଇଲେ ଆମକୁ ଖାଇଯିବ !

ଜଲି ମାଧିଆ ପାଖକୁ ଆସି ବାହାରକୁ କ'ଣ ଇଶାରା କରିଛି ।

ମାଧିଆ : ହଁ.. ହଁ.. ବୁଝିଲି । ଆରେ ଡୋରା କୁଆଡ଼େ ଗଲା ?

କୋରଶ୍ : ଡୋରା କୁଆଡ଼େ ଗଲା ?

ମାଧିଆ : (ବଡ଼ ପାଟି କରି) ଡୋରା....

କୋରଶ : ଡୋରା...

(ପଛ ମଂଚରେ ଡିଆଇଜି ସାହେବ ଓ ଜମିଦାର ଦୃଶ୍ୟ ହେଲେ । ସେମାନେ ଫେରୁଥାନ୍ତି । ବାହାରୁ ଡୋରା ଆସିଛି । ଜଲି ତା' ପାଖକୁ ଦୌଡ଼ିଯାଇଛି । ଗେଲ ହେଇଛି ।)

ମାଧିଆ : ଡୋରା ! କୁଆଡ଼େ ଚାଲି ଯାଇଥିଲୁ ?

ବେଠିଆ : ଇଏ ପରା ବାଘ ପଛରେ ଦୌଡ଼ିଥିଲା ...

ବାକିଆ : ବୁଝିଲୁ ବାପ ଡୋରା... ସିଏ ମହାବଳ ବାଘ । ତତେ ଜଳଖିଆ କରିଦେଇ ଥାନ୍ତା.. ହାଁ... ତୋ ଭାଗ୍ୟ ଭଲ, ଜୀବନ ନେଇ ଫେରିଲୁ ।

(ବର୍ତ୍ତମାନ ଜମିଦାର ଓ ଡିଆଇଜି ସାହେବ ସାମ୍ନା ମଂଚକୁ ଆସିଛନ୍ତି ।)

ଡିଆଇଜି ସାହେବ : Oh my God ! Horrible... horibble day. No deer, no kutra, no birds.. Nothing । ଆଜି ଆମେ ଡିନର କନ୍ କରିବା ଜମିଦାରା ସାର୍ ?

ଜମିଦାର : Don't worry ଡିଆଇଜି ସାହେବ । ଗୁମାସ୍ତାଏ...

ଗୁମାସ୍ତା : ଆଜ୍ଞା ସାଆନ୍ତେ....

ଜମିଦାର : ଶିକାର କିଛି ପାଇଲ ?

ଗୁମାସ୍ତା : କିଛି ମିଳିଲାନି ସାଆନ୍ତେ ।

ଜମିଦାର : ତା'ହେଲେ ଆମେ ରାତ୍ରୀ ଭୋଜନ କ'ଣ କରିବା ?

ଗୁମାସ୍ତା : ମଲା ମଣିଷ । ରାତ୍ରୀ ଭୋଜନ କ'ଣ କରିବୋ ? ସାଆନ୍ତେ ଆମ ପାଖେ ଫଳମୂଳ ବହୁତ ଅଛି । ସେଇଥିରେ ଚଳେଇଦେବା ।

ଜମିଦାର : ଆରେ ଆମେ ସିନା ଫଳମୂଳ ଖାଇଦେବା, ହେଲେ ଡିଆଇଜି ସାହେବ ? ସେ କ'ଣ ଏଗୁଡ଼ା ଖାଇବେ ! ବଡ଼ ଅସୁବିଧା ହୋଇଗଲା ।

କୋରଶ : ବଡ଼ ଅସୁବିଧା... ବଡ଼ ଅସୁବିଧା ଭାଇ.... ବଡ଼ ଅସୁବିଧା...

(କହି କହି କୋରଶ ଦଳ ବାହାରିଗଲେ । ଏବଂ ତମ୍ବୁ, କାଠପେଟି, କିଛି ଖାଦ୍ୟ ବୁଜୁଲା, ପାଣି, ପ୍ଲେଟ୍, ଗ୍ଲାସ ଇତ୍ୟାଦି ଆଣି ମଂଚର ଗୋଟିଏ ପାଖେ ରଖିଲେ । କିଛି ଦୂରରେ ଜଲି ଓ ଡୋରା ଖେଳୁଥାନ୍ତି । କିଛି ଜଣ ମିଶି ଗୋଟାଏ ପାଖେ ତମ୍ବୁ ଟାଣିଛନ୍ତି ।)

ଡିଆଇଜି ସାହେବ : ମୁଁ ବହୁତ ବଡ଼ ମିସ୍‌ଟେକ୍ କଲା ଜମିଦାରା ସାର୍। ମୁଁ fruits ଖାଇ ରହି ପାରିବିନି। ଆପନ୍ ଆହୁରି ଅଧିକ ଫୁଡ୍ ଆନିବାକୁ କହୁଥିଲେ। But ମୁଁ ଶିକାର କଡ଼ିବା ଭାବି ଆପନ୍‌ଙ୍କୁ ମନା କଡ଼ିଦେଲି। I am sorry.

(ଜଲି କାଠ ପେଟି ଉପରକୁ ଠିଆ ହେବାକୁ ଚେଷ୍ଟା କରୁଥାଏ।)

ଜମିଦାର : ଗୁମାସ୍ତାଏ ! ତମର ଦୂରଦୃଷ୍ଟି ବୋଲି କିଛି ନାହିଁ। ନିହାତି ଅପାରଗ। Useless ଗୁଡ଼ାକ... ଛିଃ...

(ଗୁମାସ୍ତା ଅପଦସ୍ତ ହେଇ ସେଇଠୁ ଚାଲିଗଲେ।)

ଡିଆଇଜି ସାହେବ : (ଏକ ଲୟରେ ଜଲିକୁ ଦେଖୁଥାନ୍ତି) Wait... wait... ଜମିଦାର ସାର୍ ! ଆଜି ଡିନର ପାଇଁ ମୋ ପାଖରେ ଗୋଟେ first class idea ଅଛି।

ଜମିଦାର : Tell me... ଡିଆଇଜି ସାହେବ।

ଡିଆଇଜି ସାହେବ : (ଉଠି ଠିଆ ହେଲେ ଓ ଜଲି ପାଖକୁ ଆସି) ଆପନ୍ kindly ଏଇ Dear ଜଲିକୁ spare କଡ଼ି ପାରିବେ ?

(ଜମିଦାର ଚମକି ପଡ଼ିଲେ। କୋରଶ ଦଳ ବୁଲି ଚାହିଁଲେ। ସଂଗୀତରେ ଚାଂଚଲ୍ୟ ।)

Aah ! It will make a sumptuous feast. ଏମିତିକା deer ତ ଆପନ୍ forest ରେ ବହୁତ ପାଇଯିବେ। ଜମିଦାର ସାର୍ ! Don't y ou like my super idea ? Sumptuous feast... Sumptuous feast... (ହସିଲେ)

(ସମସ୍ତେ ଜଲି ଆଡ଼କୁ ଚାହିଁଛନ୍ତି। ଜଲି କିନ୍ତୁ ଖେଳୁଥାଏ ଡିଆଇଜି ସାହେବଙ୍କ କଥାକୁ ଖାତିର ନ କରି।)

(ପଛ ମଂଚରେ ଦୃଶ୍ୟ ହେଲେ ବ୍ୟାଖ୍ୟାକାର।)

ବ୍ୟାଖ୍ୟାକାର : ଜମିଦାର ବାବୁ ତାଙ୍କ ପ୍ରିୟବନ୍ଧୁ ଡିଆଇଜି ସାହେବଙ୍କ କଥାରେ ଅମତ ହେଇପାରିଲେନି ସତ, ହେଲେ ଜଲି କଥା ଶୁଣି ତାଙ୍କ ହୃଦୟଟା କାହିଁକି ଦପ୍ କରି ପଡ଼ିଗଲା।

(ଆଲୋକରେ ପରିବର୍ତ୍ତନ। ଜମିଦାରଙ୍କ ଉପରେ ଆଲୋକର ବୃତ୍ତ। ଅନ୍ୟାନ୍ୟ ସବୁ ଫିକା ଆଲୋକ। ବିଜୁଳି ଆଲୁଅ ଚିକ୍‌ମିକ୍ କରୁଥାଏ। ପଛ ମଂଚରେ ବ୍ୟାଖ୍ୟାକାର କହୁଥାଏ)

ଏମିତି ଏକ ବର୍ଷା ରାତିରେ ଜମିଦାର ବାବୁ ଶିକାର କରିବାକୁ ଯାଇଥିଲେ । ଦୂରରେ ହରିଣଟିଏ ଦେଖି ତା' ଉପରକୁ ଗୁଳି ଚଳେଇଲେ । ହରିଣଟି ସେଇଠି ଛଟପଟ ହେଇ ମରିଗଲା । ହେଲେ ଛୁଆ ହରିଣଟି ସେଇଠି ସେମିତି ନିର୍ଭୟରେ ଠିଆ ହୋଇଥାଏ । ମା' ହରିଣଟିକୁ ବାନ୍ଧି ନେଇ ଆସିଲେ । କିନ୍ତୁ ଜଲିକୁ ଅତି ସ୍ନେହରେ ପାଳିଲେ । ନିଜ ସନ୍ତାନ ଭଳି ପାଳିଥିବା ଜଲିକୁ ସେ କ'ଣ ହତ୍ୟା କରି ପାରିବେ ?

(ଏଇ ସମସ୍ତ ଘଟଣା ନାଟକୀୟ ଭାବରେ ମଂଚରେ ଘଟି ଯାଇଥିଲା । ହଠାତ୍ ଜମିଦାର ଚିତ୍କାର କଲେ ।)

ଜମିଦାର : ନାଁ... Impossble... Impossible.. !

(ଆଲୋକ ପୁଣି ପୂର୍ବଭଳି ସ୍ଥିର ହୋଇ ସମଗ୍ର ମଂଚକୁ ଆଲୋକିତ କରିଛି । ବିଜୁଳିର ଆଲୁଅ ଓ ଘଡ଼ଘଡ଼ି ଶବ୍ଦ ତୀବ୍ର ହୋଇଛି ।)

ଡିଆଇଜି ସାହେବ : What happened Zamindar Sir.... ?

ଜମିଦାର : (ସଚେତନ ହୋଇ) Nothing... କିଛି ନାହିଁ, ଡିଆଇଜି ସାହେବ ।

ଡିଆଇଜି ସାହେବ : (ହସିଲେ) ଡ୍ରାଇଭର... ଡ୍ରାଇଭର... ମୋ ଛୁରୀ କାହିଁ ?

(ନିଜେ ବ୍ୟାଗ୍ ଖୋଲି ବଡ଼ ଛୁରୀଟିଏ ବାହାର କରିଛନ୍ତି । ଛୁରୀଟିକୁ ହାତରେ ଧରି ସେ ନୃଶଂସ ଦେଖା ଯାଉଥିଲେ ।)

ନିଜ ହାତରେ କିଛି ଗୋଟେ ଶିକାର ନ କଲେ ମତେ peace ମିଳେନି । You know Zamindar Sir... One day ମୁଁ hunting କରି ପାରିଲିନି ବୋଲି angry ହୋଇ ମୋର ନିଜ ବେକଟା କାଟିବାକୁ attempt ନେଇଥିଲି । କାରଣ blood ଦେଖିଲେ ମୁଁ pleasure ପାଏ । ହାଃ.. ହାଃ.. ହାଃ... (ଭୟଙ୍କର ଭାବେ ହସିଛନ୍ତି)

(ଡୋରା ଓ ଜଲି ପରସ୍ପର କୋଳରେ ମୁଣ୍ଡ ଗୁଞ୍ଜି ଶୋଇଥାନ୍ତି । ରାତି ବଢ଼ିଛି)

ଡିଆଇଜି ସାହେବ : ଏ...ଖାନ୍‌ସାମା ! Bring that deer ଜଲି...

ଖାନ୍‌ସାମା : (ମାଧିଆକୁ ଇଶାରା କରିଛି । ମାଧିଆ ଜମିଦାରଙ୍କ ପାଖକୁ

		ଆସିଛି। ଜମିଦାର ମୁଣ୍ଡପୋତି ବସିଛନ୍ତି)
ମାଧିଆ	:	ସାଆନ୍ତେ ! ସାଇବ ଜଲିକୁ ମାରିଦେବ କହୁଛି। ଆପଣ ମନା କରନ୍ତୁ ସାଆନ୍ତେ।
ଗୁମାସ୍ତା	:	ସାଆନ୍ତେ ! ଇଏ କି ବିଚିତ୍ର କଥା। ଶିକାର ମିଳିଲାନି ବୋଲି ସାଇବ ଜଲିକୁ ମାରିବ? ସାଆନ୍ତେ... ସାଇବକୁ ମନା କରନ୍ତୁ... ମନା କରନ୍ତୁ... ଏଥିରେ ନିରୀହ ଜଲିଟାକୁ...
ବେଠିଆ	:	ନାଇଁ ସାଆନ୍ତେ....
କୋରଶ୍	:	ନାଇଁ ସାଆନ୍ତେ.... ନାଇଁ ସାଆନ୍ତେ.... ନାଇଁ ସାଆନ୍ତେ....
ଡିଆଇଜି ସାହେବ	:	(ଖାନ୍‌ସାମା ପ୍ରତି) Hey you... I say bring that deer.
କୋରଶ	:	ନାହିଁ....
ଡିଆଇଜି ସାହେବ	:	ଜମିଦାରା ସାର୍ !
ଜମିଦାର	:	(ସେମିତି ମୁଣ୍ଡ ତଳକୁ କରି) ମାଧିଆ ! ଡିଆଇଜି ସାହେବ ଯାହା କହୁଛନ୍ତି - ସେଇଆ କର।
ମାଧିଆ	:	(ବିକଳ ହେଇ) ସାଇବ ଛୁରୀ ଧରି ଜଲିକୁ ମାରିବ କହୁଛି ସାଆନ୍ତେ !
ଜମିଦାର	:	(ଚିତ୍କାର କରିଛନ୍ତି) (କିନ୍ତୁ ସେଇ ଚିତ୍କାର ଭିତରେ ତାଙ୍କ କଣ୍ଠ ଥରୁଥାଏ) ଚୋପ୍... !
ଡିଆଇଜି ସାହେବ	:	ଜମିଦାରା ସାର୍...
ଜମିଦାର	:	ମା... ଧି....ଆ... ! !
		(ଜମିଦାରଙ୍କ ଚିତ୍କାରରେ ଜଲି ଓ ଡୋରା ଭୟଭୀତ ହୋଇ ଠିଆ ହୋଇ ଯାଇଛନ୍ତି। ଡୋରା ଜମିଦାରଙ୍କୁ ଦେଖି ବଡ଼ପାଟିରେ ଭୁକିଛି। ଜମିଦାର ଡୋରାକୁ ଆଦୌ ଦେଖୁନାହାନ୍ତି।)
		(ମାଧିଆ ବାଧ ହୋଇ ଜଲି ପାଖକୁ ଆସିଛି। ଜଲି ମାଧିଆକୁ ଗେଲ କରିଛି। ମାଧିଆ ଯେମିତି ପଥର ପାଲଟି ଯାଇଛି। ଡୋରା ଭୁକୁଥାଏ। ମାଧିଆ ଉପାୟ ନ ପାଇ ଡୋରା ବେକରୁ ଶିକୁଳୀ ଖୋଲି ଦେଇଛି। ଡୋରା ଏଣେ ତେଣେ ଅସ୍ଥିର ହେଇ ଜଲି ଚାରିପଟେ ବୁଲିଛି। ମାଧିଆ ଜଲିକୁ ଚେଷ୍ଟା କରିବି ଉଠେଇ ପାରୁନି। ଯେମିତି ହଠାତ୍ ଜଲିର ଓଜନ

ବଢ଼ି ଯାଇଛି । ଖାନ୍‌ସାମା ମାଧିଆର ଉଦାସପଣିଆକୁ ଦେଖି ନିଜେ ଯାଇଛି ଜଲି ପାଖକୁ । ଜଲିକୁ ଉଠେଇଛି । ଡିଆଇଜି ସାହେବ ଯେମିତି ଛୁରୀ ଧରି ଜଲି ପାଖକୁ ଆସିଛନ୍ତି, ଜଲି ଛାଟିପିଟି ହେଇଛି । ଡିଆଜି ସାହେବଙ୍କ ହାତର ଛୁରୀ ଦେଖି ଡୋରା ଆକ୍ରମଣ କରିଛି । ଡିଆଇଜି ସାହେବ ପ୍ରାଣ ବିକଳରେ ଏଣେ ତେଣେ ଦୌଡ଼ିଛନ୍ତି ।)

ଜମିଦାର : ମାଧିଆ.... ଖାନ୍‌ସାମା.... ଏ ସବୁ କ'ଣ ହେଉଛି ? ଗୋଟେ କୁକୁରକୁ କାବୁ କରି ପାରୁନ ? ଯାଅ... ଡୋରାକୁ ଶିକୁଳୀରେ ବାନ୍ଧିଦିଅ ।

(ମାଧିଆ ବହୁ କଷ୍ଟରେ ଅସ୍ଥିର ଡୋରାକୁ ଶିକୁଳୀରେ ପୁଣି ବାନ୍ଧି ଦେଇଛି । ଡେରା କିନ୍ତୁ ଅଜଣା ଆତଙ୍କରେ ଭୂକି ଚାଲିଥାଏ । ଡୋରାର ଆକ୍ରମଣ ଭୟରେ ଲୁଚିଥିବା ଡିଆଇଜି ସାହେବ ବାହାରି ମନରେ ସାହସ ବାନ୍ଧି ଛୁରୀ ଧରି ଡୋରା ପାଖକୁ ଆସିଛନ୍ତି ଏବଂ ତା ସହ ଥଟ୍ଟା କରିଛନ୍ତି । ତା'ପରେ ଡିଆଇଜି ସାହେବ ଜଲି ପାଖକୁ ଆସିଛନ୍ତି । ଜଲି ବିକଳରେ ସମସ୍ତଙ୍କୁ ଚାହିଁଥାଏ । ଖାନ୍‌ସାମା ଏବେ ଜଲିର ପଛ ଗୋଡ଼ ଦୁଇଟାକୁ ରଶିରେ ବାନ୍ଧି ଦେଇଛି ।)

(ବାକିଆ ଏବେ କୋରଶ ଦଳରେ ବାହାରି ଆସି କହିବା ଆରମ୍ଭ କରିଛି ।)

ବାଖ୍ୟାକାର : ଆବାଲ୍ୟ ଆଶ୍ରୟଦାତା ଜମିଦାରଙ୍କଠାରୁ ଦୃଷ୍ଟି ଫେରେଇ ଆଣି, ଜଲି ଯେତେବେଳେ ତାର ପ୍ରିୟ ସହଚର ଡୋରାକୁ ବିକଳରେ ଚାହିଁଲା... ଡୋରା ପ୍ରାଣରେ ତାହା ତୀର ଭଳି ବାଜିଲା । ଡୋରା ଅସହାୟ ଭାବେ ଲୁହା ଶିକୁଳୀ ଛିଡ଼େଇବା ପାଇଁ ଚେଷ୍ଟା କରିଛି । ସାଇବଙ୍କ ହାତରେ ଛୁରୀ ଦେଖି ଡୋରାର ବୁଝିବାକୁ ଆଉ କିଛି ବାକି ରହିଲାନି । ସତେ ଯେମିତି ସେ କହିବାକୁ ଚାହୁଁଛି... ଜଲିକୁ ରକ୍ଷାକର... ମାଲିକ୍... ଜଲିକୁ ମାରନି....

(ଡୋରା ବିକଳରେ ଜମିଦାରଙ୍କୁ ଦେଖି ଭୁକିଛି । କାହାଠୁ ସାହସ ନ ପାଇ ସେ ଖାଲି କୁଁ... କୁଁ.. ହେଇ କାନ୍ଦିଛି ।)

ଡିଆଜି ସାହେବ : (ଛୁରୀ ଧରି ଜଲି ପାଖକୁ ଆସିଛନ୍ତି)

ମାଧିଆ : ସାଆନ୍ତେ...

କୋରଶ : ସା...ଆ...ନ୍ତେ...!!

(ଜମିଦାରଙ୍କ ମୁହଁରେ ଆଲୁଅ ତୀବ୍ର ହେଇ ପଡ଼ିଛି। ବ୍ୟସ୍ତ ଲାଗୁଛନ୍ତି ଜମିଦାର। କିନ୍ତୁ ସେ ନିରୁପାୟ ମନେ ହେଉଥାନ୍ତି।)

ଜମିଦାର : (ମନକୁ ମନ) ମୁଁ ଏ କ'ଣ କରୁଛି? ମୋର ଅତି ପ୍ରିୟ ଜଲିକୁ ଡିଆଇଜି ସାହେବ ହାତରେ ହତ୍ୟା କରିବି? ମୋ ଆଖି ଆଗରେ ଛଟପଟ ହେଇ ଜଲି ମରିଯିବ! ଆଉ ମୁଁ ଚୁପ୍‌ଚାପ୍ ଆଖି ପୁରେଇ ସବୁ ଦେଖୁଥିବି? ଘରକୁ ଗଲେ ମାମାକୁ କି ଉତ୍ତର ଦେବି ମୁଁ!! ନାଁ... ମତେ ଡିଆଇଜି ସାହେବଙ୍କୁ ଅଟକେଇବାକୁ ହେବ। (ପାଟିକରି) ଡିଆଇଜି ସାହେବ....

(ଡିଆଇଜି ସାହେବ ଛୁରୀ ଧରି କିଛି କ୍ଷଣ ଅଟକିଗଲେ।)

ଡିଆଇଜି ସାହେବ : କନ୍ ହେଲା ଜମିଦାର ସାର୍? ଆପନ୍ ଏତେ ବଡ଼ ପାଟି କାହିଁକି କଲେ?

ଜମିଦାର : (ଅନୁନୟ ହେଇ) ନାଁ... ଜଲିକୁ ଛାଡ଼ିଦିଅ... ତାକୁ ଛାଡ଼ିଦିଅ... DIG ସାହେବ...।

ଡିଆଇଜି ସାହେବ : (ହସିଛନ୍ତି) Come on... my dear little Jolly.... Come on.....

(ଜମିଦାର ଆଉ ଦେଖି ପାରିଲେନି। ହଠାତ୍ ତମ୍ବୁ ଭିତରକୁ ପଶି ଯାଇଛନ୍ତି। ଡୋରା କାଠ ପେଟି ଉପରେ ଠିଆ ହୋଇ ଭୁକୁଥାଏ। ଅନ୍ୟମାନଙ୍କ ମୁହଁରେ ପ୍ରତିକ୍ରିୟା।)

(ଡିଆଇଜି ସାହେବ ଅତି ନୃଶଂସ ଭାବେ ଛୁରୀରେ ଜଲିର ବେକଟାକୁ କାଟିଦେଲେ। ଜଲିର ମୁହଁ ବେକ ଦିଶୁଥାଏ। କିନ୍ତୁ ବନ୍ଧା ହେଇଥିବା ଦୁଇଗୋଡ଼ ସେ ଜୋର୍‌ରେ ଛାଟୁଥାଏ। ଏଯାଏଁ ଭୁକୁଥିବା ଡୋରା ହଠାତ୍ ଚୁପ୍ ହେଇଗଲା। ସଂଗୀତରେ ବିଷାଦର ଛାୟା। କୋରଶ୍ ଦଳ ତଳେ ବସି କ୍ରନ୍ଦନ କରୁଥାନ୍ତି। ଡିଆଇଜି ସାହେବ ହସୁଥାନ୍ତି।)

- ମଂଚ ଅନ୍ଧାର -

ପଂଚମ ଦୃଶ୍ୟ

(ସମୟ ରାତି। ଜମିଦାର ବାବୁ ଉଦାସ ହେଇ ଗୋଟିଏ ଯାଗାରେ ବସିଛନ୍ତି। ବେଠିଆ ଓ ବାକିଆ ଖାଇବା ready କରୁଥାନ୍ତି। ଖାନ୍‌ସାମା ପେପର ପ୍ଲେଟ୍ ରେ ଖାଦ୍ୟ ପରସୁଛି। ଡିଆଇଜି ସାହେବ ହାତରେ ଡ୍ରିଙ୍କସ୍ ନେଇ ଆସିଛନ୍ତି।)

ଡିଆଇଜି ସାହେବ : ଜମିଦାରା ସାର୍! ଆପନ୍ ଏତେ ସ୍ୟାଡ୍ ଲାଗୁଛନ୍ତି! Why? ଆସନ୍ତୁ ଡିନର କଡ଼ିବା।

ଜମିଦାର : ଭୋକ ଲାଗୁନି। ଆପଣ start କରନ୍ତୁ।

ଡିଆଇଜି ସାହେବ : O yes... ମୁଁ ବହୁତ hungry ଅଛି। (ଖାଇଛନ୍ତି)। Wah... wah...! Sumptuous feast.. ଏମିତିକା deer ମଟନ ମୁଁ କେବେ ଖାଇନି। Very tasty.. Please take ଜମିଦାର ସାର୍! very tasty... । Please take one....

(ଡିଆଇଜି ସାହେବ ପ୍ଲେଟ୍ ଧରି ଜମିଦାରଙ୍କ ପାଖକୁ ଆସିଛନ୍ତି ଓ ତାଙ୍କ ହାତରେ ଖଣ୍ଡେ ଧରେଇ ଦେଇଛନ୍ତି ଏବଂ ପୁଣି ନିଜ ଯାଗାକୁ ଚାଲି ଯାଇଛନ୍ତି।)

ଖାଆନ୍ତୁ ... ଜମିଦାର ସାର!

(ଜମିଦାର ବାଧ୍ୟ ହେଇ ପାଟି ପାଖକୁ ନେଲାବେଳେ ତାଙ୍କୁ କନ୍ୟାର ପାଟି ଶୁଭିଛି।)

କନ୍ୟାର ସ୍ୱର : ବାବା....

(ଜମିଦାରଙ୍କ ହାତରୁ ଖାଦ୍ୟ ଖସି ପଡ଼ିଛି ଆଉ ସେ କାନ୍ଦି ପକେଇଛନ୍ତି।)

ଡିଆଇଜି ସାହେବ : Fastistic ଡିନର୍ ଜମିଦାରା ସାର୍। Fantastic... Oh... I am tired...(ଉଠି ଠିଆହେଲେ) Good night... good night...

(ଡିଆଇଜି ସାହେବ ତମ୍ବୁ ଭିତରେ ପଶିଗଲେ। ଜମିଦାର ସେମିତି ହତାଶ୍ ହେଇ ବସିଥାନ୍ତି।)

ଜମିଦାର : ଜଲି... !!

(ରାତ୍ରୀ ବଢ଼ିଛି। ଅନ୍ୟମାନେ ଯିଏ ଯେଉଁଠି ଶୋଇଗଲେଣି। ହଠାତ୍ ଦୃଶ୍ୟ ହେଉଛି ଜଲି। ସେ ଧିରେ ଧିରେ ଜମିଦାରଙ୍କ ପାଖକୁ ଆସିଛି ଓ ହାତ ଯୋଡ଼ିଛି।)

ଜଲି	:	(ଆଖିରେ ଲୁହ) ମାଲିକ୍ ! ତମେ ମୋର ପ୍ରଭୁ..! ମୋ' ମାଆକୁ ତମେ ମାରିଦେଇଥିଲ। ଆଜି... ଆଜି ମୋତେ ବି ମାରିଦେଲ ? ତମକୁ ମୁଁ ମୋ' ମା' ବାପା ବୋଲି ଭାବିଥିଲି। ତମକୁ ଆଶ୍ରୟ କରି ବଂଚିଥିଲି। ଏମିତି କାହିଁକି କଲ ମାଲିକ ? ମୁଁ ତମର କ'ଣ ଦୋଷ କରିଥିଲି ? ତମେ ଖାଲି ମତେ ହତ୍ୟା କରିନ.. ମାଲିକ୍, ମୋର ବିଶ୍ୱାସକୁ ହତ୍ୟା କରିଛ। ମାନବିକତାକୁ ହତ୍ୟା କରିଛ। ତମେ ହତ୍ୟାକାରୀ... ହତ୍ୟାକାରୀ.... ତମେ। ତମେ ହତ୍ୟାକାରୀ... (କାନ୍ଦି କାନ୍ଦି ଚାଲିଯାଇଛି।)
ଜମିଦାର	:	(ଚିତ୍କାର କରି) ଜଲି...(ଦୌଡ଼ିଗଲେ) ଜଲି ତୁ କୋଉଠି ?... ଜଲି... (ଜଲିକୁ ଖୋଜୁଥାନ୍ତି) (ଲଥ୍ କରି ମଂଚ ମଝିରେ ପଡ଼ିଥିବା କାଠପେଟି ଉପରେ ବସିଗଲେ। ଆଲୋକର ରଂଗ ବଦଳିଛି।)
ବ୍ୟାଖ୍ୟାକାର	:	ରାତିରେ ନିରୀହ ଜଲିର ମାଂସ ଭକ୍ଷଣ କରି ଡିଆଇଜି ସାହେବ ସକାଳୁ ମଟରରେ ବସି ଚାଲିଗଲେ। ସକାଳୁ ସକାଳୁ ଗୁମାସ୍ତା ବାବୁ ଆସି ଜମିଦାରଙ୍କୁ ଉଠେଇଛନ୍ତି। ନିଜ ଉପରେ ପ୍ରଚଣ୍ଡ କ୍ରୋଧ ସତ୍ତ୍ୱେ ଜମିଦାର କିଛି କଥା କହୁନାହାନ୍ତି। ତାଙ୍କ ଶରୀରରେ ଯେମିତି ଆଉ ଶକ୍ତି ନାହିଁ। ଗୁମାସ୍ତା ତାଙ୍କୁ କାନ୍ଧରେ ଭରା ଦେଇ ନେଇ ବାହାରକୁ ଚାଲିଗଲେ। (ଗୁମାସ୍ତା ଜମିଦାରଙ୍କୁ ନେଇ ଚାଲିଯାଇଛନ୍ତି। ହାତରେ ଶିକୁଳୀ ଧରି ଆସିଛି ମାଧିଆ ଏବଂ ଡୋରାକୁ ଖୋଜିଛି। ଅନ୍ୟମାନେ ଆସି ତମ୍ବୁ ଏଂ ଅନ୍ୟାନ୍ୟ ସାମଗ୍ରୀ ନେଇ ଚାଲିଗଲେ।)
ମାଧିଆ	:	ଡୋରା ! ଡୋରା.... କୁଆଡ଼େ ଗଲୁରେ... ଡୋରା...
କୋରଶ୍	:	(ଶୁଭିଲା) ଡୋରା.... (କୋରଶ୍‌ରେ ଶୁଭୁଥାଏ ଡୋରା.. ସମସ୍ତେ ଚାଲି ଯାଇଛନ୍ତି। ଏବେ ଡୋରା ବାହାରୁ ଆସିଛି। ଏଣେ ତେଣେ ବ୍ୟସ୍ତ ହୋଇ ଜଲିକୁ ଖୋଜିଛି। ଜଲିକୁ ହତ୍ୟା କରାଯାଇଥିବା ସ୍ଥାନକୁ ଯାଇ ଶୁଙ୍ଘିଛି। କୁଁ... କୁଁ... ହେଉଥାଏ। ବିକଳରେ ବହୁତ କାନ୍ଦିଛି। ଲମ୍ବା ରଡ଼ି କରିଛି।) **- ମଂଚ ଅନ୍ଧାର -**

ଶେଷ ଦୃଶ୍ୟ

(ଜମିଦାରଙ୍କ ଘର ଅଗଣା। ଏକୁଟିଆ ଜମିଦାର ଠିଆ ହୋଇଥାନ୍ତି। ନିଜ ଉପରେ ତାଙ୍କର ଘୃଣାଭାବ ଆସିଛି। ନିଜ ଦେହରେ ସେ ଛେପ ପକେଇଛନ୍ତି। ସଜ୍ଜା ଦେବାପାଇଁ ନିଜ ହାତ ବାଡ଼ିରେ ନିଜକୁ ମାରିଛନ୍ତି।)

ଜମିଦାର : ଥୁଃ.. ଥୁଃ... ଏ ମୁଁ କ'ଣ କଲି ? ମୁଁ ମଣିଷ ନୁହଁ ଗୋଟେ ପଶୁ। ଗୋଟେ ନିରୀହ ହରିଣକୁ ମାରିଦେଲି। ମୋ ଜଲିକୁ ମାରିଦେଲି !! ମୁଁ ଏତେ ନୃଶଂସ ? ମଣିଷ କ'ଣ ଏ ସଂସାରରେ ସବଳ ହୋଇ ଏଥିପାଇଁ ଜନ୍ମ ହେଇଛି ଯେ ସେ ଦୁର୍ବଳ ନିରୀହ ମାନଙ୍କ ଉପରେ ଏମିତି ଅମାନୁଷିକ ଅତ୍ୟାଚାର କରିବ ? ଜଣେ ବଂଚିବ ବୋଲି କ'ଣ ଆଉ ଜଣକର ମୃତ୍ୟୁ ଏକାନ୍ତ ଆବଶ୍ୟକ ?

(ଘର ବାରଣ୍ଡାରେ ଆସି ଠିଆ ହେଇଛି କନ୍ୟା।)

କନ୍ୟା : ବାବା.... !!

(ଜମିଦାର ଚମକି ପଡ଼ି କନ୍ୟାକୁ ମୁହଁ ଲୁଚେଇ ବୁଲିଗଲେ।)

ବାବା.. ମୋ ଜଲି କାହିଁ ? ତାକୁ କୋଉଠି ଛାଡ଼ିଦେଇ ଆସିଲ ?

ଜମିଦାର : ସେ ... ଅଛି... ମା'.. ଜଲି ଅଛି। ସେଇ ଜଙ୍ଗଲରେ ରହିଯାଇଛି। ସମସ୍ତେ ତାକୁ ଖୋଜିବାକୁ ଯାଇଛନ୍ତି।

କନ୍ୟା : (କଥା ଛଡ଼େଇ) ସେଇ ଜଙ୍ଗଲରେ ଜଲିକୁ ମାରି ଦେଇ ଆସିଛ ନା ?

ଜମିଦାର : (ବଡ଼ ପାଟିକରି) ନାଇଁ... ମୁଁ ମାରିନି। ମୁଁ ମାରିନି। ଜଲି ଅଛି ମା' ମରିନି।

କନ୍ୟା : (କାନ୍ଦି କାନ୍ଦି) ମିଛ କହୁଛ ବାବା..। ମାଧ କାକା କହିଲେ ସେ ଇଂରେଜ ସାହେବ ମୋ ଜଲିକୁ ମାରି ଖାଇ ଦେଇଛି। ମୁଁ ତାକୁ ଛାଡ଼ିବିନି। ସେ ଡିଆଇଜିକୁ ମୁଁ ମାରିଦେବି।

ଜମିଦାର : ନାଇଁ ମାମା... (କନ୍ୟା ପାଖକୁ ଯାଉଥିଲେ)

କନ୍ୟା : ମତେ ଛୁଅଁନି ତମେ। ତମେ ହତ୍ୟାକାରୀ। ମୁଁ ତମ ସହିତ

କେବେ କଥା ହେବିନି । କଟି... କଟି... କଟି.. ।
କାନ୍ଦି କାନ୍ଦି କନ୍ୟା ଚାଲିଯାଇଛି ।

ଜମିଦାର : ମାମା.... ମାମା....
ଜମିଦାର ଘର ବାରଣ୍ଡାରେ ଖୁଂଟକୁ ଧରି ବସି ଯାଇଛନ୍ତି । କାଶୁଥାନ୍ତି ।

ବ୍ୟାଖ୍ୟାକାର : ଶକ୍ତ ମାନସିକ ଆଘାତ ପାଇ ଧିରେ ଧିରେ ଜମିଦାର ବାବୁ ରୁଗ୍ଣ ହେଇପଡ଼ିଲେ । ଦୁଇ ସପ୍ତାହ ଜ୍ଵର ଓ ଅନାହାର । କିଛି ଦିନ ପରେ ଜମିଦାର ବାବୁ ସୁସ୍ଥ ହେଲେ ଜଣେ ନୂଆ ଲୋକ ହେଇ ।
(ବାହାରୁ ଗୁମାସ୍ତା ତରତର ହେଇ ଆସି ଶାଲ୍ ଖଣ୍ଡେ ଜମିଦାରଙ୍କୁ ଘୋଡ଼େଇ ଦେଲେ । ଅଳ୍ପ କାଶୁଥାନ୍ତି ଜମିଦାର ବାବୁ ।)

ଜମିଦାର : ଗୁମାସ୍ତାଏ !

ଗୁମାସ୍ତା : ସାଆନ୍ତେ... ।

ଜମିଦାର : ମତେ ଏବେ ଟିକେ ଭଲ ଲାଗୁଛି । ମୁଁ ମୋ ଝିଅ ପାଖରେ ଛୋଟ ହେଇଗଲି । ଦୋଷୀ ହେଇଗଲି । ଏତେ ବଡ଼ ଅପରାଧ ମୋ ଦେଇ କେମିତି ହେଇଗଲା ? ମତେ କିଛି ଗୋଟିଏ କରିବାକୁ ହେବ.. । ଗୁମାସ୍ତାଏ... ଡେଙ୍ଗୁରା ବଜେଇ ସମସ୍ତଙ୍କୁ ଜଣେଇ ଦିଅ - ମୋ' ଜମିଦାରୀରେ କେହି ଆଉ ଜଙ୍ଗଲରେ ଶିକାର କରି ପାରିବେନି । କୌଣସି ଜନ୍ତୁ କିମ୍ବା ପକ୍ଷୀ ବଧ କରିବା ନିଷିଦ୍ଧ ବୋଲି ଆଜିଠୁ ହୁକୁମ୍ ଜାରି କରାଗଲା ।

ଗୁମାସ୍ତା : ଆଜ୍ଞା ସାଆନ୍ତେ... ଆରେ ହେ ଡେଙ୍ଗୁରା ବାଲା..
ବାହାରେ ଡେଙ୍ଗୁରା ବାଜିଛି । ଡେଙ୍ଗୁରା ବାଲା ହୁକୁମ ଜାରୀ କରିଛି । ପଛ ମଂଚ ଦେଇ ସେ ଯାଉଛି ।

ଡେଙ୍ଗୁରା ବାଲା : ଶୁଣ... ଶୁଣ.. ଶୁଣ.. ଜମିଦାର ସାଆନ୍ତଙ୍କ ହୁକୁମ୍.. ଏଣିକି ଜଙ୍ଗଲରେ କେହି ଶିକାର କରି ପାରିବେନି । ନିରୀହ ପଶୁ ପକ୍ଷୀକୁ ମାରିବା ଅପରାଧ । ଆଇନ୍ ଅମାନ୍ୟ କଲେ ଶକ୍ତ ଶାସ୍ତି ଦିଆଯିବ ହେ...

ଶୁଣ.. ଶୁଣ.. ଶୁଣ...

(ଗୋଟିଏ ନୀଳ ବୃତ୍ତ ଆଲୁଅ ଭିତରେ ଜମିଦାର ବସିଥାନ୍ତି । ବାହାରୁ ଆସିଛି ଡୋରା । ଖୋଜିଲା ଖୋଜିଲା ଆଖିରେ ସେ ଏଠି ସେଠି ଜଲିକୁ ଖୋଜୁଛି । ତାକୁ ଝୁରୁଛି । ଜମିଦାର ଡୋରାକୁ ଦେଖି ତା' ଆଗରେ ଆଣ୍ଠେଇ ପଡ଼ିଛନ୍ତି ।)

ଜମିଦାର : ଡୋରା ! ମୁଁ ଜାଣିଛି... ତୋ ପାଖରେ ମୁଁ ଦୋଷୀ । ଜଲି ପାଖରେ ମୁଁ ଦୋଷୀ । ମାମା ପାଖରେ ବି । ଜାଣିଛୁ ଡୋରା – ମାମା ମୋ ସହିତ କଥାବାର୍ତ୍ତା କରୁନି । କଟି ପକେଇ ଦେଇଛି ।

(ଡୋରା କିଛି ଶୁଣୁ ନଥାଏ ।)

ଏ ସଂସାରରେ ମୁଁ ସମସ୍ତଙ୍କ ପାଖେ ଅପରାଧ କରିଛି । ମୁଁ ଗୋଟେ ପାପୀ । ମୋର ପ୍ରାୟଶ୍ଚିତ ନାହିଁ । ହେଲେ ଡୋରାରେ.. ତୁ ମତେ କ୍ଷମା କରିଦେ ରେ.... କ୍ଷମା କରିଦେ....

(ଡୋରା ଜମିଦାରଙ୍କ ପାଖକୁ ଆସିଛି ଆଉ ମୁହଁ ବୁଲେଇ ଦେଇ ଚାଲିଯାଇଛି । ଯେମିତି ସେ ଜମିଦାରଙ୍କୁ କ୍ଷମା ଦେବାକୁ ଚାହୁଁନି ।)

ଡୋରା....

(ପଛ ମଂଚରେ ଲଣ୍ଠନ ଧରି ମାଧିଆ ଓ କନ୍ୟା ଡୋରାକୁ ଖୋଜୁଥାନ୍ତି । ଦୁଇଜଣଙ୍କର ଆକୁଳ ବେଦନା ।)

କନ୍ୟା / ମାଧିଆ : ଡୋରା.. ଡୋରାରେ.. ଏ ଡୋରା...

(ସାମ୍ନା ମଂଚରେ ଜମିଦାର କାନ୍ଦୁଥାନ୍ତି । ପଛ ମଂଚରେ ମାଧିଆ ଓ କନ୍ୟା ଡୋରାକୁ ଡାକିଡାକି ସ୍ଥିର ହୋଇ ଯାଇଛନ୍ତି । ଡୋରା ଆସିଛି ମଂଚକୁ, ଆଉ ଲମ୍ବା ରଡ଼ି କରି ଭୁକିଛି । ଏଭଳି ପରିସ୍ଥିତିରେ ମଂଚ ଅନ୍ଧାର ହେଉଛି ।)

ସମାପ୍ତ

BLACK EAGLE BOOKS

www.blackeaglebooks.org
info@blackeaglebooks.org

Black Eagle Books, an independent publisher, was founded as a nonprofit organization in April, 2019. It is our mission to connect and engage the Indian diaspora and the world at large with the best of works of world literature published on a collaborative platform, with special emphasis on foregrounding Contemporary Classics and New Writing.

www.ingramcontent.com/pod-product-compliance
Lightning Source LLC
Chambersburg PA
CBHW060611080526
44585CB00013B/777
* 9 7 8 1 6 4 5 6 0 5 9 2 8 *